全过程人民民主的战略谋划与实践路径

QUAN GUOCHENG RENMIN MINZHU DE ZHANLUE MOUHUA YU SHIJIAN LUJING

张爱军 / 著

華中師範大學出版社

新出图证(鄂)字 10 号

图书在版编目(CIP)数据

全过程人民民主的战略谋划与实践路径/张爱军著. --武汉：华中师范大学出版社，2024. 6. --ISBN 978-7-5769-0591-5

Ⅰ. D616

中国国家版本馆 CIP 数据核字第 202418V99Y 号

全过程人民民主的战略谋划与实践路径

© 张爱军　著

责任编辑：王中宝　**责任校对**：王　炜　**封面设计**：胡　灿

编辑室：学术出版分社　**电话**：027－67863280

出版发行：华中师范大学出版社

社址：湖北省武汉市洪山区珞喻路 152 号　**邮编**：430079

电话：027－67863426(发行部)

网址：http://press.ccnu.edu.cn　**电子信箱**：press@mail.ccnu.edu.cn

印刷：武汉兴和彩色印务有限公司　**督印**：刘　敏

字数：284 千字

开本：710mm×1000mm　1/16　**印张**：14.5

版次：2024 年 6 月第 1 版　**印次**：2024 年 6 月第 1 次印刷

定价：75.00 元

欢迎上网查询、购书

序　言

全过程人民民主的战略图景包括应然图景和实然图景。全过程人民民主的应然战略图景是实然战略图景的理想与目标，全过程人民民主实然战略图景是对应然战略图景的部分实现，但又不可能完全实现，否则就不能叫理想与目标。“理想只有在同我们保持一定距离时才会温暖我们的心。”[①]中国共产党一直把人民民主当成伟大的理想和目标，把实现人民民主当成自己的重要使命。尤其是“党的十八大以来，党中央统筹中华民族伟大复兴战略全局和世界百年未有之大变局，从坚持和完善党的领导、巩固中国特色社会主义制度的战略全局出发”[②]，不断从战略上构建全过程人民民主的新图景，并把全过程人民民主当成总体擘画的组成部分。“党的十九届四中全会着眼于党长期执政和国家长治久安，对坚持和完善中国特色社会主义制度、推进国家治理体系和治理能力现代化作出总体擘画。”[③]坚持和完善中国特色社会主义制度在政治上就是中国特色社会主义民主政治，中国特色社会主义民主政治坚持和完善的手段就是全过程人民民主。全过程人民民主的战略图景包括以下几个方面内容。

全过程人民民主的战略应然图景。全过程人民民主是应然的、理想的、战略的。全过程人民民主的战略应然图景主要表现在全过程人民民主价值体系的应然性。全过程人民民主的核心是人民当家作主。“民主是全人类的共同价值，是中国共产党和中国人民始终不渝坚持的重要理念。”[④]人民当家作主来自三个信仰系统：现代文明的信仰系统，民主不是哪个国家的专利，而是各国人民的权利；马克思主义的信仰系统，马克思把无产阶级和广大劳动人民的民主作为社会主义的信仰；中国传统民本主义的信仰系统，得民主者得天下就是这一系统的核心诉求。全过程人民民主信仰系统之所以被称为系统，是因为现代民主

① 萨托利. 民主新论[M]. 冯克利，阎克文，译. 上海：上海人民出版社，2009：69.

② 习近平在中央人大工作会议上发表重要讲话强调　坚持和完善人民代表大会制度　不断发展全过程人民民主　李克强汪洋王沪宁赵乐际韩正王岐山出席　栗战书讲话[J]. 中国人大，2021(20)：6-11.

③ 中共中央关于党的百年奋斗重大成就和历史经验的决议[N]. 人民日报，2021-11-17(1).

④ 习近平在中央人大工作会议上发表重要讲话强调　坚持和完善人民代表大会制度　不断发展全过程人民民主　李克强汪洋王沪宁赵乐际韩正王岐山出席　栗战书讲话[J]. 中国人大，2021(20)：6-11.

价值体系并不是单一的，而是多元整合的价值体系，包括自由、平等、公平、正义、人权。全过程人民民主的应然图景是集马克思主义文明、中国传统文明、西方文明于一身的民主价值系统。全过程人民民主是理想的，因为它是中国特色社会主义民主政治建设的前进方向，发展社会主义民主政治是我们党始终不渝的奋斗目标①，中国共产党始终高举人民民主的旗帜②。从伟大目标上说，全过程人民民主不是一蹴而就的，全过程人民民主的战略目标为社会主义民主建设提供规范和方向。全过程人民民主的应然性意味着要对全过程人民民主实践进行反思与改造。全过程人民民主是战略的，表明全过程人民民主需要长远规划，如同西方发达国家一样，民主需要几百年的时间才能逐渐实现。民主是人类的创制和构图，因此，全过程人民民主也需要通过战略构图实现人民群众当家作主的美好愿景。

全过程人民民主的战略实然图景。全过程人民民主是人的创制，自然就具有人的不完美性。全过程人民民主的实然图景是对其实际过程的描述和经验阐述，并从发展过程中探索其基本规律。之所以把全过程人民民主的实然性称为战略的，是因为它具有在实践中不断发展和需要进行统筹规划的特性，两者共同作用使之不断趋近于全过程人民民主的战略目标。只有对全过程人民民主进行规范才能使其变得为人所用，人民群众当家作主在不断实践的同时，需要全过程人民民主的应然战略图景来引领。

全过程人民民主的系统图景。全过程人民民主的战略实然图景也呈现了其系统性。全过程人民民主是相互关联的复杂系统。就民主实质来说，全过程人民民主包括直接民主系统、间接民主系统。就制度来说，民主是个制度系统，西方是普选制系统、代议制系统、新闻监督系统。中国是具有中国特色的广泛参与系统、人民代表大会系统、共产党领导的多党合作系统、监督系统、新闻系统等。就民主内容来说，全过程人民民主包括民主利益系统、民主价值系统、民主诉求系统、民主意识形态系统。就民主过程来说，全过程人民民主包括选举系统、监督系统、纠错系统、反馈系统、协商系统等。实质、内容、形式、程序各自构成全过程人民民主的子系统，并形成一个复杂的系统图景。全过程人民民主的系统图景要求系统化的战略思维和目标图式。要防止出现全过程人民民主的"合成谬误"，造成只顾全过程人民民主的某一方面而不及其他的负面效应。制定和实施全过程人民民主的实施方案要坚持系统观念和实践标准，遵循全过程人民民主的发展规律，以实践效果来检验全过程人民民主措施的成败

---

① 胡锦涛. 高举中国特色社会主义伟大旗帜 为夺取全面建设小康社会新胜利而奋斗：在中国共产党第十七次全国代表大会上的报告[J]. 求是，2007(21)：3-22.

② 习近平. 在中央人大工作会议上的讲话[J]. 求知，2022(3)：4-10.

优劣。实现全过程人民民主不能把战略目标短期化，不能把战略谋动碎片化，不把让全过程人民民主变成突击战式的民主。全过程人民民主的系统性要求要加强全过程人民民主统筹协调，避免把整体上的全过程人民民主谋动变成简单化的任务进行分解，更不能把全过程人民民主层层解码。

全过程人民民主的战略依存图景。全过程人民民主建设主要依附于社会主义初级阶段、以经济建设为中心、社会主义主要矛盾转化等历史情境。全过程人民民主的战略图景是建立在社会主义初级阶段基础上的，社会主义初级阶段决定了一个中心两个基本点，而且百年不变。全过程人民民主必须服从和服务于经济建设这个中心，服务于全心全意谋发展、一心一意搞建设这一目标。全过程人民民主的实现依存于主要矛盾转化的历史情境，其目的是增强获得感、尊严感和幸福感。全过程人民民主对历史情境的战略依存决定其既不是乌托邦式的构建，也不是“民主肥大症”式的构建，而是实事求是的构建与推进。

全过程人民民主应然战略图景与实然战略图景统一于具体的框架之中，二者互相影响、相互推进，内在统一于具体战略框架中。这个框架就是把党的领导、人民当家作主、依法治国有机结合起来，有效保证国家治理跳出治乱兴衰的历史周期率①。党的领导是前提，人民当家作主是核心，依法治国是保障。具体框架表现在：使人民当家作主时刻都在中国共产党领导之下，时刻不能脱离党的领导；时刻都处于人民当家作主的过程当中，全链条、全方位、全覆盖落实并体现在全过程；时刻都处于法治当中，全过程人民民主的实现要彰显法治化。依法治国包括政党法治化、政府法治化、社会法治化等各个领域和层面的法治化。依法治国不但保证国家的长治久安，还保证全过程人民民主的生命力，没有法治，全过程人民民主就可能变成无序的民主，可能威胁政治稳定和社会稳定。

---

① 习近平在中央人大工作会议上发表重要讲话强调　坚持和完善人民代表大会制度　不断发展全过程人民民主　李克强汪洋王沪宁赵乐际韩正王岐山出席　栗战书讲话[J]. 中国人大，2021(20)：6-11.

目录

第一章 民心政治：全过程人民民主战略的核心引领

《中共中央关于党的百年奋斗重大成就和历史经验的决议》指出，“民心是最大的政治”①。民心政治既是政治之外的政治，也是政治之内的政治。政治之外的民心政治包括经济发展、社会进步、文化繁荣等各个方面。政治之外的民心政治的核心是经济建设。经济发展只有以共同富裕为目标，以公平正义分配为价值导向，才能“坚持发展为了人民、发展依靠人民、发展成果由人民共享”②，因为“正义是最强的力量”③。通过共同富裕的经济发展带动社会进步和文化繁荣，通过经济发展带动政治文明建设，带动全过程人民民主的发展过程。

民心政治又是政治之内的政治。得民心者得天下，失民心者失天下，这是对传统政治智慧的总结，也是中国共产党扎根于中国传统文化并使之在新时代继承与超越并贯穿于全过程人民民主的新概括，是全过程人民民主的政治信念。“民心是最大的政治”是对社会主义民主的重大理论创新。邓小平同志指出：“一个党，一个国家，一个民族，如果一切从本本出发，思想僵化，迷信盛行，那它就不能前进，它的生机就停止了，就要亡党亡国。”④中国共产党始终坚持和不断发展邓小平理论，不断进行实践经验总结和理论创新。没有民主就没有社会主义，就没有社会主义现代化。社会主义民主必须通过政治改革来实现。民主是社会主义的本质属性和内在要求。中国共产党领导人民当家作主就是领导人民实现全过程人民民主，全过程人民民主就是坚持人民至上的民主。所有上述论述都是社会主义民主的本质概括，并随着社会主义民主的实践和认识而不断创新，形成人民民主的理论形态和实践模式。人民至上的民主就是民心政治的民主，坚持全过程人民民主就必须以“民心是最大的政治”为核心，构建全过程人民民主的理论体系、制度体系、运行机制体系。做到“及时回答时代之问、

① 中共中央关于党的百年奋斗重大成就和历史经验的决议[N]. 人民日报，2021-11-17(1).
② 中共中央关于党的百年奋斗重大成就和历史经验的决议[N]. 人民日报，2021-11-17(1).
③ 中共中央关于党的百年奋斗重大成就和历史经验的决议[N]. 人民日报，2021-11-17(1).
④ 中共中央关于党的百年奋斗重大成就和历史经验的决议[N]. 人民日报，2021-11-17(1).

人民之问”①，做到“准确识变、科学应变、主动求变”②，使全过程人民民主自始至终承载着民心之重，回应民心之问。古代民主、现代一些国家民主的失败都是因为失去民心。

第一节　“民心是最大的政治”是民主价值的本质

全过程人民民主首先是具有民主价值的民主，要受民主价值的规范和引领。在民主价值之上，还具有民心之问。也就是说，民主价值是否具有民心的内核，没有或者缺少民心内核的民主，是不健全的民主，是形式大于内容的民主。

一、民主价值首先是政治价值

政治价值是政治主体的目标和尺度。从目标上来说，政治价值具有应然性，从尺度上来说，政治价值具有实然性。人类的政治活动是应然与实然的统一，而不是二者的分离。政治哲学的所有应用性特点都是建立在对现实政治社会的价值追问和应然性判断的基础之上，建立在对现实政治生活正当性与否的学理解析和理性评判的基础之上的。如果应然与实然分离，政治价值的目标性就会导致政治乌托邦，政治价值的实然性就会导致“拙劣的现实主义”，变成赤裸裸的道德与政治分开的人与人的战争政治。政治价值一直是东西方强调的政治内容。在柏拉图看来，正义是政治价值的核心，“一切知识如果离开了正义和美德，都可以看做是一种欺诈而不是一种智慧”③。在亚里士多德看来，人天生是政治动物，克服人的动物性，需要政治价值来规范。“人自身的善也就是政治科学的目的”④，“政治不可能是自治的领域，即使严格的道德原则不能运用到政治上，政治也不能完全摆脱道德和宗教的审视”⑤。孔子曾说：“为政以德，譬如北辰，居其所，而众星共之。”由此可见，中西方思想家都在强调政治价值的作用，通过政治价值来规范政治制度。民主政治价值规范的是民主政治制度。民主政治价值，一方面通过应然追求对民主制度进行批判、质疑、引领，防止民主政治制度变成“失心政治”，防止民主制度变成“拙劣的现实主义”民主政治；另一方面通过对民主的实然追求，防止民主政治制度变成“民主乌托

① 中共中央关于党的百年奋斗重大成就和历史经验的决议[N]. 人民日报，2021-11-17(1).

② 中共中央关于党的百年奋斗重大成就和历史经验的决议[N]. 人民日报，2021-11-17(1).

③ 柏拉图. 柏拉图全集：第一卷[M]. 王晓朝，译. 北京：外文出版社，2020：119.

④ 亚里士多德. 尼各马科伦理学[M]. 苗力田，译. 北京：中国人民大学出版社，2003：6.

⑤ 德鲁里. 列奥·施特劳斯与美国右派[M]. 刘华，等译. 上海：华东师范大学出版社，2006：108.

邦”的政治。

但是，柏拉图和亚里士多德都没有把民主视为政治价值。他们在塑造政治价值与强调政治价值的时候，民主政治价值是严重缺位的。柏拉图追求的是哲学王政治，以统治阶级是否以哲学王为主体的标准来判断政体的好坏。亚里士多德追求善的政治，但把民主价值排除在外，并通过人数的多少把政体分为六种：君主政体、贵族政体、共和政体，僭主政体、寡头政体、民主政体。君主政体、贵族政体、共和政体是优秀的正宗政体，正宗政体追求公益。僭主政体、寡头政体、民主政体是劣质的变态政体，变态政体追求私利，只有穷人拥护民主政体。只有伯利克里才把民主视为值得追求的政治价值，他在《在阵亡将士国葬礼上的演讲》中说：“我们的制度之所以被称为民主政治，是因为政权在全体公民手中，而不是在少数人手中。”就是到了孟德斯鸠那个时代，虽然把民主作为政治价值，但并不是独立的价值，而是与平等捆绑在一起的价值。孟德斯鸠在《论法的精神》中指出，每一种政体都有自己的原则，共和政体的原则是美德，民主政体的原则是平等，君主政体的原则是荣誉，专制的原则是恐惧。尽管民主是民主政体的政治价值，但并没有成为突出的价值，甚至认为民主是坏的价值，还不是善的价值，民主政治价值甚至成为坏政体的衡量标准和内在尺度。美国建国者们宁愿使用共和这个词也不愿意使用民主这个词，他们认为民主既和多数人暴政联系在一起，也和贫民联系在一起，没有政治精英的位置。显然民心政治价值在他们那里变成了少数统治阶级的政治价值，而没有劳动人民和无产阶级的民主政治价值。

二、民主是社会主体的目标和价值尺度

民主成为社会生活的基本方式，只有在政治价值成为主体的目标和价值尺度之后才能确立。民主的政治价值具有统领性和统摄性，没有民主的政治价值，也就没有民主的社会价值。人们只有过好善的政治生活，尔后才能过上善的社会生活。中国传统社会的“大一统”文化，更能说明善的政治生活对善的社会生活的重要性。人是社会性动物，克服人的动物性，需要社会价值来规范。在马克思看来，人是社会关系的总和，“人是最名副其实的政治动物，不仅是一种合群的动物，而且是只有在社会中才能独立的动物”①。这也说明政治动物先要过上善的政治生活，然后才有社会动物过上善的社会生活，才能使民主成为社会生活方式。

① 马克思恩格斯选集：第二卷[M]. 北京：人民出版社，1995：2.

三、民主价值导致现代文明的分野

民主价值是近现代文明的价值。只有近现代的民主价值才成为与共和、自由、平等捆绑在一起的价值。在西方一些思想家和学者看来，只有共和、自由与民主价值合流的时候，民主才是一个好东西，才变成了善的价值，才变成现代民主政治值得追求的目标和内在尺度。民主价值也因为意识形态的不断强势介入而导致东西方民主的分野，西方的民主价值具有了霸权主义和文化殖民主义的色彩。

霍布斯强调自由，视民主于无物。卢梭强调公意与共和，认为民主只适宜于小国而不适宜于大国。洛克更是把自由放到更加重要的位置。美国建国者们强调共和而拒绝民主。贡斯当区分了古代人自由与现代人自由。萨托利把民主分为自由主义之内的民主和自由主义之外的民主。这些内容，一方面表明在他们的民主实验过程中，法律总是用不了多久便不再反映事物的性质(physis)，而且希腊人不懂得在静与动之间采取中庸之道①；另一方面表明民主在行进的过程中具有了意识形态的色彩。现代民主是自由主义之内的民主，简称为自由主义民主。这种把民主作自由主义之内的民主和自由主义之外的民主的二分法，进而构建了资本主义民主与社会主义民主的对立，构建成民主与威权的对立，形成了社会主义与资本主义两大阵营，使得社会主义民主与资本主义民主只有冲突对立的矛盾而没有互相学习借鉴的地方，把民主这一人类共同价值进行人为割裂。从国际关系来说，不利于经济全球化和政治多极化的格局与稳定，也不利于建立人类命运共同体。正如习近平所指出的那样："一个国家是不是民主，应该由这个国家的人民来评判，而不应该由外部少数人指手画脚来评判。国际社会哪个国家是不是民主的，应该由国际社会共同来评判，而不应该由自以为是的少数国家来评判。实现民主有多种方式，不可能千篇一律。用单一的标尺衡量世界丰富多彩的政治制度，用单调的眼光审视人类五彩缤纷的政治文明，本身就是不民主的。"②判断民主的关键在于，民主是不是体现了"民心是最大的政治"。没有民心这个最大的政治，就是少数人的民主，而不是多数人的民主，是形式大于内容的民主，而不是内容大于形式的民主，是投票全过程的民主，而不是广泛参与的民主，是在动态处于休眠期的民主，而不是全过程的民主。

① 萨托利. 民主新论[M]. 上海：上海人民出版社，2009：307.

② 徐隽. 坚持和完善人民代表大会制度　不断发展全过程人民民主[N]. 人民日报，2021-10-15(1).

第二节　全过程人民民主是呈现民心政治价值的民主

全过程人民民主受民心的规范和约束。没有对民心政治的终极信仰，没有对民心政治内化的行为，全过程人民民主的自身价值、自身权利就难以实现，全过程人民民主的新形态就难以构建。

一、全过程人民民主是全人类价值的组成部分

人类在发展过程中，民主化之所以成为世界性潮流，就在于符合民心民意，构成“民主是全人类的共同价值”①，这决定了民主价值并非哪一个国家所垄断独享，也绝不可能垄断与独享。民主就是“人民的权力”，就是人民直接或者间接地行使民主的权力。民主有直接民主与间接民主两种形式。直接民主直接体现民主的价值，意味着民主程序不但是少数服从多数的民主，而且意味着多数人保护少数人权利的民主，意味着防止多数人暴政的民主。保护少数人权利的价值，才是全过程人民民主的价值。间接民主既能直接体现民主的价值，也能间接体现民主的价值。在现代社会，间接民主主要通过代议制来体现。间接民主体现民主的价值，意味着民主价值是大众与精英共享民主的价值，大众不能垄断民主，否则会导致民粹主义，精英不能垄断民主的价值，否则会导致精英主义。民主的价值为大众与精英共享，在于民主价值的平等性。社会主义民主是全过程人民民主，就在于民主的价值为大众与精英共享，并使“民心是最大的政治”得以完美体现。

二、全过程人民民主是人权的基本组成部分

民主价值是人权价值的重要组成部分，人权价值的实现范围、程度、广度、深度都与民主价值有着密切的联系。由民主价值规范的民主制度又是人权的基本保障。《世界人权宣言》第一条规定：“人人生而自由，在尊严和权利上一律平等。”第七条规定：“法律面前人人平等，并有权享受法律的平等保护，不受任何歧视。”第十九条规定：“人人有权享有主张和发表意见的自由。”第二十一条规定，“人人有直接或通过自由选择的代表参与治理本国的权利”，“人人有平等机会参加本国公务的权利”，“人民的意志是政府权力的基础”。《世界人权宣言》为《公民权利和政治权利国际公约》和《经济、社会及文化权利国际公约》奠定了基

---

① 徐隽. 坚持和完善人民代表大会制度　不断发展全过程人民民主[N]. 人民日报，2021-10-15(1).

础，并成为世界大多数国家的通行原则。也正因为如此，民主与人权成为人类的共同价值，需要人类共同维护。2018 年习近平致信纪念《世界人权宣言》发表 70 周年座谈会中强调：《世界人权宣言》是人类文明发展史上具有重大意义的文献，对世界人权事业发展产生了深刻影响。中国人民愿同各国人民一道，秉持和平、发展、公平、正义、民主、自由的人类共同价值，维护人的尊严和权利，推动形成更加公正、合理、包容的全球人权治理，并指出，"人民幸福生活是最大的人权"①。这些内容都在中国特色的社会主义制度、宪法、规则和程序中得到体现与完善。

全过程人民民主是人民行使权利的过程。没有民主权利，全过程人民民主的起点就成为终点，也就不可能有"全过程"。对于民主权利，有人说是天赋的，有人说是祖赋的，其实都与民主价值一样，都是近现代政治文明的特产。在西方一些思想家看来，人的权利是天赋的，即"天赋人权"，人天生就具有自然权利。与西方的"天赋人权"不同，"'祖赋人权'是基于人类最古老最原初的血缘理性而生成的，也是血缘理性的最高本体原则"，"'祖赋人权'指的是血缘共同体成员因为祖先而享有与生俱来的自然权利"②。但也有学者持不同意见，认为"理性是人为选择的结果，血缘不是人为选择过程的产物，而是生理行为的结果，也就是生物性。生物性上的祖仅仅是赋予了人的生命，生命之外的其他权利几乎都是政治理性的结果"③。学者的争论有利于拓展人的权利的广度和深度，进一步启发人们对人的权利的思考，其结论是否正确，需要经过社会实践的检验和验证。问题在于，即便是"祖赋人权"，其人权概念也是来源于西方，在"祖赋人权"中既没有民主权利，也没有现代人权的内涵。但无论如何，在民主已经成为人类的共同价值的事实面前，人类共同的权利也被人们普遍接受。正如习近平所指出的那样："民主是各国人民的权利。"④

三、全过程人民民主是人类民主的新形态

马克思主义者把人类社会分为原始社会、奴隶社会、封建社会、资本主义社会和社会主义社会。从政治上来说，除了社会主义社会和原始社会之外的其他社会的民主都具有统治性民主、阶级性民主、历史性民主的局限性，而不是民心性民主。阶级性民主仅限于统治阶级而不是全社会各阶级的民主，民心性

① 习近平致信纪念《世界人权宣言》发表 70 周年座谈会[EB/OL].(2018-12-10)[2024-04-29].https://www.gov.cn/xinwen/2018-12/10/content_5347429.htm.

② 徐勇. 祖赋人权：源于血缘理性的本体建构原则[J]. 中国社会科学，2018(1)：114-135.

③ 胡键. "祖赋人权"辨析：兼与徐勇教授商榷[J]. 探索与争鸣，2020(6)：76-84.

④ 徐隽. 坚持和完善人民代表大会制度　不断发展全过程人民民主[N]. 人民日报，2021-10-15(1).

民主是广泛政治参与的民主，是包括所有人的民主。民心政治才是真正的民主政治，是人类民主的新形态。从本质上来讲，全过程人民民主体现了民主价值、民主权利、民主制度的内在统一性，真正实现了人民群众当家作主。从程度来说，全过程人民民主实现了人民主权、广泛参与、政府回应的彻底性。全过程人民民主使“民主不是装饰品”，使民主没有“休眠期”。全过程人民民主是全链条、全方位、全覆盖、最广泛、最真实、最管用的民主，处处体现民心，环环体现民心。民心横向无边，民心纵向到底。全过程人民民主成为最广泛、最真实、最管用的民主。从比较来说，全过程人民民主真正体现了与其他民主的相对比较优势，既能集中力量办大事，也能集中力量办实事，不受西方三权分立的牵扯，从而成为最有效率的民主。中国改革开放的经济奇迹和政治奇迹，都是由全过程人民民主所保障所推动的。

第三节　“民心是最大的政治”是全过程人民民主的灵魂

“坚持中国共产党的领导、人民当家作主、依法治国有机统一”，中国特色社会主义民主政治是三者统一的民主政治。中国共产党的领导是人民当家作主的政治保障，只有通过中国共产党的领导，才能实现人民当家作主。没有中国共产党的领导，人民当家作主就会成为一句空话，或者在社会主义民主实践中流于形式。没有中国共产党的领导，依法治国就难以落到实处，就不能保证社会的长治久安。中国共产党通过宪法和法治保障人民民主、保障人权。三者的内在统一贯穿着“民心是最大的政治”这一核心内涵，并在全过程人民民主中不断得到体现和实现。

一、中国共产党的领导是坚持人民至上的领导

坚持人民至上的领导是因为党的根基在人民、血脉在人民、力量在人民，人民是党执政兴国的最大底气①。人民至上的领导就是“坚持一切为了人民、一切依靠人民，坚持为人民执政、靠人民执政”，我们党来自人民、植根人民、服务人民②。坚持不唯票、不唯分、不唯生产总值、不唯年龄，不搞“海推”“海选”③的前提下，坚持人民至上对执政的中国共产党提出了更高的民主要求。在全面从严治党的过程中，加强中国共产党党内民主建设。党制定关于党内政治

① 中共中央关于党的百年奋斗重大成就和历史经验的决议[N]. 人民日报，2021-11-17(1).

② 中共中央关于党的百年奋斗重大成就和历史经验的决议[N]. 人民日报，2021-11-17(1).

③ 中共中央关于党的百年奋斗重大成就和历史经验的决议[N]. 人民日报，2021-11-17(1).

生活的若干准则，健全民主集中制，发扬党内民主，实现党内政治生活正常化[①]，还要求中国共产党必须具有民主执政意识、民主执政能力、民主执政作风。只有不断加强中国共产党党内民主建设，才能不断化解中国共产党党内外政治风险、执政风险，才能立于不败之地。中国共产党的最大政治优势是密切联系群众，中国共产党执政后的最大危险是脱离群众。党代表中国最广大人民根本利益，没有任何自己特殊的利益，从来不代表任何利益集团、任何权势团体、任何特权阶层的利益，这是党立于不败之地的根本所在[②]。这需要不断加强党内政治文化建设使党内民主政治内化为信仰。加强党内民主政治文化就需要批判性地认识西方政治文化，防止西方政治文化中的不良成分对党内政治文化的干扰、侵蚀、破坏，这就要求严明党的政治纪律和政治规矩，防止和反对个人主义、分散主义、自由主义、本位主义、好人主义等，发展积极健康的党内政治文化，推动营造风清气正的良好政治生态[③]。通过中国共产党的党内民主带动人民民主，才能跳出“其兴也勃焉，其亡也忽焉”的历史恶性周期率，才能通过民心这一最大的政治来约束全过程的人民民主，并使全过程人民民主具有真实性和实践性。

二、中国共产党的领导就是对全过程人民民主的领导

人民民主不但是静态的人民民主，而且是动态的人民民主，不但是投票过程的民主，而且是广泛参与的民主，不但是某一领域的民主，而且是全面的民主，不但是起点的民主，也是结果的民主，是全过程的人民民主。动态的人民民主的整个过程都是贯穿和体现了民心政治的民主。我国全过程人民民主实现了过程民主和成果民主、程序民主和实质民主、直接民主和间接民主、人民民主和国家意志相统一，是全链条、全方位、全覆盖的民主，是最广泛、最真实、最管用的社会主义民主[④]。这表明中国共产党领导的全过程人民民主处处体现了“民心是最大的政治”。只有坚持中国共产党的领导，才能真正实现民心的政治，才能保证人民性的至上价值。

三、中国共产党的领导就是坚持全过程人民民主的法治化领导

法治化领导是以“民心是最大的政治”为核心的领导，要通过法治保障“全面

① 中共中央关于党的百年奋斗重大成就和历史经验的决议[N]. 人民日报，2021-11-17(1).

② 中共中央关于党的百年奋斗重大成就和历史经验的决议[N]. 人民日报，2021-11-17(1).

③ 中共中央关于党的百年奋斗重大成就和历史经验的决议[N]. 人民日报，2021-11-17(1).

④ 中共中央关于党的百年奋斗重大成就和历史经验的决议[N]. 人民日报，2021-11-17(1).

依法治国最广泛、最深厚的基础是人民，必须把体现人民利益、反映人民愿望、维护人民权益、增进人民福祉落实到全面依法治国各领域全过程，保障和促进社会公平正义，努力让人民群众在每一项法律制度、每一个执法决定、每一宗司法案件中都感受到公平正义”①。全过程人民民主过程是人民民主法治化的过程，是“民心是最大的政治”的法治化落实。

第四节 全过程人民民主是体现民心制度的民主

全过程人民民主是制度化的民主，没有制度化，全过程人民民主就没有保障。只有全过程人民民主的制度化才能保障人民民主价值，才能使人民民主发挥政治优势，才能使全过程人民民主发挥更大的功能，使处于不同地位的民主制度发挥不同的功能，且实现结构之间、功能之间的良性推进。

一、民主政治制度是民主价值的保障

民主价值具有多种制度的保障方式，比如威权政治制度也会在一定程度上保障民主价值，但是程度较浅，范围较窄。相比较而言，民主制度才能比较好地保障民主价值的实现。在西方政治发展的传统中，一直强调政体和政治制度的重要性，因此不断地发明、发现和完善政体和政治制度。西方制度主义和新制度主义都强调了民主制度的重要性，认为制度决定价值，价值规范制度。罗尔斯更是强调了制度的重要性，公平正义是社会制度的首要价值。罗尔斯认为一个良好的社会，必须是公平正义的社会，良好的社会都是制度决定公平正义、公平正义规范良好秩序的社会。他认为，良好秩序的社会是两个正义原则引导的社会，也是制度保障两个原则的社会，“第一个原则：每个人对于所有人所拥有的最广泛平等的基本自由体系相容的类似自由体系都应有一种平等的权利。第二个原则：社会和经济的不平等应该这样安排，使它们在与正义的储存原则相一致的情况下，适合于最少受惠者的最大利益；并且，依系于机会公平平等的条件下职务和地位向所有人开放”②。罗尔斯论证了公平正义在制度中的重要性，也论证了公平正义在民主制度中的重要性。在他看来，民主制度就是趋近于良好秩序的社会，这一论证过程在《政治自由主义》中得到系统论述，认为秩序良好的社会就是民主社会。民主既是民主制度的价值，民主制度又保障并推进民主价值，民主价值既体现在公民文化中，又体现在民主制度的保障当中，

① 中共中央关于党的百年奋斗重大成就和历史经验的决议[N]. 人民日报，2021-11-17(1).

② 罗尔斯. 正义论[M]. 何怀宏，等译. 北京：中国社会科学出版社，2014：237.

并体现在民主的全过程。只有民主制度才能保证民主价值的正当性、互惠性，并形成重叠共识。哈贝马斯在与罗尔斯的辩论中把民主价值继续推进，民主的价值性在于交往、商谈、沟通，通过民主价值和民主程序形成商谈式民主，更加强调了民主的过程性。

二、社会主义政治制度是社会主义人民民主价值的保障

与资本主义民主制度相比较而言，社会主义民主制度不但保障民主价值的实现，而且更能保障人民民主价值的实现，这是中国特色社会主义政治制度的优势。习近平指出，当今世界正经历百年未有之大变局，制度竞争是综合国力竞争的重要方面，制度优势是一个国家赢得战略主动的重要优势。历史和现实都表明，制度稳则国家稳，制度强则国家强。坚定中国特色社会主义制度自信首先要坚定对中国特色社会主义政治制度的自信，建设社会主义民主政治，发展社会主义政治文明，必须使中国特色社会主义政治制度深深扎根于中国社会土壤，照抄照搬他国政治制度行不通，甚至会把国家前途命运葬送掉①。中国特色社会主义政治制度深根于中国传统政治文化的土壤，传统政治文化成为人民群众的思维习惯和行为模式，不但决定着中国特色社会主义制度和全过程人民民主的发展特色，而且还决定着其发展趋势。比如，中国传统政治文化的民本主义、大一统思想、儒家思想、法家思想、道家思想等都深刻地影响着中国特色社会主义全过程人民民主的内容和形式。中国特色的传统的政治文化决定了中国民主价值不同于西方，中国全过程人民民主不可能照搬西方的制度、结构、模式。

三、全过程人民民主的过程是追求制度化的过程，是民主价值不断转型与全过程人民民主价值的中国特色社会主义政治制度化的过程

只有把人民民主全过程制度化，才会不断强化和体现“民心是最大的政治”。全过程人民民主的制度化就是全过程民心制度化。全过程民心制度化，也是全过程人民民主的制度化，因为制度具有根本性、全局性、稳定性和长期性，这是邓小平在总结历史经验的基础上一直不断强调的，并得到中国共产党和中国人民的强烈且高度的认同。

早在 1978 年召开的中央工作会议上，邓小平就指出：“为了保障人民民主，

① 中共中央关于党的百年奋斗重大成就和历史经验的决议[N]. 人民日报，2021-11-17(1).

必须加强法制。必须使民主制度化、法律化，使这种制度和法律不因领导人的改变而改变，不因领导人的看法和注意力的改变而改变。”①他在《中国共产党和国家领导制度的改革》讲话中指出：“领导制度、组织制度问题更带有根本性、全局性、稳定性和长期性。这种制度问题，关系到中国共产党和国家是否改变颜色，必须引起全中国共产党的高度重视。”②全过程人民民主制度化的重中之重是人民代表大会制度的制度化，这是中国特色社会主义政治制度的独特优势，是民心政治的高度凝聚，“我们实行的就是全国人民代表大会一院制，这最符合中国实际。如果政策正确，方向正确，这种体制益处很大，很有助于国家的兴旺发达，避免很多牵扯”③。全过程人民民主，不但突出了民主的人民性、过程性、价值性，而且还突出了全过程人民民主的制度性。人民代表大会制度是我们党领导人民在人类政治制度史上的伟大创造，是在我国政治发展史乃至世界政治发展史上具有重大意义的全新政治制度④。习近平站在跳出治乱兴衰的历史周期率的高度，不断强调人民代表大会这一根本政治制度的作用，指出：“人民代表大会制度，坚持国家一切权力属于人民，最大限度保障人民当家作主，把党的领导、人民当家作主、依法治国有机结合起来，有效保证国家治理跳出治乱兴衰的历史周期率。”⑤人民代表大会制度是伟大制度、全新政治制度这样的新提法，不但强调了人民代表大会制度的地位和作用，而且还强调了人民代表大会制度是最具民心的政治。

四、全过程人民民主是不断实现结构化的过程

结构化过程是制度化、规范化、程序化过程，是词典式推进的过程，制度化决定规范化、规范化决定程序化，制度化具有优先性。“党的十八大以来，我国社会主义民主政治制度化、规范化、程序化全面推进。”⑥全过程人民民主制度化的过程是结构化过程，是制度地位和功能排序的过程。民主制度的结构化是人民代表大会根本制度、共产党领导的多党合作和政治协商基本制度、群众自治和民族区域自治的重要制度的结构化。制度的结构化是动态推进的结构化，“重点部署坚持和完善支撑中国特色社会主义制度的根本制度、基本制度、重要制度”是目前迫切的任务。民主制度的结构化过程也是中国特色社会主义民主模

① 邓小平文选：第二卷[M]. 北京：人民出版社，1994：146.

② 邓小平文选：第二卷[M]. 北京：人民出版社，1994：333.

③ 邓小平文选：第三卷[M]. 北京：人民出版社，1993：220.

④ 徐隽. 坚持和完善人民代表大会制度　不断发展全过程人民民主[N]. 人民日报，2021-10-15(1).

⑤ 徐隽. 坚持和完善人民代表大会制度　不断发展全过程人民民主[N]. 人民日报，2021-10-15(1).

⑥ 中共中央关于党的百年奋斗重大成就和历史经验的决议[N]. 人民日报，2021-11-17(1).

式化的过程，是全过程人民民主结构化与模式化的过程。通过结构化与模式化的定型，保障全过程人民民主的价值，使民心政治不但成为政治信仰，而且使民心政治信仰不断内化为民主制度结构模式。

中国特色社会主义民主制度结构决定民主功能。人民代表大会制度的基本功能是立法功能、审议功能、监督功能、决定功能和任免功能，核心是立法民主化、科学化、依法化。中国共产党要支持和保证人民通过人民代表大会行使国家权力，支持和保证人大依法行使立法权、监督权、决定权、任免权，果断查处拉票贿选案，维护人民代表大会制度权威和尊严，发挥人民代表大会制度的根本政治制度作用。中国共产党领导的多党合作和政治协商制度具有民主协商功能、民主监督功能、建议功能，其践行基本方针是长期共存、互相监督、肝胆相照、荣辱与共。中国共产党要“完善民主党派中央对重大决策部署贯彻落实情况实施专项监督、直接向中共中央提出建议等制度，加强人民政协专门协商机构制度建设，推进社会主义协商民主广泛多层制度化发展，形成中国特色协商民主体系”①。群众自治是民主制度的重要制度，具有自治的功能。群众自治包括民主选举、民主协商、民主决策、民主管理、民主监督。群众自治是人民群众的伟大创造。要顺应基层人民群众的要求，群众自治的重要功能是“使各方面制度和国家治理更好体现人民意志、保障人民权益、激发人民创造”②。要顺应群众自治的要求，从基层做起，对微观政治权力进行监督，必须把权力关进制度的笼子里，依纪依法设定权力、规范权力、制约权力、监督权力③。这只有落实群众自治的权力才能做到，因为要不断落实“保障人民知情权、参与权、表达权、监督权”④。同时“尊重和保障人权”⑤，特别要尊重和保障基层的人权，使群众自治成为主人翁责任感、自豪感、参与感不断体现的自治。

民主制度的结构化、功能化、模式化具有内在统一性。结构决定功能，有什么样的民主制度结构就具有什么样的民主功能，民主功能强化民主制度的结构化。民主功能不断强化形成路径依赖，在强化民主制度结构化的同时推动民主模式的形成与固化。不同民主制度具有联动功能和互促功能。中国共产党领导全过程人民民主，通过中国共产党党内民主带动和推动全过程人民民主。人民代表大会的根本政治制度、中国共产党领导的多党合作和政治协商制度、群众自治制度既具有自上而下的顺向结构推动，也具有自下而上的逆向结构性推

① 中共中央关于党的百年奋斗重大成就和历史经验的决议[N]. 人民日报，2021-11-17(1).
② 中共中央关于党的百年奋斗重大成就和历史经验的决议[N]. 人民日报，2021-11-17(1).
③ 中共中央关于党的百年奋斗重大成就和历史经验的决议[N]. 人民日报，2021-11-17(1).
④ 中共中央关于党的百年奋斗重大成就和历史经验的决议[N]. 人民日报，2021-11-17(1).
⑤ 中共中央关于党的百年奋斗重大成就和历史经验的决议[N]. 人民日报，2021-11-17(1).

动。民主制度的功能性具有立法推进协商的功能，也具有协商推进立法的功能，既有自治推动立法和协商的功能，也具有立法和协商推动自治的功能。民主结构与民主功能又具有系统性，任何环节的民主制度的发展、调整与完善，都会直接影响其他环节发展与改革，具有牵一发而动全身的特性，甚至一个个体案件或者群体案件，都会直接或间接影响民主制度结构的调整与变革。民主制度结构和功能都具有联动性，任何民主制度的结构调整和优化都不能单方面推进。民主制度结构与功能还与政治情感有密切的关系，人民群众拥护认同爱戴忠诚民主制度，结构化模式化就顺利，否则就会成为结构化模式化的阻力。

五、全过程人民民主推进国家治理效能

全过程人民民主推进国家治理能力和国家治理体系现代化，并使国家治理能力和治理体系向效能转化。国家治理效能的提升能提高全过程人民民主的质量，全过程人民民主能增强国家治理的效能。全过程人民民主的过程就是提升和增强国家治理能力和完善国家治理体系的过程，国家治理体系和国家治理能力的现代化，不但离不开民主，而且必须通过全过程人民民主来完成。国家治理体系现代化包括全过程人民民主治理体系，国家治理能力包括全过程人民民主的治理能力。离开了全过程人民民主，国家治理体系和治理能力就难以转化为效能。失去了全过程人民民主的国家治理体系和治理能力，人民处于被治理的地位，而不是处于广泛参与治理的地位，治理体系就失去了方向，治理能力就会弱化，就失去了全过程人民民主的回应性，民心政治就会悬置。

全过程人民民主与民心政治密切相连。坚持、发展、完善全过程人民民主的过程是发展民心政治的过程，发展民心政治的过程必须通过全过程人民民主来完成。没有民心政治，全过程人民民主就会流于形式，或者事倍功半。没有全过程人民民主，民心政治就会变成“失心政治”。

第二章　民主政治：全过程人民民主战略的谋划依据

全过程人民民主是社会主义民主的重要特征。全过程人民民主与民主密不可分。没有民主，全过程人民民主就是流于形式的民主。民主是体系性的民主，而非单一性民主。民主的形成与构建是多维体系的构建。民主分为政治民主、经济民主、社会民主，政治民主是前提和保障，没有政治民主，就没有经济民主和社会民主。没有政治民主，经济民主和社会民主就成了可有可无的民主，即使是有经济民主和社会民主，也可能随时消失。习近平特别强调政治民主制度建设的重要意义，指出，“制度稳则国家稳，制度强则国家强”[①]。只有以政治民主为统摄，构建以政治民主为核心的民主体系工程，才会形成“全链条、全方位、全覆盖”的民主。

民主的三维构建是以习近平关于发展社会主义民主政治的重要论述为指导的三维构建。民主价值体系、民主宪法保障体系、民主权利运行机制体系是政治民主的核心组成部分，民主的三维构建主要围绕这三部分核心内容展开。这三者构成有机的统一体，且不可分割。民主价值体系规范民主宪法保障体系和民主权利运行机制体系，民主宪法保障体系推进和保障民主权利运行机制体系的正常运转，三者互相促进，共同推动全过程人民民主的形式、内容、效率和质量。全过程人民民主的过程是被民主价值自始至终规范的过程，防止全过程民主偏离人民民主的方向。全过程是民主宪法权利得以保障的过程，防止民主权利行使超越宪法和法律，进而破坏宪法的权威和尊严。全过程人民民主是民主权利保障和民主权利得以实现的过程，防止民主权利流于形式。全过程人民民主与民主的三维构建互为前提、互相促进、互相支撑。全过程民主推进和完善民主的三维构建，民主的三维构建为全过程民主提供质量与效率保障。

---

① 习近平在中央人大工作会议上发表重要讲话[EB/OL]. (2021-10-14)[2024-04-29]. http://cpc.people.com.cn/n1/2021/1014/c64036-32253744.html.

第一节　民主价值体系构建

任何类型的民主都是受民主权利价值体系支配的民主。资本主义民主往往以自由主义民主自居，并以自由为核心形成民主权利价值体系。但因受资本与民主结构的影响，自由主义民主价值体系往往难以全过程支配资本主义民主，在投票选举之后处于“休眠期”，使民主权利价值体系难以彻底实现，属于“半吊子”式民主。社会主义全过程民主是人民民主，民主的全过程是实现人民民主的全过程，是民主权利价值体系规范社会主义民主的全过程，是民主权利价值体系得以全部实现的全过程民主。

民主既具有价值性又具有工具性，民主的价值性规范民主的工具性。离开民主的价值性，民主的工具性就具有潜在的风险。把民主视为全人类的共同追求，是现代文明的基本标志，其主要指涉民主的价值性。民主的价值性并不是单一的，而是多元的。民主是人类政治发展史的容器和过滤器，在不断吸纳民主价值元素的同时，也不断过滤民主价值的残渣。民主的发展过程逐渐纳入了共和、自由、平等基本元素，从而形成了民主、共和、自由、平等互相促进、互相渗透、互相涵盖的民主价值体系。

一、民主注入了共和元素

民主最原始的意义就是“人民的权力”，即人民通过直接或者间接的方式行使自己的权力。人民的权力既表明了民主的价值性也表明了民主的工具性。人民权力的价值性指出了权力的来源、权力的正当性和权力服务的目的，也因此分为直接民主和间接民主。古希腊的民主是直接民主，这种直接民主缺少保护少数人的权利组成部分，古希腊才有了通过民主的方式处死苏格拉底的案例。直接民主因此受到诟病、质疑和责难。古希腊民主的价值性让位于工具性导致古希腊民主的消亡。古希腊民主沉寂了两千多年才再次得以复兴不仅因为其工具性，而主要在于其价值性。法国大革命证明了多数人暴政的恐怖，也是因为其工具性。美国建国者们对民主进行深刻的反思，把民主与暴政等同。美国立宪者们拒绝用“民主”字眼，而选择用共和代替民主，实则依然是民主，只是共和民主加入了共和与自由。共和民主则体现了价值性与工具性的统一，并通过价值性规范约束其工具性。马克思深刻批评了资本主义共和民主，高度评价了巴黎公社，“公社给共和国奠定了真正民主制度的基础”①。中国共产党是以马克思主义为指导的政党，把共和作为民主的核心要素，继承、发展和超越了人类共和的政治文明成果，强调人民共和。例如中国的全称中华人民共和国就突出了人民共和的特征。

二、民主注入了自由与平等元素

通过自由切入民主是西方思想家的逻辑进路和实践理路。贡斯当通过自由的视角把自由分为古代人的自由和现代人的自由，古代人的自由是没有私人领域的自由，人们参与政治生活裹挟着私人领域；现代人的自由是从事公共领域的自由，过着公共领域的生活，给私人领域留下自由的空间。公共领域的生活与民主密切相关，但也应该注意到“多数人的同意并不足以使社会的行为合法化：有些行为是不可能得到任何赞同的”②。伯林同样从自由的视角切入谈民主的问题，他把自由分为消极自由和积极自由，民主保障消极自由才是真民主，民主推进积极自由会使民主走火自伤，这是因为“在不失民主特性的情况下，仍会压制自由”③。哈耶克认为自由比民主重要，民主只有促进自由，才具有意义。“只有当政府将它采取的强制性行动严格限于那些能以民主的方式实施的任务时，民主才能有效运行。如果民主是一种维护自由的手段，那么个人自由便无异于民主运行的一项基础性条件。”④这些思想家的逻辑进路是自由内嵌于民主的逻辑，防止民主与自由的分割与分离。

在马克思生活的时代，自由是资产阶级的自由，平等是资产阶级的平等，但自由与平等的价值没有变。马克思恩格斯在《共产党宣言》里既主张自由，也主张平等，实现无产阶级和全社会的自由平等选举。也就是说，马克思恩格斯反对的是资产阶级的自由平等选举的虚伪性和欺骗性，并没有否定自由平等选举本身的价值。“实现真正的无产阶级民主是每个人自由发展的前提和重要保证。在法国，伴随工人运动的发展，资产阶级被迫逐渐扩大无产阶级所要求的普选的范围。到了1850年，由于普选的范围超出了资产阶级所规定的限度，危及了资产阶级的统治，因此，统治阶级主张取消普选权。这在实质上是要剥夺

① 马克思恩格斯选集：第三卷[M]. 北京：人民出版社，1995：58.

② 贡斯当. 古代人的自由与现代人的自由：贡斯当政治论文选[M]. 阎克文，刘满贵，译. 北京：商务印书馆，1999：57.

③ 伯林. 自由论[M]. 胡传胜，译. 北京：译林出版社，2003：210.

④ 哈耶克. 自由秩序原理：上[M]. 邓正来，译. 上海：上海三联书店，1997：143.

无产阶级的选举权利，马克思严厉地批评了资产阶级的这种做法，并指出'宪法的基础是普选权。'"①在注入民主价值元素的同时，也加入了规模元素、程序元素和政策元素。规模元素使民主得以适应巨型国家，实现直接民主与间接民主的统一、精英民主与大众民主的互动。价值元素和程序元素处理了民主多数和少数的关系，在少数服从多数的同时保护少数，使民主受人权约束。政策元素成为民主与否的重要标志，政策的好坏取决于政策是否以人民利益为核心。民主的规模、程序和政策都受到了民主价值体系的有效规制、规范。民主的价值体系包括自由和平等两个基本价值，即"人民的权力"必须是自由而平等的权力。

三、民主价值体系是制度的首要价值体系

罗尔斯认为公平正义是制度的首要价值。公平正义被罗尔斯用两条正义原则予以概括，其中第二条正义原则又划分为两条原则。因此，公平正义在罗尔斯那里包括三个原则，即平等的自由原则、公平机会的平等原则和差别原则。平等的自由原则处理的是政治领域的正义问题，公平机会的平等原则和差别原则处理的是社会和经济领域的正义问题，而且这三个原则不是同等重要的，而是按照词典式顺序进行优先排列的。自由是平等的自由且具有第一优先性，公平机会的平等原则与差别原则的满足不能损害平等的自由原则，只有在平等的自由得以满足的条件下才能考虑公平机会的平等。公平机会的平等原则具有第二优先性，差别原则的满足必须以公平机会的平等的满足为前提条件。罗尔斯的平等的自由原则、公平机会的平等原则和差别原则只存在于一个秩序良好的社会，这个秩序良好的社会就是民主社会。罗尔斯的这种平等的自由主义或者自由的平等主义受到了如诺齐克、哈耶克等自由至上主义者的批评和以桑德尔为代表的社群主义者的批评。诺齐克认为罗尔斯的正义观破坏了自由，桑德尔等人则认为罗尔斯强调了公平正义的制度价值而忽视了社群属性。但无论是自由至上主义者还是社群主义者都是围绕着罗尔斯的公平正义从不同的侧面展开的，都没有离开秩序良好社会的民主制度框架。

现代民主都是具有主权在民的价值性民主。没有价值性民主，民主不是流于形式，就是产生多数人的社会暴政和多数人的暴政。在社会暴政方面，密尔和托克维尔对此都是极为警惕和敏感的。密尔认为"多数人的暴政"会压制社会个性。在一大群与个性为敌的势力中，"个性要想保证它的根据，将有愈来愈大

① 张爱军，孙贵勇. 重新审视巴黎公社的民主原则[J]. 马克思主义研究，2006(3)：67-75.

的困难，除非我们能做到让公众有头脑的一部分感到个性的价值，让他们看到有不同是有好处的，即使不是不同得更好，甚至在他们看来或许有些是不同得更坏”①。托克维尔认为“多数人的暴政”不利于美国的民主，其实质表明，离开了民主的价值规范，将会使民主扭曲变形。“多数的无限权威及其快速坚定地表达意志的方式，在美国不仅使法律趋于不稳定，并且对法律的执行和国家的行政活动发生了同样的影响。”②“假使有一天自由在美国毁灭，那也一定是多数的无限权威所使然，因为这种权威将使少数忍无可忍，逼得少数诉诸武力。那时将出现无政府状态，但引起这种状态的是专制。”③萨托利把民主的共识分为三个层次：终极价值、游戏规则或程序、特定的政府及政府的决策。他认为价值共识是民主的有利条件，缺乏或失去这一共识可导致民主制度的衰落或失败。程序共识是民主的必要条件和必要前提，是构成民主的起点。政策共识是民主制度的核心特征。民主制度必须有民主价值体系的规范和约束。亨廷顿指出：“如果用普选的方式产生最高决策者是民主的实质，那么民主化过程的关键点就是用在自由、公开和公平的选举中产生的政府来取代那些不是通过这种方式产生的政府。”④亨廷顿认为，在 1828—1926 年间出现了第一次民主化长波，在 1943—1962 年间出现了民主化短波，在 1974—1990 年间出现了第三波民主化浪潮。民主化浪潮的研究逐渐趋于具体化、国别化，尤其是第三波民主化对于不同国家的影响而导致其特殊性逻辑进路和实践进路。

四、民主是中国共产党践行的中国特色社会主义的核心价值

社会主义核心价值观的重要内容就是民主，社会主义核心价值观围绕民主而加入了自由平等的内容。习近平总书记站在人类历史文明的高度强调，“民主是全人类的共同价值，是中国共产党和中国人民始终不渝坚持的重要理念。评价一个国家政治制度是不是民主的、有效的，主要看国家领导层能否依法有序更替，全体人民能否依法管理国家事务和社会事务、管理经济和文化事业，人民群众能否畅通表达利益要求，社会各方面能否有效参与国家政治生活，国家决策能否实现科学化、民主化，各方面人才能否通过公平竞争进入国家领导和管理体系，执政党能否依照宪法法律规定实现对国家事务的领导，权力运用能

① 密尔. 论自由[M]. 许宝骙，译. 北京：商务印书馆，1998：87.

② 托克维尔. 论美国的民主[M]. 董果良，译. 北京：商务印书馆，1988：286.

③ 托克维尔. 论美国的民主[M]. 董果良，译. 北京：商务印书馆，1988：299.

④ 亨廷顿. 第三波：20 世纪后期民主化浪潮[M]. 上海：上海三联书店，1998：7.

否得到有效制约和监督”。习近平明确指出，“人民民主是中国共产党始终高举的旗帜”①，它是“我国社会主义民主是维护人民根本利益的最广泛、最真实、最管用的民主”②。习近平不但强调了民主的价值，而且在经济、政治、社会、文化等领域都贯穿了民主的价值。同时把民主与效率紧密地结合在一起，把民主与集中力量办大事结合在一起，防止民主流于形式。

需要指出的是，民主具有意识形态特征，并通过注入意识形态导致民主的分野。民主的新概念也层出不穷，如商谈式民主、审议性民主、大众民主、激进民主、统治民主、被统治民主、自由主义民主、社会主义民主、资产阶级民主、无产阶级民主、资本主义民主、民粹主义民主、民族主义民主。这些民主概念，或者从概念及其内容进行划分，或者从意识形态进行划分。但任何民主，都具有意识形态成分，区别在于意识形态色彩的强度大小。尽管民主具有意识形态色彩，并通过意识形态导致民主的分化与分野，但意识形态里的民主仍然具有普遍性。

第二节　民主宪法保障体系构建

在现代文明社会，任何民主权利都需要宪法保障。资本主义民主的宪法保障主要强调宪法的形式性、抽象性、普遍性和程序性，自觉不自觉地忽略了宪法保障民主权利的历史性和现实性，难以具体真实地保障民主权利。全过程人民民主克服了资本主义民主宪法保障体系的局限，实现了历史与现实的统一。全过程人民民主不但在于或者不仅限于投票权，更在于人民群众广泛参与实践，全过程人民民主必然需要宪法保障民主权利体系。

民主与法治不可分。没有法治，民主将陷于无序状态，这或者导致民主的乌托邦，或者导致民主的“乌合之众”。西方民主权利的滥用导致无政府主义、族群主义、女权主义的泛滥，且与民粹主义、国家主义合谋，尤其是网络时代更为明显。西方民主政治衰落的原因是多方面的，其中一个重要原因就是法治的败退。

习近平一直强调法治的重要性，只有法治才能保证国家的长治久安，才能防止历史的恶性周期率。“历史是最好的老师。经验和教训使我们党深刻认识

① 习近平谈治国理政：第二卷[M]. 北京：外文出版社，2017：272.

② 习近平谈治国理政：第三卷[M]. 北京：外文出版社，2020：15.

到，法治是治国理政不可或缺的重要手段。法治兴则国家兴，法治衰则国家乱。什么时候重视法治、法治昌明，什么时候就国泰民安；什么时候忽视法治、法治松弛，什么时候就国乱民怨。”[①]没有民主的法治也不是现代意义上的法治，只是传统意义上的法治或者是治民而不是民治。民有、民治、民享才是现代民主法治的内容。

无论是成文宪法还是不成文宪法，都规定了民主的权利及其限度。现代意义的宪法主要包括两部分内容，公共权力与公民权利。公共权力的宪法设置都以保障公民权利为核心。为了保障公民权利，防止公共权力的滥用，构建了防止滥用权力的权力制约机制、公民权利保障机制、权力制约机制。民主权利是公民权利的组成部分，民主权利与其他公民权利互相印证、相互支撑、相互促进。宪法保障的民主权利不是单一的，而是相互支撑的民主权利体系。但公民权利也会被滥用，尤其是在网络上更会被滥用，因此即便是公民权利自身也需要制约。

早在 1978 年召开的中央工作会议上，邓小平就指出：“为了保障人民民主，必须加强法制。必须使民主制度化、法律化，使这种制度和法律不因领导人的改变而改变，不因领导人的看法和注意力的改变而改变。”[②]1986 年《中共中央关于社会主义精神文明建设指导方针的决议》指出：“不要社会主义民主的法制，决不是社会主义法制；不要社会主义法制的民主，决不是社会主义民主。”习近平反复强调宪法的重要性，指出“宪法是国家根本法，是国家各种制度和法律法规的总依据”。因此，新时代推进全面依法治国，必须更加坚定维护宪法尊严和权威，加强宪法实施和监督[③]。为了使宪法权威和宪法尊严得到具体的贯彻落实，特别强调了全国人民代表大会维护和修改宪法的重要性，并对全国人民代表大会和地方人民代表大会提出了具体要求，“全国人大及其常委会要完善宪法相关法律制度，保证宪法确立的制度、原则、规则得到全面实施，要加强对宪法法律实施情况的监督检查。地方各级人大及其常委会要依法行使职权，保证宪法法律在本行政区域内得到遵守和执行，自觉维护国家法治统一”。宪法在国家和社会中起到巨大的作用，与国家命运、国家前途息息相关，关系到国运的兴衰成败、民族的兴亡、国家治理能力和治理体系的现代化、人民根本利益和民主权利的切实保障，“宪法与国家前途、人民命运息息相关。维护宪法权威，

① 中共中央文献研究室. 习近平关于全面依法治国论述摘编[M]. 北京：中央文献出版社，2015：8.
② 邓小平文选：第二卷[M]. 北京：人民出版社，1994：146.
③ 习近平. 论坚持全面依法治国[M]. 北京：中央文献出版社，2020：216.

就是维护党和人民共同意志的权威。捍卫宪法尊严，就是捍卫党和人民共同意志的尊严。保证宪法实施，就是保证人民根本利益的实现”①。因此，“宪法的生命在于实施，宪法的权威也在于实施”②。习近平关于民主宪法保障体系的重要讲话主要包括以下几个方面内容：主权在民原则、人权保障原则、权力制约原则、党的领导原则。

一、主权在民原则

主权原则经历了博丹的国家主权、霍布斯的政治主权、洛克的议会主权和卢梭的人民主权的理论与实践过程，最终以人民主权为世界上绝大多数国家所普遍接受。卢梭认为，人民主权不受限制、不可分割、不能代表、不可侵犯，人民主权是绝对的、神圣的和至高无上的，且具有强制性和永久公正性。人民主权大多是通过议会来行使的，人民主权实际上是议会主权。主权在民原则是世界上文明国家通行的原则，中国也不例外。《中华人民共和国宪法》第二条就明确规定：“中华人民共和国的一切权力属于人民。”针对西方主权原则的不彻底性和不平等性，习近平指出：“在中国共产党领导的社会主义国家，一切权力属于人民，决不能依据地位、财富、关系分配政治权力！”③党的十九大报告提出要“维护国家法制统一、尊严、权威，加强人权法治保障，保证人民依法享有广泛权利和自由”④。

二、人权保障原则

人权保障是现代文明社会通行的原则，是现代政治文明的基本标志，“公民的基本权利和义务是宪法的核心内容，宪法是每个公民享有权利、履行义务的根本保证”，宪法的功能是保障人权，使人权不受任何权力、组织、社会的侵犯，因此，“宪法不仅是全体公民必须遵循的行为规范，而且是保障公民权利的法律武器”⑤。习近平指出：“全面贯彻实施宪法，必须切实维护公民的基本权利，努力实现最广大人民的根本利益。”⑥习近平强调：“只有保证公民在法律面

---

① 习近平．论坚持全面依法治国[M]．北京：中央文献出版社，2020：9.

② 习近平．论坚持全面依法治国[M]．北京：中央文献出版社，2020：11.

③ 中共中央文献研究室．习近平关于社会主义政治建设论述摘编[M]．北京：中央文献出版社，2017.

④ 习近平在中国共产党第十九次全国代表大会上的报告[EB/OL]．(2017-10-28)[2024-04-29]．http://cpc.people.com.cn/n1/2017/1028/c64094-29613660.html.

⑤ 习近平．论坚持全面依法治国[M]．北京：中央文献出版社，2020：14.

⑥ 习近平．全面贯彻实施宪法促进社会主义政治文明建设[J]．浙江人大，2002(12)：8-10.

前一律平等，尊重和保障人权，保证人民依法享有广泛的权利和自由，宪法才能深入人心，走入人民群众，宪法实施才能真正成为全体人民的自觉行动。”只有公民权利有了宪法的保障，宪法才具有权威，没有公民权利的宪法，不可能具有权威和尊严，宪法权威和尊严在于保障公民权利和民主权利。美国宪法是先有保障和制约权力的宪法，后有权利法案。中华人民共和国是把公民权利排在公共权力之前，然后才是规范和行使公共权力。《中华人民共和国宪法》的优越之处是把公民权利放在第二章，把国家机构放在第三章，突出了公民权利的重要性。宪法第二章从第三十三条开始到五十一条规定的都是公民权利，与公民民主权利直接相关的有宪法第三十三条、三十四条、三十五条、三十六条和五十一条。比如，宪法第三十三条规定：“中华人民共和国公民在法律面前一律平等。国家尊重和保障人权。任何公民享有宪法和法律规定的权利，同时必须履行宪法和法律规定的义务。”①宪法第三十四条规定：“中华人民共和国年满十八周岁的公民，不分民族、种族、性别、职业、家庭出身、宗教信仰、教育程度、财产状况、居住期限，都有选举权和被选举权。”②宪法第三十五条规定：“中华人民共和国公民有言论、出版、集会、结社、游行、示威的自由。”③宪法第三十六条规定：“中华人民共和国公民有宗教信仰自由。”④宪法第五十一条规定：“中华人民共和国公民在行使自由和权利的时候，不得损害国家的、社会的、集体的利益和其他公民的合法的自由和权利。”宪法规定的其他公民权利也都与民主权利有着直接或间接的关系，从各个层面和各个维度支持公民的民主权利。公民民主权利与公民其他权利构成一个权利体系，并且相互之间起着支撑的作用。

三、权力制约原则

任何权力都具有滥用的趋向，绝对权力绝对滥用，是人类政治社会的一种常态。为了防止权力滥用，人类政治社会采取了各种方法和措施，其中有以权

---

① 中华人民共和国宪法（2018 年修正）[EB/OL].（2018-03-22）[2024-04-29]. https://www.gov.cn/guoqing/2018-03/22/content_5276318.htm.

② 中华人民共和国宪法（2018 年修正）[EB/OL].（2018-03-22）[2024-04-29]. https://www.gov.cn/guoqing/2018-03/22/content_5276318.htm.

③ 中华人民共和国宪法（2018 年修正）[EB/OL].（2018-03-22）[2024-04-29]. https://www.gov.cn/guoqing/2018-03/22/content_5276318.htm.

④ 中华人民共和国宪法（2018 年修正）[EB/OL].（2018-03-22）[2024-04-29]. https://www.gov.cn/guoqing/2018-03/22/content_5276318.htm.

力制约权力、以社会制约权力、以国家权力制约社会权力、以社会权力制约国家权力，防止公共权力与公民权利越位。宪法是防止公共权力与公民权利滥用，进而追求“强国家—强社会”的最有效武器。防范公共权力滥用成为宪法的基本组成部分。《中华人民共和国宪法》第五条规定：“一切国家机关和武装力量、各政党和各社会团体、各企业事业组织都必须遵守宪法和法律。一切违反宪法和法律的行为，必须予以追究。任何组织或者个人都不得有超越宪法和法律的特权。”①宪法第二十七条规定：“一切国家机关和国家工作人员必须依靠人民的支持，经常保持同人民的密切联系，倾听人民的意见和建议，接受人民的监督，努力为人民服务。”②为了维护宪法的权威和尊严，“国家工作人员就职时应当依照法律规定公开进行宪法宣誓”。进行宪法宣誓的意义在于“有利于彰显宪法权威，增强公职人员宪法观念，激励公职人员忠于和维护宪法”③，并在全社会增强宪法意识，树立宪法权威。宪法第四十一条规定：“中华人民共和国公民对于任何国家机关和国家工作人员，有提出批评和建议的权利；对于任何国家机关和国家工作人员的违法失职行为，有向有关国家机关提出申诉、控告或者检举的权利，但是不得捏造或者歪曲事实进行诬告陷害。”④宪法所规定的这些内容，其目的都在于防止权力滥用，避免权力侵害公民权利。

四、坚持党的领导原则

宪法第一条规定：“中国共产党领导是中国特色社会主义最本质的特征。”⑤习近平指出：“我们党高度重视发挥宪法在治国理政中的重要作用，坚定维护宪法尊严和权威，推动宪法完善和发展，这是我国宪法保持生机活力的根本原因所在。”“人民代表大会制度，坚持中国共产党领导，坚持马克思主义国家学说的基本原则，适应人民民主专政的国体，有效保证国家沿着社会主义道路前进。人民代表大会制度，坚持国家一切权力属于人民，最大限度保障人民当家作主，把党的领导、人民当家作主、依法治国有机结合起来，有效保证国家治理跳出

---

① 中华人民共和国宪法（2018 年修正）[EB/OL]．（2018-03-22）[2024-04-29]．https://www.gov.cn/guoqing/2018-03/22/content_5276318.htm.

② 中华人民共和国宪法（2018 年修正）[EB/OL]．（2018-03-22）[2024-04-29]．https://www.gov.cn/guoqing/2018-03/22/content_5276318.htm.

③ 习近平．论坚持全面依法治国[M]．北京：中央文献出版社，2020：95.

④ 中华人民共和国宪法（2018 年修正）[EB/OL]．（2018-03-22）[2024-04-29]．https://www.gov.cn/guoqing/2018-03/22/content_5276318.htm.

⑤ 中华人民共和国宪法（2018 年修正）[EB/OL]．（2018-03-22）[2024-04-29]．https://www.gov.cn/guoqing/2018-03/22/content_5276318.htm.

治乱兴衰的历史周期率。”只有坚持中国共产党的领导，才能“把党的领导、人民当家作主、依法治国有机结合起来，有效保证国家治理跳出治乱兴衰的历史周期率”。作为中国共产党的百年大党，“其执政绩效才是真正判断一个政党是否为百年大党的关键要素”。宪法是中国共产党执政绩效的核心指标，“只要我们切实尊重和有效实施宪法，人民当家作主就有保证，党和国家事业就能顺利发展。反之，如果宪法受到漠视、削弱甚至破坏，人民权利和自由就无法保证，党和国家事业就会遭受挫折。这些从长期实践中得出的宝贵启示，必须倍加珍惜。我们要更加自觉地恪守宪法原则、弘扬宪法精神、履行宪法使命”①。没有党的领导，宪法保障的民主权利体系、人权体系就不能得到根本性保障，只有在宪法中把坚持党的领导作为根本制度确立起来，执政绩效就能得到根本保障。没有中国共产党的领导，就没有中华人民共和国宪法，就没有政治稳定、经济繁荣，就不能实现中华民族的伟大复兴。

第三节　民主权利运行机制体系构建

宪法规定的人民民主权利具有静态性，把人民民主权利的规定变成实际的操作，才能实现静态性与动态性的统一。人民民主权利的静态性如果不能实现动态性运转，就会变成装饰品和摆设。习近平指出：“民主不是装饰品，不是用来做摆设的，而是要用来解决人民需要解决的问题的。”民主权利不但要写在宪法中，而且要体现在民主权利的运行中，唯其如此，才能让民主权利运转起来。要建立宪法保障权利化为具体民主权利的法律机制和民主权利的运行机制体系，使民主权利体系通过运行机制得以实现。民主权利运行体现包括民主投票的全过程、民主参与的全过程、民主监督的全过程、民主回应的全过程四个主要方面，进而构建相应的全过程人民民主权利运行机制。

一、构建民主投票权利运行机制体系

投票是民主的前提和基础，是民主过程的起点，没有投票权就没有民主。民主权利的运行机制，首先从民主投票权开始，民主投票也是一个运行机制体系，并不止于民主投票本身，民主投票只是选举的结果。比如美国总统选举每四年举行一次，选举的主要机制包括预选、确定总统候选人、竞选、总统选举

① 习近平．论坚持全面依法治国[M]．北京：中央文献出版社，2020：9.

人、选举人成立选举人团投票、选举总统和当选总统就职典礼，选举过程漫长而又极为复杂。西方往往把选举权视为“第一自由”或者“第一权利”。西方民主的过程是不断确定和扩展民主选举权的过程，选举也经历了由少数人选举变成多数人选举，最后形成全民选举的过程。民主选举投票的权利往往与资本、财产、地位有关，所以资本主义民主具有虚伪性、欺骗性和不完整性，又因忽略无产阶级和劳苦大众的利益而把资本主义民主视为“清谈馆”。马克思主张无产阶级要以争得选举权为基础而争得民主，以建立无产阶级民主，在未来的社会主义社会建立社会主义民主。西方民主投票权的弊端在于，投票之后民主就陷入了“休眠期”，直至下一个选举的到来才又被“唤醒”。习近平深刻指出了西方投票权的弊端：“如果人民只有在投票时被唤醒、投票后就进入休眠期，只有竞选时聆听天花乱坠的口号、竞选后就毫无发言权，只有拉票时受宠、选举后就被冷落，这样的民主不是真正的民主。”①全过程人民民主是全员政治参与的民主，但民主投票权利是全过程民主的起点，没有民主投票权利就没有全过程民主参与的权利。

二、构建民主参与权利运行机制体系

民主参与权利运行机制包括投票权，但远远不仅限于投票权，更为重要的是广泛参与权，即对国家政治、经济、文化、社会各个层级、各个维度、各个方面的参与。“一个国家民主不民主，关键在于是不是真正做到了人民当家作主，要看人民有没有投票权，更要看人民有没有广泛参与权。”②民主参与是全过程的基本标志，是社会主义民主的基本特征。民主参与的运行机制包括过程机制、程序机制、形式机制。从党政分开的党内民主带动人民民主，到党政合一的党内民主与人民民主的互相涵盖，实现了党内民主与人民民主全过程民主的内在统一，民主真正实现了全过程民主。“我们党首先要带头尊崇和执行宪法，把领导人民制定和实施宪法法律同党坚持在宪法法律范围内活动统一起来。”③在中国共产党的领导下，人民代表大会民主、政治协商民主、群众自治民主、民族区域自治民主等都体现了全过程民主的动态性与过程性。实现全过

① 习近平在中央人大工作会议上发表重要讲话[EB/OL].（2021-10-14）[2024-04-29].http://cpc.people.com.cn/n1/2021/1014/c64036-32253744.html.

② 习近平在中央人大工作会议上发表重要讲话[EB/OL].（2021-10-14）[2024-04-29].http://cpc.people.com.cn/n1/2021/1014/c64036-32253744.html.

③ 习近平. 论坚持全面依法治国[M]. 北京：中央文献出版社，2020：217.

程民主的过程也是遵循民主程序的过程，没有民主程序的过程会使民主处于无序状态，甚至会导致民主的无政府主义。全过程民主是制度性参与和程序性参与，“要看制度和法律规定了什么样的政治程序和政治规则，更要看这些制度和法律是不是真正得到了执行”①。

程序民主规定了全过程民主的规模、范围、方式和限度。民主的形式包括直接民主和间接民主，群众自治是直接民主的体现。其中，“要保证人民依法行使选举权利，民主选举产生人大代表，保证人民的知情权、参与权、表达权、监督权落实到人大工作各方面各环节全过程，确保党和国家在决策、执行、监督落实各个环节都能听到来自人民的声音”②。人民代表大会是直接民主与间接民主的统一，民主选举人大代表是直接民主，人大代表代表人民行使立法权力、监督权力、审议权力等是间接民主，进而形成民主的科学化、民主化、高效化。全过程民主的优势在于“我国全过程人民民主实现了过程民主和成果民主、程序民主和实质民主、直接民主和间接民主、人民民主和国家意志相统一，是全链条、全方位、全覆盖的民主，是最广泛、最真实、最管用的社会主义民主”③。全链条是指民主选举、民主参与、民主决策、民主协商、民主管理、民主监督等相互连接、相互推进、相互影响、相互渗透，并实现环环相扣的共促效应。全方位一方面是指实现民主参与价值的全方位介入和规范，形成人们的全过程民主思维方式和行为方式；另一方面是指制度性民主与非制度性民主的全方位，这主要是指宪法制度、人大制度、政协制度、群众自治制度和人民群众在实践中形成的简单易行的民主形式。民主的全过程自始至终行使民主权利。民主参与的全覆盖是指贯穿政治、经济、文化、社会等各个领域，实现政治民主、经济民主和社会民主。

三、构建民主监督权利运行机制体系

防止权力滥用与腐败，其中一个重要内容就是加强民主监督权利体系建设。习近平指出，一个国家是否民主，“要看权力运行规则和程序是否民主，更要看权力是否真正受到人民监督和制约”。加强法治建设，一方面是约束公共权力，

① 习近平在中央人大工作会议上发表重要讲话[EB/OL].(2021-10-14)[2024-04-29].http://cpc.people.com.cn/n1/2021/1014/c64036-32253744.html.

② 习近平在中央人大工作会议上发表重要讲话[EB/OL].(2021-10-14)[2024-04-29].http://cpc.people.com.cn/n1/2021/1014/c64036-32253744.html.

③ 习近平在中央人大工作会议上发表重要讲话[EB/OL].(2021-10-14)[2024-04-29].http://cpc.people.com.cn/n1/2021/1014/c64036-32253744.html.

使公共权力处于人民的监督之下，“法治的关键是制约权力”[①]。2013年1月22日，在中央纪委第二次全体会议上，习近平强调：“各级领导干部都要牢记，任何人都没有法律之外的绝对权力。”[②]2015年2月2日，在省部级主要领导干部学习贯彻党的十八届四中全会精神全面推进依法治国专题研讨班上，习近平指出：“各级党政组织、各级领导干部手中的权力是党和人民赋予的，是上下左右有界受控的，不是可以为所欲为、随心所欲的。”[③]“把权力关进制度的笼子里，就是要依法设定权力、规范权力、制约权力、监督权力……把厉行法治作为治本之策，把权力运行的规矩立起来、讲起来、守起来。”[④]民主权利监督体系就是使公共权力处于阳光之下的体系，把权力关进笼子的体系。只有建立民主监督权利体系，才能有效地防止“权力黑箱”运作，使公共权力完全服务于人民，实践以人民为核心的价值。从这个意义上说，全过程民主是民主监督权利不断实现的民主。

四、构建民主回应权利运行机制体系

民主回应性运行机制是民主运行机制的重要组成部分。民主回应性运行机制包括民主诉求、党和政府回应、兑现承诺、权力纠错、民众态度五个基本要素。“回应式民主是全过程民主的运作形态之一，主要体现在对人民群众的政治诉求、经济诉求、社会诉求具有充分的回应性。回应式民主政治输入与政治输出的良性互动过程也是精英与大众良性互动的过程。”[⑤]

政府对民主诉求的回应，一方面是治理能力和治理体系现代化转化为治理效能与治理绩效的标志；另一方面也是全过程民主的重要内容。政府对民主诉求的回应不是有选择性的回应，不是避重就轻的回应，而是对重大诉求、重大问题的回应。政府对民主诉求的回应包括宏观性民主诉求的回应、中观性民主诉求的回应、微观性民主诉求的回应和个体性民主诉求的回应。对民主性诉求

---

① 习近平在十八届中央纪委二次全会上发表重要讲话强调更加科学有效地防治腐败坚定不移把反腐倡廉建设引向深入[N]. 人民日报，2013-01-23.

② 习近平在十八届中央纪委二次全会上发表重要讲话强调更加科学有效地防治腐败坚定不移把反腐倡廉建设引向深入[N]. 人民日报，2013-01-23.

③ 中共中央文献研究室. 习近平关于全面依法治国论述摘编[M]. 北京：中央文献出版社，2015：128.

④ 中共中央文献研究室. 习近平关于全面依法治国论述摘编[M]. 北京：中央文献出版社，2015：128.

⑤ 张爱军. 全过程民主的范围与限度[J]. 天津行政学院学报，2021(3)：3-10.

回应的目的是解决问题、化解矛盾和纠正错误，有效防止权力在运行过程中的权力滥用，损害民主权利。这是因为，“现代民主制度之所以被广泛推崇，最主要的原因在于通过对公共权力的有效制约、监督与纠错，可以最大限度地防止公共权力的自身腐败及其对人身财产与自由的损害与伤害”①。兑现承诺是政府合法性和正当性的重要前提，也是回应性民主的组成部分。一个国家是否民主，还“要看人民在选举过程中得到了什么口头许诺，更要看选举后这些承诺实现了多少”②。西方民主一个重要弊端是竞选时承诺过多，而竞选上台之后承诺难以兑现。作为回应性民主，一方面要完善人大的民主民意表达平台和载体，健全吸纳民意、汇集民智的工作机制，推进人大协商、立法协商，把各方面社情民意统一于最广大人民根本利益之中，比如“协商民主为人民提供了一条合法、规范和有效的表达意愿与利益的渠道，有利于加强人民同党和政府的沟通”③；另一方面对人民的民主诉求要全方位回应。政府兑现承诺，及时有效地回应民主诉求，就会影响民主的政治态度。政府要“把人民拥护不拥护、赞成不赞成、高兴不高兴、答应不答应作为衡量一切工作得失的根本标准”④。政府要以人民为中心，要以人民的根本利益为中心，通过回应性民主权利体系运行机制建设，才能“让人民群众有更多获得感、幸福感、安全感”⑤。回应性民主是全过程民主的终点，又是全过程民主新的起点，既提升了政府的民主能力和水平，也提升了民众的民主素质、政治获得感、政治尊严感、政治价值感、政治幸福感、政治生活感。

由政治民主统摄的民主价值体系、民主宪法保障体系、民主权利运行机制体系的三维构建是一个系统性工程，这一系统工程是随着时代和社会实践的发展而不断发展创新的工程。政治民主是宏观母系统，民主价值体系、民主宪法保障体系、民主权利运行机制体系构成了相对独立又相互贯穿的子系统。全过程民主建设是系统工程建设，必须从整体推进，任何单一的推进都会影响全过程民主的建设，导致全过程民主建设的片面性。全过程民主是民主价值体系转化并落实到民主宪法保障体系的过程，也是民主宪法保障体系转化为民主权利

---

① 唐亚林．“全过程民主”：运作形态与实现机制[J]．江淮论坛，2021(1)：65-68．

② 习近平在中央人大工作会议上发表重要讲话[EB/OL]．(2021-10-14)[2024-04-29]．http://cpc.people.com.cn/n1/2021/1014/c64036-32253744.html．

③ 王洪树，张茂一．协商民主是实现党的领导的重要方式：理论基础与实践逻辑[J]．探索，2019(5)：42-52．

④ 习近平谈治国理政：第三卷[M]．北京：外文出版社，2020：142．

⑤ 习近平谈治国理政：第三卷[M]．北京：外文出版社，2020：292．

运行机制的具体过程。改革开放以来特别是党的十八大以来，伟大的人民民主实践证实了转化过程的极端重要性。没有民主价值体系的构建，全过程人民民主建设就会偏离人民民主的方向；没有民主宪法保障体系，全过程人民民主就会陷于无序状态；没有民主权利运行机制体系，全过程人民民主就会陷于“肠梗阻”，全过程民主就会演变为新的形式主义。这既需要不断加强社会主义全过程人民民主的制度化建设，也需要加强全过程民主的民主素质建设。加强党员尤其是领导干部的民主素质，以党员尤其是党员领导民主素质的提升带动人民民主素质的提升，通过全民民主素质的提升不断推进国家民主的治理能力和治理体系现代化，并将全过程人民民主的治理能力和治理体系现代化转化为民主的效能，提高全过程人民民主的效率和质量。

第三章　政治忠诚：全过程人民民主战略的情感支撑

政治忠诚是人类政治发展过程中的充要条件，没有政治忠诚就没有政治发展和进步。网络政治忠诚情感是现实政治忠诚情感的重要组成部分，是现实政治忠诚情感在网络上的延伸、展开、变化。政治忠诚情感的研究聚焦于伦理学、政治学、传播学和社会学等诸多领域。比如，政治忠诚情感在伦理学的地位和作用。政治忠诚情感建立在同意的基础上，“不是建立在同意基础上的忠诚—无论在心理学上多么有说服力—仍然是感情问题，而不是道德问题”①。政治学从政治文化视角研究政治忠诚情感，但目前仅局限于政治忠诚的审查视角、精英吸纳视角、政治能力视角。传播学聚焦于共情传播，网络政治忠诚情感寓于共情传播研究之中。社会学侧重于情感对于社会关系建构。“从情感社会学的视角来看，情感既可能是社会动员的重要资源，也可能成为一种破坏性力量，如果能够因势利导，还可以是舆论引导的宝贵资源。”②就全过程人民民主本身的研究来说，已经取得了较为丰富的研究成果，主要包括：全过程人民民主的本质、价值、形态、类型、过程、意义、逻辑、比较研究；全过程人民民主的影响因素诸如理性、非理性、心理、规模、文化、空间、话语、法治研究；全过程人民民主的历史、实践、建构、路径；全过程人民民主的宏观、中观、微观分析视角等。

政治忠诚是对政治主体对政治客体的支持与捍卫的态度与行为。网络政治忠诚是网民政治主体对政治客体的支持与捍卫的态度与表达方式。目前关于政治忠诚及其情感的研究成果相对较少。政治忠诚和网络政治忠诚主要体现在政治实践上，对于相应的理论提升和概括相对不足。研究成果集中体现在以下几个方面：在政治忠诚的主体上，是党员和党员干部(倪星、马珍妙，2018)；在政治忠诚的客体(对象)上，主要包括忠诚于人民、忠诚于政党、忠诚于法律、

① 桑德尔. 民主的不满[M]. 曾纪茂，译，江苏：江苏人民出版社，2008：17.

② 郭小安. 舆论引导中情感资源的利用及反思[J]. 新闻界，2019(12)：34.

忠诚于上级、忠诚于自我的政治良知(鄯爱红，2018)；在政治忠诚的目的上，认为政治忠诚的主要目的是强化国家认同(左高山，2010)；在政治传播上，忠诚是一种道德资源(郭小安，2019)；在网络政治忠诚情感的实践及其表现方式上，往往都是突发事件引发，这在台海关系、中美关系、中日关系及中国与其他国家的关系上，体现了极高的国家忠诚度，但也存在着政治认知低的问题(马得勇、黄敏璇，2022)；在民主问题上，近三成民众对民主及其基本原则的认知较为模糊。其中比例最高的为权力制衡，35.2%的民众对此持“不知道”的态度(认知模糊)(马得勇、黄敏璇，2022)，即存在着网络政治忠诚度高与对民主认知低的不匹配现象。

综上所述，网络政治忠诚情感研究既没有从现实政治忠诚情感独立出来做专门研究，也没有将网络政治忠诚情感与全过程人民民主进行关系研究，对网络政治忠诚情感与全过程人民民主之间的关系研究缺少相应的数据支撑和分析，更没有确立网络政治忠诚情感在全过程人民民主当中的地位和作用。全过程人民民主主体具有全民性，政治忠诚主体不再局限于党员干部，政治忠诚主体是全民性的政治忠诚主体。政治忠诚客体也具有全民性，不再局限于某一政治客体。网络全过程人民民主具有全网民性，全网民的网络政治忠诚具有特殊的地位和作用。网络政治忠诚与网络政治忠诚情感互为表里，互相推进。网络政治忠诚既有建设性政治忠诚，也有批判性政治忠诚，无论是建设性政治忠诚还是批判性政治忠诚，都会推动网络政治忠诚的生成、提升、强化、固化，形成网络政治情感的认知方式、思维方式、行为方式。网络政治忠诚情感与全过程人民民主的价值、制度、过程、程序、规范有着极为密切的关系。全过程人民民主的健康有序发展离不开网络公众对全过程人民民主的政治忠诚情感。没有网络公众对全过程人民民主的政治忠诚情感，全过程人民民主就会失去重要的动力支撑。全过程人民民主既需要全过程人民民主的过程、规模、数量，更需要全过程人民民主的质量，全过程人民民主的质量提升需要现实政治忠诚情感和网络政治忠诚情感的双轮驱动。本文从网络政治忠诚情感切入，探讨网络政治忠诚情感与全过程人民民主的正向关系，同时也指出网络政治忠诚情感面临的问题。

第一节　全过程人民民主结构决定网络政治忠诚情感结构生成

网络政治全过程人民民主与网络政治忠诚情感具有结构性，并且二者结构性互嵌。全过程人民民主具有价值结构、制度结构、程序结构、规范结构。全过程人民民主的结构决定网络政治忠诚情感的结构，并影响网络政治忠诚情感结构的变化趋势。网络政治忠诚情感包括价值性忠诚、制度性忠诚、法治性忠诚、程序性忠诚、规范性忠诚，并由此形成网络政治忠诚情感结构。网络政治忠诚情感的核心是对制度和法治的忠诚，其他网络政治忠诚情感都在制度框架之下，并受制度忠诚情感的约束。

一、价值性的网络政治忠诚性情感

价值性忠诚是一种结构性忠诚，集中体现在社会主义核心价值体系上。价值性结构性忠诚还体现在自由、平等、人权优先性排序上。中国是社会主义国家，平等具有优行性地位，发挥着引领自由与人重要的作用。价值性结构性忠诚落脚点在全过程人民民主上，就是中国特色的全过程人民民主价值优先于民主的共同价值结构。对全过程人民民主的网络政治忠诚情感是全过程人民民主发展的有利条件，它对全过程人民民主的有限促进在于对全过程人民民主信仰的确立和坚定。网络政治忠诚情感通过对象来确定意义，“政治忠诚的价值是通过政治主体所忠诚的对象确定的，甚至可以说正是这一对象决定了政治忠诚作为一种政治美德的意义”①。网络政治忠诚情感在政治关系中得到确立，“政治忠诚作为一种政治美德，是针对某种政治关系或某种政治信仰而言的，它意味着政治行为体对政治事业、政治信念、政治理想、政治原则和政治信仰等的矢志不渝和彻底奉献”②。对于全过程人民民主来说，民主具有双重价值，民主既是全人类的价值，也是全过程人民民主的价值。只有对全过程人民民主价值的忠诚才能捍卫全过程人民民主的价值，否则全过程人民民主价值就成为无源之水、无本之木。网络政治忠诚情感属于“基调情感现象”，而“基调情感现象”是一种较为长期的、稳定的情感性情，如“信念”“忠诚”“情感定向”“情感氛围”等③。网络政治忠诚情感具有自主性和虚拟性，网络政治忠诚情感体现的是，对全过程人民民主的价值自觉拥护和捍卫，有效防止了对全过程人民民主价值的“伪忠诚”。网络政治忠诚虽然具有虚拟性，但却真实反映了政治忠诚的真实性，因为网络政治忠诚可以通过大数据监测、截取、传输、分析，也可以通过人工智能进行精准识别。

---

① 左高山，涂亦嘉. 政治忠诚的核心问题[J]. 伦理学研究，2018(5)：119.

② 左高山，涂亦嘉. 政治忠诚的核心问题[J]. 伦理学研究，2018(5)：119.

③ 郝拓德，罗斯，柳思思. 情感转向：情感的类型及其国际关系影响[J]. 外交评论(外交学院报)，2011(4)：40-56.

二、制度性的网络政治忠诚情感

这主要表现在对中国共产党领导制度、人民代表大会制度、共产党领导的多党合作和政治协商制度、民族区域自治制度以及基层群众自治制度的忠诚。对制度的忠诚是最高的忠诚，是对法治、程序、规范等忠诚的前提。没有对制度的忠诚，那么对其他的忠诚就失去稳定性。网络政治忠诚首先表现为对中国共产党领导制度的忠诚，这是由中国共产党先锋队性质和全心全意为人民服务的宗旨决定的，也是中国共产党党章的必然要求。以《中国共产党章程》中关于宣誓和誓词为例来说明党员对政党的政治忠诚。“预备党员必须面向党旗进行入党宣誓。誓词如下：我志愿加入中国共产党，拥护党的纲领，遵守党的章程，履行党员义务，执行党的决定，严守党的纪律，保守党的秘密，对党忠诚，积极工作，为共产主义奋斗终身，随时准备为党和人民牺牲一切，永不叛党。”网络政治关系到政治信息生产与消费、政治舆论的去中心化与再中心化、政治利益的成本与收益、政治舆论生成与风险。网络政治忠诚情感不会因为网络的这些不确定性因素而丧失，反而会更加强化制度性网络政治忠诚情感度，这是由制度的根本性、全局性、稳定性和长期性决定的。

三、法治性的网络政治忠诚情感

从一般意义上说，对制度的忠诚就是对法治的忠诚，因为制度是法治化的。对法治的忠诚就是对宪法和法律的忠诚。法治化的过程是全过程人民民主的过程，也是全过程人民民主的法治化过程。2018 年 2 月 24 日，全国人大常委会确定的宪法宣誓誓词为：“我宣誓：忠于中华人民共和国宪法，维护宪法权威，履行法定职责，忠于祖国，忠于人民。”党的十七届四中全会通过的《决定》强调将“是否忠于党、忠于国家、忠于人民”作为评价干部政治品格和道德品行的首要标准。“作为政治忠诚主体的官员有五个不同向度的忠诚客体(对象)，即忠诚于人民、忠诚于政党、忠诚于法律、忠诚于上级、忠诚于自我的政治良知。”①网络政治忠诚情感不但体现在宪法和法律中，而且体现在网络专门法当中。网络不是法外之地，要求网民在网络的忠诚言论必须在法治限度之内，而不是在法治限度之外。对于网络政治忠诚情感来说，网民的言行必须建立在宪法权威基础之上，维护宪法尊严，忠诚地遵守网络法治。

① 鄯爱红. 政治忠诚的时代特征与道德实践[J]. 伦理学研究，2018(9)：113.

四、程序性的网络政治忠诚情感

网络政治忠诚是程序性忠诚，否则网络政治忠诚就会陷入无序状态。网络政治忠诚的程序主要体现在民主集中制、群众路线、多数原则程序。民主集中制不但是制度、原则，还是一种程序。网络政治忠诚既要忠诚于制度与原则，也要忠诚于程序，“党内组织和组织、组织和个人、同志和同志、集体领导和个人分工负责等重要关系都要按照民主集中制原则来设定和处理，不能缺位错位、本末倒置”①。民主集中制的过程也是走群众路线的过程，习近平指出：“各级党政机关和领导干部要学会通过网络走群众路线，经常上网看看，潜潜水、聊聊天、发发声，了解群众所思所愿，收集好想法好建议，积极回应网民关切、解疑释惑。善于运用网络了解民意、开展工作，是新形势下领导干部做好工作的基本功。”②民主集中制和群众路线主要体现在吸取网络的政治智慧，倾听民意，回应民意，建立回应性民主。“集中民意民智办大事强调经过听证、函询、座谈、网络问政等多种方式，将基层民意民智广泛纳入到决策程序中，共同汇成推动社会主义现代化建设的强大合力。”③民主集中制、群众路线通过多数程序，即少数服从多数、保障少数的程序得到更为集中的体现。程序性的网络政治忠诚情感主要是通过走网络群众路线，回应网民诉求得以维系的。

五、规范性的网络政治忠诚情感

网络政治忠诚情感具有理性与道德的一面，通过理性与道德规范网络政治忠诚情感，使网络政治忠诚情感处于理性与道德的规范之中。理性使网络政治忠诚情感具有边界，超越理性的网络政治忠诚情感会走向其反面。失去道德规范的网络政治忠诚情感具有破坏力，不利于全过程人民民主建设。“忠诚绝不可能只是一种情感，虽然崇拜和感情伴随着忠诚出现，但是绝不可能独自构成忠诚。如果没有自我控制，忠诚是不可能的。”④网络政治忠诚情感对全过程人民民主依赖的特性，在这种情况下，全过程人民民主通过不断宣传和灌输，不断强化网民对全过程人民民主的网络政治忠诚情感。“‘既有政治倾向’假说认为，政治竞选宣传的主要作用在于强化选民的原有政治态度和政治情感，而非调整

---

① 习近平在党的群众路线教育实践活动总结大会上的讲话[EB/OL].(2014-10-09)[2024-04-29]. http://politics.people.com.cn/n/2014/1009/c1024-25792021.html.

② 习近平. 在网络安全和信息化工作座谈会上的讲话[N]. 人民日报，2016-4-26(1).

③ 张君. 全过程人民民主：新时代人民民主的新形态[J]. 政治学研究，2021(4)：16.

④ 左高山，涂亦嘉. 政治忠诚的核心问题[J]. 伦理学研究，2018(5)：118.

和改变，量的累积并不能导致质的变化。”[①]通过宣传和灌输全过程人民民主价值、理念、制度等，以此来不断化解消极性网络政治情感为积极性政治情感，不断强化和提升积极政治忠诚情感。对网络政治忠诚情感威胁最大的是怨恨性政治情感。“怨恨是一种欺瞒之泉，为了辩白自己内心的价值体验，他便不由自主地‘诋毁’存在的世界。”[②]怨恨性情感危害大，是心灵的自我毒害，“怨恨是一种有明确的前因后果的心灵自我毒害。这种自我毒害有一种持久的心态，它是因强抑某种情感波动和情绪激动，使其不得发泄而产生的情态”[③]。怨恨性情感在网络时代不断放大，且难以控制，“在爆发之前就已有一个嵌在社会结构文化和媒介氛围中的情绪框架，情绪框架内始终储存着较高水平的怨恨情绪能量并布满情绪燃点，我们称之为‘内燃点’。当社会事件引爆个体怨恨情绪，这些离散的情绪一边通过网络集结放大，一边迅速回到前置的总的社会情绪框架中寻找已有的情绪能量，并与其中某一个匹配的内燃点震荡共鸣，激发出新的社会怨恨情绪表征”[④]。网络政治忠诚情感与怨恨性情感的矛盾、对立、冲突，只有通过不断实践全过程人民民主强化网络政治忠诚情感，才能使怨恨性政治情感得到有效控制。

第二节　全过程人民民主与网络政治忠诚情感在互动中升华

全过程人民民主是静态性的制度结构和动态性的参与结构的有机统一。“我国全过程人民民主实现了过程民主和成果民主、程序民主和实质民主、直接民主和间接民主、人民民主和国家意志相统一，是全链条、全方位、全覆盖的民主，是最广泛、最真实、最管用的社会主义民主。”[⑤]习近平的这段论述把全过程人民民主的静态性与动态性紧密地结合在一起，为政治忠诚情感和网络政治忠诚情感打下了理论基础。

---

① 张爱军，梁赛. 论情感在政治传播中的作用：一个新的视角[J]. 中国社会科学院研究生院学报，2020(4)：74.

② 舍勒. 道德意识中的怨恨与羞感[M]. 林克，等译. 北京：北京师范大学出版社，2014：44-47.

③ 舍勒. 价值的颠覆[M]. 罗悌伦，等译. 北京：生活·读书·新知三联书店，1997：7.

④ 余红，王庆. 社会怨恨与媒介建构[J]. 华中科技大学学报，2015(3)：127.

⑤ 在中央人大工作会议上的讲话[EB/OL]. (2022-02-28)[2024-04-29]. http://www.qstheory.cn/dukan/qs/2022-02/28/c_1128420137.htm.

一、全过程人民民主全过程推进网络政治忠诚情感

全过程人民民主的全过程不断培育网络政治忠诚情感，没有全过程人民民主，网络政治忠诚情感即使存在，也会逐渐丧失。“所有环节都要有人民出场、人民主导、人民参与和人民评价。”①人民民主的全过程是网络政治忠诚情感生成和培育的全过程。网络政治忠诚情感生成与培育的全过程为全过程人民民主提供了重要支撑。全过程人民民主的全链条、全方位、全覆盖决定了网络政治忠诚的全全链条、全方位、全覆盖。

（一）全过程人民民主全链条推动网络政治忠诚情感

全过程人民民主的全链条决定了网络政治忠诚情感的全链条，全过程人民民主的全链条推动政治忠诚感和网络政治忠诚感。党的领导、人民当家作主、依法治国三者全链条；人大民主选举、知情权、参与权、表达权、监督权全链条；人大科学立法、民主立法、依法立法全链条；民主协商的提案、会议、座谈、论证、听证、公示、评估、咨询、网络全链条；民主实践的选举、协商、决策、管理、监督全链条。群众自治的公开、知情、表达、参与、协商、选举、监督、罢免全链条。缺少任何一个链条都会使全过程人民民主链条断裂，影响民主其他链条的发展。任何一个民主链条都会培育政治忠诚感和网络政治忠诚感，任何一个民主链条缺失都会损伤政治忠诚感和网络政治忠诚感。全链条人民民主的过程是推动政治忠诚感和网络政治忠诚感生成、传播、强化、凝聚的过程。网络政治忠诚情感的全链条，既体现在现实的全过程人民民主链条之中，也体现在网络平面世界自主生成的全链条之中。网络政治忠诚情感的全链条是网民横向连接的全链条，网络热点事件构成连接的节点，网络政治忠诚情感具有节点性。

（二）全过程人民民主全方位推动网络政治忠诚情感

全过程人民民主的全方位决定了网络政治忠诚情感的全方位。全过程人民民主全方位包括经济、政治、文化、社会，即全过程的经济民主、全过程的政治民主、全过程的文化民主、全过程的社会民主。全过程的经济民主以公平正义为价值支撑、以共同富裕为目标导向、以精准扶贫为重点、以乡村振兴为支撑、以规范资本为手段。唯其如此，才能培养政治忠诚情感和网络政治忠诚情感。全过程人民政治民主以落实公民权利、参与政治决策、参与立法、参与管理国家事务等实现公民尊严和实现以为人民服务宗旨的公共权力，实现公民权

① 任剑涛. 从管理民主到行政民主再到政权民主[J]. 中央社会主义学院学报，2017(4)：13.

利与公共权力的良性互动，进而实现两个维度的政治忠诚感和网络政治忠诚感，以公民忠诚于公共权力，使公共权力忠诚于人民，使公民和权力忠诚于党和人民、忠诚于制度和宪法、忠诚于法治和程序。全过程的文化民主，使扮演公民与网民双重角色的每一个个体都参与到文化建设当中来，提升人民的全过程文化素质，使公民与网民政治情感忠诚变成高素质的政治文化忠诚，由感性的政治忠诚变成理性的政治忠诚。全过程的社会民主使公民与网民参与到自我管理、自治管理、社区管理、村民管理的过程中，通过管理获得政治归属感和政治尊严感，不断强化现实政治忠诚感和网络政治忠诚感。

（三）全过程人民民主全覆盖推动网络政治忠诚情感

全过程人民民主的全覆盖决定了网络政治忠诚情感的全方位。全覆盖包括全过程人民民主的价值覆盖、制度覆盖、法治覆盖、程序覆盖、规范覆盖。全过程人民民主价值覆盖推动对全过程人民民主的政治忠诚感和网络政治价值忠诚感；全过程人民民主的制度覆盖推动对全过程人民民主的政治制度忠诚感和网络政治制度忠诚感；全过程人民民主的法治覆盖推动对全过程人民民主的法治忠诚感和网络法治忠诚感；全过程人民民主的程序覆盖推动对全过程人民民主的政治程序忠诚感和网络政治程序忠诚感；全过程人民民主的规范覆盖推动对全过程人民民主的政治规范忠诚感和网络政治规范忠诚感。但这并不排除人民群体在民主实践过程中自创的形式以及以此形成的政治忠诚感。

二、网络政治忠诚情感过程推动全过程人民民主发展水平

网络政治忠诚情感同样全方面、全过程、全链条、全覆盖地推动全过程人民民主建设。民主既有文明型民主，也有非文明型民主。全过程人民民主是文明性民主，“民主是全人类的共同价值，是中国共产党和中国人民始终不渝坚持的重要理念”①，习近平强调的是全过程人民民主的文明性。全过程人民民主也只有通过文明化的方式，才能显示出比较的政治优势，体现出社会主义的政治优越性，“政治文明以现代民主的形式表现出来，实现现代民主，就是实现政治文明”②。网络政治忠诚情感是全过程人民民主文明化的重要支撑和重要动力。

（一）网络政治忠诚情感提升全过程人民民主价值

网络政治忠诚情感是自主参与产生的政治忠诚情感，并因此赋予全过程人

---

① 在中央人大工作会议上的讲话[EB/OL].（2022-02-28）[2024-04-29].http://www.qstheory.cn/dukan/qs/2022-02/28/c_1128420137.htm.

② 戴圣鹏.政治文明与现代民主：马克思恩格斯的政治文明思想研究[J].学术研究，2012(10)：42.

民民主的政治美德，“公民参与增进了自律性与利他主义”①，公共政策必须是民主的，才能体现政治忠诚的美德，“公民参与不仅具有内在价值，而且还能增加公共政策的有效性。人们在参与政治活动中，自然要公开表达自己的偏好和需要：这等于在宣传政策，从而影响人们的幸福。公开表达政治意见，能降低发生冲突的可能性，增加在核心政策上获取共识的可能性，因而政策的实施能变得更有效，政府和公民的关系也改善了。最后，允许人们表达政治意见，增加人们对政策制定者的信赖，从而获得更好的社会治理效果和更好的政策”②。全过程人民民主体现在公共政策上，就是表达对公共政策的建议和建议，推进公共政策的科学化、民主化、规范化。没有对全过程人民民主的政治忠诚情感，人们对公共政策就失去了参与的动力，产生不了参与公共政策的幸福感、尊严感和成就感。全过程人民民主价值对现实全过程人民民主提供了评价的指标。“一个国家民主不民主，关键在于是不是真正做到了人民当家作主，要看人民有没有投票权，更要看人民有没有广泛参与权；要看人民在选举过程中得到了什么口头许诺，更要看选举后这些承诺实现了多少；要看制度和法律规定了什么样的政治程序和政治规则，更要看这些制度和法律是不是真正得到了执行；要看权力运行规则和程序是否民主，更要看权力是否真正受到人民监督和制约。”③全过程人民民主的评价同样需要网络政治忠诚情感来支持，因为只有网络政治忠诚情感，网民才能全员参与评价，否则网民甚至会产生冷漠逃避心理，转而过度追求金钱、娱乐、休闲，导致政治冷淡主义盛行。

（二）网络政治忠诚情感加强全过程人民民主制度化

随着人类政治文明的发展，对个人的忠诚慢慢发生对象式转变，即由对个人的忠诚转向对国家制度的忠诚，并把制度性政治忠诚放在至高无上的地位和决定性的作用，也正因为如此，才有“没有哪一种美德比政治忠诚更被国家、阶级或政党所重视，人们甚至认为对国家的忠诚是至高无上的政治美德”④这一说法。网络政治忠诚情感既能使坚持和完善全过程人民民主制度性的稳定成为事实，也能强化全过程人民民主制度化的动态性和文明性。网络政治忠诚情感强

---

① 希特. 公民身份：世界史、政治学与教育学中的公民理想[M]. 郭台辉，余慧元，译. 长春：吉林出版集团有限责任公司，2010：285.

② 经济合作与发展组织. 民生问题：衡量社会幸福的 11 个指标[M]. 洪漫，等译，北京：新华出版社，2012：184.

③ 在中央人大工作会议上的讲话[EB/OL].(2022-02-28)[2024-04-29]. http://www.qstheory.cn/dukan/qs/2022-02/28/c_1128420137.htm.

④ 左高山，涂亦嘉. 政治忠诚的核心问题[J]. 伦理学研究，2018(5)：117.

化的过程是使全过程人民民主制度化文明化的过程。

（三）网络政治忠诚情感加强全过程人民民主程序化

萨托利认为："大规模民主是一种程序或机制，它带来开放的多头统治，这种统治在选举市场上的竞争把权力给了人民，并且具体地加强了领导者对被领导者的责任。"①尽管中国的全过程人民民主不同于西方的民主，中国全过程人民民主具有不同于西方民主的比较优势，但仍然面临着规模性问题。2021年的互联网报告显示，中国互联网网民已经接近10亿人，手机移动互联网已经达到16亿人，如果网民参政没有程序性参与，就会导致网络政治参与瘫痪，或者陷入集体选择的困境与悖论。网络全过程人民民主的程序性与现实全过程人民民主的程序性同样重要，只有对网络全过程人民民主程序的网络政治忠诚度高，遵循正常的程序，全过程人民民主才能有序进行。

（四）网络政治忠诚情感提升全过程人民民主治理现代化

网络政治忠诚有利于全过程人民民主治理的现代化。国家治理现代化本身就包括治理体系、治理能力现代化，并把治理优势转化为效能优势，而且"好的民主一定是实现良政善治的，一定是推动国家发展的"②。善治同样需要网络政治忠诚情感，因为"'善治'就是公众利益最大化的管理过程或者说是治理过程"③。善治的最大化取决于公民和网民。对网民实行善治，才会带来网络政治忠诚情感，网民政治忠诚情感，反过来又不断强化善治。全过程人民民主包括协商民主，网民的政治协商更易于形成网络政治忠诚情感，因为"协商民主就是官民共同来参加国家治理，必须考虑如何改善政府与公民的沟通，或者说如何实现政治沟通的现代化"④。"国家治理有赖于强有力的政府来维护自由和秩序，政府滥用权力同样也可能危及自由。"⑤网络政治忠诚情感包括对国家治理的忠诚，如果网民没有对国家治理的强烈政治忠诚感，网民就只会看到政府滥用权力的一方面，就会以偏概全，看不到国家治理在维护自由和秩序的功能，就会使国家治理失去正当性、合法性、合宪性。

---

① 萨托利. 民主新论[M]. 冯克利，阎克文，译. 北京：东方出版社，1998：174.

② 中华人民共和国国务院新闻办公室. 中国的民主[EB/OL].（2021-12-04）[2024-04-29]. https://www.gov.cn/zhengce/2021-12/04/content_5655823.htm.

③ 俞可平. 政治传播，政治沟通与民主治理[J]. 现代传播（中国传媒大学学报），2015(9)：73-74.

④ 俞可平. 政治传播，政治沟通与民主治理[J]. 现代传播（中国传媒大学学报），2015(9)：73-74.

⑤ 杨宏山. 自由、秩序与更好的国家治理[J]. 理论视野，2015(4)：55-57.

第三节 网络政治忠诚情感使全过程人民民主升级

网络政治忠诚情感是积极政治情感，其基本功能是使全过程人民民主政治文明化和结构升级。从一般意义上说，网络政治忠诚情感对全过程人民民主意义重大。“对政治的献身就必须起自热情、养于热情。”[①]网络政治忠诚情感既源于价值、制度、信仰，更源于热情、养于热情，热爱政治、衷情政治。之所以如此，是因为网络政治忠诚主要是因为节点化事件引发，由共情传播驱动，体现着对政治的献身热情。

人天生是一种政治动物，忠诚于政治出于本能与理性，在本能与理性中架起桥梁。网络政治忠诚情感既是通向全过程人民民主的桥梁，又是全过程人民健康发展的重要动力。网络政治忠诚情感与网络其他情感一样，都具有虚拟性、自主性、平面性、互动性、平等性、碎片性等特点；不同点在于网络政治忠诚情感的多样与叠加是其基本样态。网络政治忠诚体现在政治言论、政治取向、政治信任之中。网络政治情感表达方式具有丰富的表达方式，微博、微信、抖音、点赞、表情包、口号、段子等都成为网络政治忠诚感的表达方式。

一、网络政治忠诚情感的差序格局提升全过程人民民主平衡能力

网络政治忠诚情感既具有横向的差序格局特征，又具有纵向的多伊彻瀑布分流特征。网络政治忠诚情感的差序性使全过程人民民主形成差序格局和反向差序格局。网络政治忠诚情感的差序格局是由点带面、由近及远、不断向外扩散的格局；反向差序格局是由远及近、由大到小、不断窄化的格局。二者格局同时存在、互相制约，在启动与制动实现功能性动态平衡，进而使全过程人民民主的过程始终在平衡中健康运行。

二、网络政治忠诚情感的第三领域生成全过程人民民主新领域

“公共领域变成了发布私人生活故事的领域，无论是，所谓小人物的偶然命运，或者，有计划地扶植起来的明星赢得了公共性；抑或是，与公共相关的发展和决策披上了私人的外衣，加以拟人化，甚至无法辨认出来。”[②]网络政治情感传播打破了政治生活的公共领域和私人领域的界限，形成了网络政治情感的

---

① 韦伯. 学术与政治[M]. 钱永祥，译. 桂林：广西师范大学出版社，2004：252.

② 郭小安，杨绍婷. 图像传播时代的符号载体与共意动员[J]. 传播与社会学刊，2019(3)：103-139.

第三领域。网络政治情感把公共领域私人化，把私人领域公共化，既有公共领域和私人领域的特征，又具有第三情感的独特性。网络政治情感使情感圈层化，形成各种不同类型和规模的网络情感共同体。网络“不应只关注其信息价值，还需要关注其承载的意义，特别是对个体的意义。在此基础上理解私人性内容与公共性内容的互动，理解媒介内容对现实生活与虚拟生活的‘粘连’作用”①，媒介粘连不具有稳定性，因为媒介随着热点事件生成而生成，随着热点事件消退而消退。追随、追求、制造、“蹭热点”是媒介的常态，也是媒介发展过程中的必然要求。只有在“第三领域”中生成与固化网络政治忠诚情感，才能在第三领域形成全过程新型人民民主，并使现实全过程人民民主、网络全过程人民民主、第三领域三者之间的民主实现互动局面。

三、网络政治忠诚情感的热点化增加全过程人民民主的回应能力

网络政治忠诚情感都是由热点政治事件驱动，通过热点事件表达政治忠诚、强化政治忠诚。“非理性民主认知包括对全过程人民民主的情感、态度、意志、心理等认知维度，支持和拥护全过程人民民主的情感认知、态度认知、意志认知、心理认知等会推进全过程人民民主的建设与发展。”②这同样适用于网络政治忠诚情感，并与全过程人民民主存在着共生关系。也就是说，网络政治忠诚情感高，就会相信政府回应和解决问题的能力，如果网络政治忠诚情感低，就会质疑政府回应和解决问题的能力。网络政治忠诚情感在热点化事件中的支撑作用表现更为明显。如果政府在热点事件中回应能力强，网络政治忠诚情感度就会增加，并同时增强公信力。如果政府在网络热点事件中回应能力弱，网络政治忠诚情感就会下降，并同时降低公信力。

四、网络政治忠诚情感的动态性极化提高全过程人民民主的纠偏能力

现实政治情感受真实的关系制约，具有稳定性，难以发生改变，也难以在瞬间发生激烈矛盾和冲突。网络政治情感是具有虚拟性，不受稳定的现实关系制约，网络政治情感因受道德非理性支配，易在瞬间爆发矛盾和冲突，这需要网络政治忠诚情感中和与平衡。“全过程人民民主参与还会发生宏观、中观、微观的利益矛盾与冲突，不同利益群体之间的利益矛盾和冲突如果处理不好，就

---

① 彭兰．数字技术打开媒介无限想象空间[EB/OL].(2021-11-02)[2024-04-29].https://www.cssn.cn/topnews/202208/t20220831_5484770.shtml.

② 张爱军．理性与非理性：全过程人民民主认知的差异与差序[J]．理论与改革，2022(3)：19.

会削弱某一区域某一群体的获得感、尊严感、幸福感，破坏公平正义的底线。”①如果网络政治忠诚情感高，就会减少矛盾和冲突，否则就会加剧冲突，这是因为，“公众的参与动机中夹杂着强烈的社会情绪，参与者在乎的并非个人的利益得失，而是身份归属与情感共鸣，呈现出‘非直接利益’特征”②。网络政治忠诚情感高，就会对强烈的政治情绪纠偏，使之回归理性，反之则会导致非理性狂热，使全过程人民民主处于狂热状态，进而导致任何人都不想要的政治后果。

五、网络政治忠诚情感的分层化解全过程人民民主规模性重负

“情感成为了一种道德能量和社会资源。”③政治社会结构是网络政治情感分层的现实客观因素。网络技术、大数据、人工智能、算法、区块链是网络技术情感分层的技术因素。网民不同的立场、意识形态、价值观也是网络政治情感分层的主观因素。导致网络政治情感分层的原因不同，网络政治情感分层的取向不同，进而形成了全过程人民民主的网络政治忠诚情感的多元性和多样化。网络政治忠诚情感的分层化和多中心化，使全过程人民民主因不同因素形成的各种相对独立的小规模群体，减轻了全过程人民民主的规模性重负，使全过程人民民主能够在不同层级健康运行。

六、网络政治忠诚情感的功能叠加促进全过程人民民主的多维化

网络政治情感功能既具有独特的小共同体功能，又具有大共同体功能。网络政治忠诚情感既保持个体与“小圈子”的相对独立性，“小圈子”之间又能互相渗透和相互影响，同时还能形成网络政治忠诚情感的“大圈子”；既能围绕制度与法治形成以全局性中心的网络政治忠诚感圈，又能形成根据热点形成的群体性核心圈，从而使网络政治忠诚功能的叠加化功能，从多维度推进全过程人民民主。

全过程人民民主与网络政治忠诚情感互相推进。全过程人民民主结构与网络政治忠诚情感结构、全过程人民民主过程与网络政治忠诚情感过程、全过程人民民主的功能与网络政治忠诚情感功能相互渗透、相互影响、相互推进，不断推动全过程人民民主生成、升级、升华，并使全过程人民民主文明化。

---

① 张爱军. 理想与现实：全过程人民民主的价值引领与实践调适[J]. 学术界，2022(3)：61.

② 郭小安. 舆论引导中情感资源的利用及反思[J]. 新闻界，2019(12)：28.

③ 郭小安. 公共舆论中的情绪，偏见及“聚合的奇迹”：从“后真相”概念说起[J]. 国际新闻界，2019(1)：125.

第四章　政治文明：全过程人民民主战略的价值旨归

全过程人民民主与政治文明建设密不可分。全过程人民民主建设的过程也是社会主义政治文明建设的过程。社会主义政治文明建设的过程，同样包含着全过程人民民主建设的过程。全过程人民民主重在广泛参与，如果没有政治文明的规制，全过程人民民主的广泛参与就有可能变成政治不文明的广泛参与。因此，全过程人民民主的建设必须是文明的、具有现代政治伦理的、具有现代文明内涵的，体现人类的共同价值和世界各国共同享有的权利。全过程人民民主推进社会主义政治文明建设，社会主义政治文明建设使全过程人民民主不但变成有序的全过程人民民主，而且变成文明的全过程人民民主。全过程人民民主的性质内容决定社会主义政治文明建设的性质和特征。社会主义政治文明规范着全过程人民民主的质量、效率和进步状态。

第一节　社会主义民主与社会主义政治文明互嵌历程

政治文明与中国特色社会主义民主政治互嵌是随着实践和认识的提升而提出来的，党的十二大、十三大、十四大、十五大报告中都有“文明”一词的出现，但所涉及内容都是物质文明和精神文明，党的十六大才提出政治文明，并把民主与政治文明联系在一起。

有学者认为我国政治文明的研究起步比较晚，马克思在 1844 年提出政治文明，我国到 2001 年使用政治文明一词，其间经历了一个长期过程。“人们对政治文明的研究大大落后于政治文明实践的发展。”[①]在提出政治文明之后，我国社会主义民主政治与社会主义政治文明建设不断互相调适，并逐步进行二者的建设。但我们对社会主义民主与社会主义政治文明的关联认识有一个过程。邓小平“围绕什么是社会主义、怎样建设社会主义这一根本问题”提出经济上发展

---

① 虞崇胜. 政治文明概念辨析[J]. 理论前沿，2002(4)：20-21.

生产力，政治上发展民主，而且提出“没有民主就没有社会主义，就没有社会主义现代化”①。江泽民提出“发展社会主义民主政治，是我们党始终不渝的奋斗目标”②，“我们党历来以实现和发展人民民主为己任”③，“社会主义民主的本质是人民当家作主。国家一切权力属于人民”④。胡锦涛“深刻认识和回答了新形势下实现什么样的发展、怎样发展等重大问题”⑤，在党的十七大报告中指出，“人民民主是社会主义的生命”，“人民当家作主是社会主义民主政治的本质和核心”⑥，“人民民主是我们党始终高扬的光辉旗帜”⑦。习近平在此基础上并站在全人类的高度再次强调，“民主是全人类的共同价值，是中国共产党和中国人民始终不渝坚持的重要理念”⑧，发展全过程人民民主是取得共同富裕的基本路径，“发展全过程人民民主，推动人的全面发展、全体人民共同富裕取得更为明显的实质性进展”⑨，“新时代坚持和发展什么样的中国特色社会主义、怎样坚持和发展中国特色社会主义，建设什么样的社会主义现代化强国、怎样建设社会主义现代化强国”⑩，需要“积极发展全过程人民民主”⑪。由此可见，中国共产党一直把社会主义民主作为其追求的理念、目标、实践方式。习近平不但提出了全过程人民民主，而且强调全过程人民民主的重大意义。全过程人民民主对于推动国家政治现代化、实现共同富裕、增强中国共产党的使命感等方面具有重要作用。

社会主义民主政治建设与政治文明建设的同步进行是在党的十七大首先提出来的，并通过法治来实现政治文明。党的十七大以来，中国共产党多次强调加强社会主义民主政治建设的同时加强社会主义政治文明的建设，加强政治文明建设的重点就是不断加强法治建设，并通过法治建设的中介环节进一步加强政治文明建设。“社会主义愈发展，民主也愈发展。在发展中国特色社会主义的历史进程中，中国共产党人和中国人民一定能够不断发展具有强大生命力的社

① 邓小平文选：第二卷[M]. 北京：人民出版社，1994：168.

② 江泽民文选：第二卷[M]. 北京：人民出版社，2006：28.

③ 江泽民文选：第三卷[M]. 北京：人民出版社，2006：553.

④ 江泽民文选：第二卷[M]. 北京：人民出版社，2006：28.

⑤ 中共中央关于中国共产党的百年奋斗重大成就和历史经验的决议[N]. 人民日报，2021-11-17(1).

⑥ 胡锦涛. 高举中国特色社会主义伟大旗帜 为夺取全面建设小康社会新胜利而奋斗：在中国共产党第十七次全国代表大会上的报告[J]. 求是，2007(21)：3-22.

⑦ 中共中央文献研究室. 十八大以来重要文献选编(上)[M]. 北京：中央文献出版社，2014：19.

⑧ 习近平在中央人大工作会议上发表重要讲话[EB/OL]. (2021-10-14)[2022-02-01]. http://www.qstheory.cn/yaowen/2021-10/14/c_1127957070.htm.

⑨ 中共中央关于中国共产党的百年奋斗重大成就和历史经验的决议[N]. 人民日报，2021-11-17(1).

⑩ 中共中央关于中国共产党的百年奋斗重大成就和历史经验的决议[N]. 人民日报，2021-11-17(1).

⑪ 中共中央关于中国共产党的百年奋斗重大成就和历史经验的决议[N]. 人民日报，2021-11-17(1).

会主义民主政治”[①]，扩大社会主义民主建设，要求尽快建设法治国家，因为只有法治才能保证国家的长治久安，只有加强政治文明建设才能保证全过程人民民主的政治文明特性，从而“扩大社会主义民主，加快建设社会主义法治国家，发展社会主义政治文明”[②]。加强社会主义政治文明建设还会提升我国的民主国家形象，为全人类政治文明作出中国贡献，体现中国全过程人民民主的政治智慧，“有能力把我国社会主义民主政治的优势和特点充分发挥出来，为人类政治文明进步作出充满中国智慧的贡献”[③]。全过程人民民主具有战略性，在社会主义国家建设布局中发挥重要作用，通过全过程人民民主，将使“我国物质文明、政治文明、精神文明、社会文明、生态文明将全面提升”[④]。上述论述表明，社会主义民主政治建设与社会主义政治文明建设具有内在互嵌性，全过程人民民主将全方位提升中国社会主义现代化的格局、层次、品质。

社会主义民主政治与社会主义政治文明建设既具有统一性，也具有差异性。

一、系统不同

政治文明是政治系统的进步状态，民主只是政治文明的子系统。政治文明包括制度文明、法治文明、政府文明、政党文明、政治输入与输出的文明。有些政治文明的形式和内容与全过程人民民主有关，而有些政治文明的内容与全过程人民民主并无直接的关系。全过程人民民主是社会主义政治文明的组成部分，因而全过程人民民主政治制度需要全过程社会主义政治文明来规范，全过程人民民主的全过程需要社会主义政治文明建设的全过程跟进。如果只有全过程人民民主，没有全过程社会主义政治文明规范，全过程人民民主就会失去价值规范、目标引领。如果没有全过程人民民主的政治文明规范，全过程人民民主就可能有动力而无牵制，如同“脱缰野马”的民主怪物。

二、民主与文明的对立面不同

民主与专制对立，文明与野蛮相对立。民主既可以是野蛮的，也可以是文明的。如果民主不与政治文明联结在一起，民主就有可能成为古代没有自由的

---

① 胡锦涛. 高举中国特色社会主义伟大旗帜 为夺取全面建设小康社会新胜利而奋斗：在中国共产党第十七次全国代表大会上的报告[J]. 求是，2007(21)：3-22.

② 中共中央文献研究室. 十八大以来重要文献选编(上)[M]. 北京：中央文献出版社，2014：20.

③ 中共中央党史和文献研究院. 十九大以来重要文献选编(上)[M]. 北京：中央文献出版社，2019：28-29.

④ 中共中央党史和文献研究院. 十九大以来重要文献选编(上)[M]. 北京：中央文献出版社，2019：20.

民主，成为“多数人的暴政”。“多数人的暴政”还会从两个层面展开：一是政治上的“多数人的暴政”；二是社会上的“多数人的暴政”。民主既可以是落后的，也可以是进步的，在巨型国家实行直接民主就具有落后性，而间接民主与直接民主相结合、大众民主与精英民主相结合就具有进步性，这是政治文明通过制度规范了现代民主。“政治文明与政治野蛮相对立而存在，是人们对自我发展境界的审视，对自我政治行为的规约；它既是一种文明形态，也是一种价值观念，更是一个由思想、制度与行动机制共同构成的正义的政治体系。”①民主之所以呈现进步状态，是因为文明规范了民主。从人类历史长河来看，民主之所以沉寂两千多年才再现，就是民主本身没有体现进步、文明、近现代的样态。只有民主与政治文明的合流与互嵌，民主才成为政治文明的一部分，二者才能互相促进。少数服从多数，多数保障少数人的权利，这是政治文明通过保障人人都具有平等的、不可侵犯的人权规范的民主。

三、自从人类进入政治社会以来，就有了政治文明

任何社会，无论是否民主，都具有政治文明的内容。马克思主义划分的原始社会、奴隶社会、封建社会、资本主义社会、社会主义社会都具有政治文明的内容。民主则在古希腊之后沉寂了两千多年才再现，因而，民主具有历史的间断性。民主的再次出现，已经不再是古希腊式的民主，而是与自由、平等、人权、法治等现代文明的元素交汇在一起。民主制度也不再单纯是广场式的直接民主，而是巨型国家的民主。无论在西方国家还是中国，民主也成了复杂的、多元的、异质的制度体系。民主因此成为现代政治文明的产物，扎根于人类共同实践。“每一种政治文明都可能曾经从其他文明中吸取过营养，每一种政治文明也都可能包含着某些人类共同的基本价值，还包括政治行为的一系列运作程序和规则。”②

第二节　全过程人民民主与社会主义政治文明的互嵌化驱动

全过程人民民主与社会主义政治文明的互嵌化表现在互为前提和基础。在

① 张英魁. 当代中国的政治文明：从基本价值共识到国家治理体系[J]. 马克思主义与现实，2014(3)：184-191.

② 任中平. 真善美统一：社会主义政治文明的理想追求[J]. 云南社会科学，2005(2)：1-6.

《中共中央关于中国共产党的百年奋斗重大成就和历史经验的决议》(以下简称《决议》)中，特别强调了社会主义民主政治与社会主义政治文明的互嵌。一方面，“发展社会主义民主政治，建设社会主义政治文明”[①]；另一方面，“建设社会主义民主政治，发展社会主义政治文明”[②]。只有两个方面都具备的民主才是真实的社会主义民主，才能使全过程人民民主成为新型的政治文明的民主。

一、全过程人民民主是社会主义政治文明建设的前提和基础，全过程人民民主发展建设的内容与形式是政治文明发展建设的内容与形式

没有全过程人民民主，就没有全过程社会主义政治文明建设。全过程人民民主建设的范围、进程、性质决定着社会主义政治文明建设的范围、进程、性质。

（一）社会主义民主与社会主义政治文明在马克思主义发展史上具有统一性

马克思恩格斯在《共产党宣言》中指出，工人阶级革命的第一步是争得民主。从马克思生活的年代背景和语境来看，工人阶级争得的民主是政治文明的民主，而不是古代的民主。马克思恩格斯认为，争得民主的目的是实现工人在经济政治上的平等和自由，他们在政治上的诉求是在争得民主建立社会主义之后，更强调人的自由发展，其本质内容就是“每个人的自由发展是一切人的自由发展的条件”[③]，这句话中的理论来源、理论预设都非常明确，也是马克思主义强调和追求的基本目标[④]。马克思对巴黎公社民主实践的评价也是政治文明意义上的评价。这是因为巴黎公社的原则是永存的，这些永存的原则包括：“直接民主与间接民主相结合的原则；少数服从多数、保护少数人权利的原则；平等的原则；‘议行合一’原则；开放的民族主义原则。”[⑤]从追求的目标和实践的内容来看，马克思主义的民主就是政治文明的民主。

（二）全过程人民民主是政治文明的民主

中国步入政治文明的标志在于“实现了中国从几千年封建专制政治向人民民

① 中共中央关于中国共产党的百年奋斗重大成就和历史经验的决议[N]. 人民日报，2021-11-17(1).

② 中共中央关于中国共产党的百年奋斗重大成就和历史经验的决议[N]. 人民日报，2021-11-17(1).

③ 马克思恩格斯选集：第一卷[M]. 北京：人民出版社，1995：294.

④ 张爱军，韩影. 对马克思主义自由观的再认识[J]. 贵州社会科学，2009(1)：29-35.

⑤ 张爱军，孙贵勇. 重新审视巴黎公社的民主原则[J]. 马克思主义研究，2006(3)：67-75.

主的伟大飞跃”①。发扬民主，就是使民主制度化和法治化，实际上就是政治文明化。政治文明包括的价值观就是全过程人民民主的价值观，“政治文明是指人们改造社会所获得的政治成果的总和，一般表现为人们在一定的社会形态中关于民主、自由、平等、解放的实现程度”②。政治文明是民主的形式，“政治文明以现代民主的形式表现出来，实现现代民主，就是实现政治文明”③。政治文明的先进性与核心就是制度文明，“政治文明的核心特质在于先进的制度，特别是民主政治的制度安排”④。政治文明不但表现在民主的制度化，而且表现在法律化、程序化，“政治文明就是政治问题法律化，法律问题程序化”⑤。政治文明建设之所以强调政治制度化、法治化建设，就在于“法治兴则国家兴，法治衰则国家乱”⑥。民主建设的内容是政治文明建设的核心，甚至是政治文明建设本身。全过程人民民主就是社会主义政治文明建设的核心。全过程人民民主必须是政治文明的民主，没有政治文明的民主，全过程人民民主就会陷入无序状态。

（三）全过程人民民主是与政治文明内在统一的民主

全过程人民民主的“四个统一”，就是政治文明建设的“四个统一”。政治文明建设的“四个统一”发展了全过程人民民主。“四个统一”即“过程民主和成果民主、程序民主和实质民主、直接民主和间接民主、人民民主和国家意志相统一”⑦。这“四个统一”既是发展全过程人民民主的形式和内容，也是政治文明建设的形式和内容。如果没有社会主义政治文明建设，过程与结果、程序与实质、直接与间接、民主与国家意志可能是民主的，但不一定是政治文明的。实现全过程人民民主的“四个统一”，其中的任何环节都需要政治文明及时跟进与建设。

（四）全过程人民民主的优势是政治文明的优势

从优势上看，全过程人民民主有两个方面，即“完整的制度程序，而且有完

---

① 中共中央关于中国共产党的百年奋斗重大成就和历史经验的决议[N]. 人民日报，2021-11-17(1).

② 中国大百科全书出版社编辑部. 中国大百科全书政治学[M]. 北京：中国大百科全书出版社，1992：504.

③ 戴圣鹏. 政治文明与现代民主：马克思恩格斯的政治文明思想研究[J]. 学术研究，2012(10)：38-42.

④ 胡伟. 政治文明：意义、范畴和本质：兼论我国社会主义政治文明建设[J]. 上海市社会主义学院学报，2004(2)：24-29.

⑤ 杨晓东. 在全社会树立起法治信仰[N]. 河南日报，2014-04-23(10).

⑥ 中共中央关于中国共产党的百年奋斗重大成就和历史经验的决议[N]. 人民日报，2021-11-17(1).

⑦ 习近平在中央人大工作会议上发表重要讲话[EB/OL].(2021-10-14)[2022-02-01]. http://www.qstheory.cn/yaowen/2021-10/14/c_1127957070.htm.

整的参与实践”[①]。全过程人民民主的实践程度决定了政治文明的实践程度，全过程人民民主需要制度程序与参与实践基本框架的支撑。没有制度程序，全过程人民民主就可能流于形式，流于口号化、符号化和标签化；没有参与实践，全过程人民民主制度同样流于形式。只有参与实践，才能使全过程人民民主制度具有生命力。正如习近平指出的：“民主不是装饰品，不是用来做摆设的，而是要用来解决人民需要解决的问题的。”[②]加强政治文明建设是使全过程人民民主政治文明化。西方民主政治的误区之一就在于失去了问题导向。西方民主政治的政治极化、政党极化、主义极化等各种极化的重要原因就是避开了民众迫切需要解决的问题，只追求民主的形式化，从而导致民主的危机。全过程人民民主的政治文明化，也就是解决问题的政治文明化，全过程人民民主与社会主义政治文明建设都具有人民群众需要解决的问题导向。如果全过程人民民主不能解决人民群众需要解决的问题，那么社会主义政治文明建设也是空泛而无实际意义的。

二、社会主义政治文明是全过程人民民主的前提和基础

我国实行的全过程人民民主，一方面，遵循民主是人类的共同价值、世界各国共同的权利的原则，“民主是全人类的共同价值，是中国共产党和中国人民始终不渝坚持的重要理念”[③]；另一方面，社会主义政治文明全过程地规范全过程人民民主。从这两方面意义说，社会主义政治文明是全过程人民民主的前提和基础，具体表现在四个方面。

（一）政治文明是对民主的规范

无论何种类型的民主，如果失去了政治文明的规范，都会走向衰败，即使民主形式存在，也会失去民主的内容，变成不规范的民主。梅瑟尔认为：“政治文明的核心是修辞，这种修辞可以为持不同意见的人们之间不间断的功能关系提供便捷，而不文明行为的修辞却会切断这种关系。”[④]他从礼貌的视角切入政治文明，认为“礼貌行为通过增进‘正面形象’可以让人产生好感和接触的愿望，进而促进有潜在好斗性的党派之间的沟通，同时可最大限度地减少‘负面形象’，

① 习近平在中央人大工作会议上发表重要讲话[EB/OL].(2021-10-14)[2022-02-01].http://www.qstheory.cn/yaowen/2021-10/14/c_1127957070.htm.

② 习近平在中央人大工作会议上发表重要讲话[EB/OL].(2021-10-14)[2022-02-01].http://www.qstheory.cn/yaowen/2021-10/14/c_1127957070.htm.

③ 习近平在中央人大工作会议上发表重要讲话[EB/OL].(2021-10-14)[2022-02-01].http://www.qstheory.cn/yaowen/2021-10/14/c_1127957070.htm.

④ 斯特拉琛，沃尔夫，贾彦艳. 政治文明导论[J]. 国外理论动态，2013(2)：113-118.

后者会让人感到身受控制”①。在现代西方社会，因为政党极化、党派极权、社会极化，西方政客在选举过程中好勇斗狠，通过不礼貌的言行举止打击对手，通过政治机器人散布虚假言论和信息，羞辱对手，导致政治文明水平下降，严重影响了民主的效率、质量，民众失去了对民主的信任和信心。同时，因为受民族主义、民粹主义、族群主义、身份认同等影响，使西方民主具有衰败的趋势，具有回归野蛮的逆流，凸显民主的衰落。这表明任何形式的民主，如果失去了文明的规范，就会变成野蛮的民主，没有道德的民主。

（二）社会主义政治文明是对全过程人民民主的规范

全过程人民民主规范化是社会主义民主政治建设的组成部分，“我国社会主义民主政治制度化、规范化、程序化全面推进”②。政治文明的规范化是对社会主义民主制度及其程序的规范化。规范既有对社会主义民主形式的规范，也具有对社会主义民主内容的规范。政治文明对全过程人民民主的规范包括民心的规范和社会主义核心价值体系的规范。全过程人民民主制度化与程序化如果没有社会主义政治文明的价值规范，制度化与程序化就可能失去其目标和方向。我们在强调全过程人民民主制度化和程序化的同时，应不断强调民主的规范化建设。

（三）社会主义政治文明建设是民心至上的政治建设

政治文明来源于民心，政治文明建设依靠民心，政治文明发展体现的是民心。民心是政治文明建设的源头、动力。中国传统政治文明把民心作为衡量政治成功与否的核心标志，并把民心上升到政治信仰层面来对待，即得民心者得天下。民心政治是中国传统政治文明在现代的创造性转化。“民心是最大的政治。”③坚持全过程人民民主就必须以“民心是最大的政治”为核心，通过加强政治文明建设，做到“及时回答时代之问、人民之问”④。民心政治文明是一个系统工程，全链条、全方位、全覆盖是民心政治的三个子系统。全过程人民民主的全链条是人民民主即选举、协商、决策、管理、监督的全链条建设，只有通过加强政治文明建设才能落实民心、民意。全过程人民民主的全方位是人民民主在经济、政治、文化、社会、生态文明等领域的全方位建设，只有通过政治文明建设才能落实民权，只有通过政治文明建设才能实现民心政治。

---

① 斯特拉琛，沃尔夫，贾彦艳．政治文明导论[J]．国外理论动态，2013(2)：113-118.

② 中共中央关于中国共产党的百年奋斗重大成就和历史经验的决议[N]．人民日报，2021-11-17(1).

③ 中共中央关于中国共产党的百年奋斗重大成就和历史经验的决议[N]．人民日报，2021-11-17(1).

④ 中共中央关于中国共产党的百年奋斗重大成就和历史经验的决议[N]．人民日报，2021-11-17(1).

（四）社会主义政治文明是对全过程人民民主的价值化规范

社会主义核心价值体系从各个层面各个层次对全过程人民民主进行规范。全过程人民民主需要政治文明的全方位价值规范。全过程人民民主如果没有政治文明建设的及时跟进就会扭曲变形，可能变成“恶之花”，就会成为马克思所言的“播出的是龙种，收获的是跳蚤”这种谁也不想要的结局。政治文明是全过程人民民主的体现。全过程人民民主建设是不是政治文明建设的民主，不但取决于全过程人民民主质量，而且取决于政治文明程度。

第三节　全过程人民民主与社会主义政治文明建设聚焦制度建设的互嵌化驱动

全过程人民民主的核心是制度化。全过程人民民主决定政治制度文明建设的内容和范围。“积极发展全过程人民民主，健全全面、广泛、有机衔接的人民当家作主制度体系，构建多样、畅通、有序的民主渠道，丰富民主形式，从各层次各领域扩大人民有序政治参与。”①全过程人民民主制度化建设的过程，就是社会主义政治制度文明化建设的过程。中国特色社会主义制度是又“新”又“好”的制度。“新”与“好”不但联结在一起，而且构成了辩证统一关系，不可分割。“新”是新的“好”，“好”是“好”的新。只有“新”没有“好”，就意味着失去了社会主义政治文明的价值规范，只有“好”没有“新”，体现不了政治文明的进步状态。“好”在前，“新”在后，并不是简单的顺序排列，而是“好”是起点，从一开始就规范着“新”。我们在强调中国特色社会主义民主制度时，一直从不同制度层面调“好”与“新”的辩证关系。

改革开放以来，中国共产党一直强调通过制度保证全过程人民民主。中国共产党不但确定了中国特色的社会主义政治制度，即“党领导确立人民代表大会制度、中国共产党领导的多党合作和政治协商制度、民族区域自治制度，为人民当家作主提供了制度保证”②，而且“重点部署坚持和完善支撑中国特色社会主义制度的根本制度、基本制度、重要制度”③。政治制度地位不同，功能也不

① 中共中央关于中国共产党的百年奋斗重大成就和历史经验的决议[N]. 人民日报，2021-11-17(1).

② 中共中央关于中国共产党的百年奋斗重大成就和历史经验的决议[N]. 人民日报，2021-11-17(1).

③ 中共中央关于中国共产党的百年奋斗重大成就和历史经验的决议[N]. 人民日报，2021-11-17(1).

同。发展和建设社会主义政治文明，围绕中国特色社会主义政治制度进行，其重点和核心是建立社会主义政治制度文明。

通过全过程人民民主加强人民代表大会政治制度文明建设，其根本性有两个方面：一是主权在民的价值层面；二是主权在民的权利保障方面。“人民代表大会制度，坚持国家一切权力属于人民，最大限度保障人民当家作主。”①全过程人民民主在维护宪法权威和尊严、立法、监督、选举、知情、参与、表达等方面成为重要的制度载体，“人民代表大会制度是实现我国全过程人民民主的重要制度载体”②，“发挥人民代表大会制度的根本政治制度作用”③，要“维护人民代表大会制度权威和尊严”④。人民代表大会制度是中国的根本政治制度，是人类政治制度史上的伟大创造，具有世界性意义，是又“好”又“新”的制度。人民代表大会制度是“保障实现中华民族伟大复兴的好制度，是我们党领导人民在人类政治制度史上的伟大创造，是在我国政治发展史乃至世界政治发展史上具有重大意义的全新政治制度”⑤。“好”体现在对中华民族伟大复兴的“好”，“新”是中国政治发展史和世界政治发展史上的“新”。社会主义人民代表大会制度的政治文明建设就是“好”与“新”的建设。既突出“好”，又通过民主这一共同价值规范“新”，强调我国人民代表大会制度的文明优势。

（一）通过全过程人民民主加强中国共产党领导的多党合作和政治协商政治制度文明建设

“中国共产党领导的多党合作和政治协商制度作为我国一项基本政治制度，是中国共产党、中国人民和各民主党派、无党派人士的伟大政治创造，是从中国土壤中生长出来的新型政党制度。”⑥中国共产党领导的多党合作和政治协商政治制度的“好”有三个方面：一是“能够真实、广泛、持久代表和实现最广大人民根本利益、全国各族各界根本利益”⑦；二是“它把各个政党和无党派人士紧

① 习近平在中央人大工作会议上发表重要讲话[EB/OL].(2021-10-14)[2022-02-01].http://www.qstheory.cn/yaowen/2021-10/14/c_1127957070.htm.

② 习近平在中央人大工作会议上发表重要讲话[EB/OL].(2021-10-14)[2022-02-01].http://www.qstheory.cn/yaowen/2021-10/14/c_1127957070.htm.

③ 中共中央关于中国共产党的百年奋斗重大成就和历史经验的决议[N].人民日报，2021-11-17(1).

④ 中共中央关于中国共产党的百年奋斗重大成就和历史经验的决议[N].人民日报，2021-11-17(1).

⑤ 习近平在中央人大工作会议上发表重要讲话[EB/OL].(2021-10-14)[2022-02-01].http://www.qstheory.cn/yaowen/2021-10/14/c_1127957070.htm.

⑥ 习近平.坚持多党合作发展社会主义民主政治为决胜全面建成小康社会而团结奋斗[N].人民日报，2018-03-05(1).

⑦ 习近平.坚持多党合作发展社会主义民主政治为决胜全面建成小康社会而团结奋斗[N].人民日报，2018-03-05(1).

密团结起来、为着共同目标而奋斗”[1]；三是“它通过制度化、程序化、规范化的安排集中各种意见和建议、推动决策科学化、民主化”[2]，“是对人类政治文明的重大贡献”[3]。这一政治制度的“好”是比较的“好”，这种“好”表现在三个方面：一是“有效避免了旧式政党制度代表少数人、少数利益集团的弊端”[4]；二是“有效避免了一党缺乏监督或者多党轮流坐庄、恶性竞争的弊端”；三是“有效避免了旧式政党制度囿于党派利益、阶级利益、区域和集团利益决策施政导致社会撕裂的弊端”[5]。中国共产党领导的多党合作和政治协商政治制度“必须警惕和防范西方所谓‘宪政’、多党轮流执政、‘三权鼎立’等政治思潮的侵蚀影响”[6]，否则会破坏中国共产党领导的多党合作和政治协商政治制度的“好”与“新”。人民政协制度是中国特色社会主义基本制度的组成部分，在中国共产党发展的百年历史中发挥着重大作用。人民政协制度是全过程人民民主制度建设的基本内容，对社会主义政治文明建设起着重要的推动作用。人民政协汇集了国家政治精英、经济精英、文化精英、社会精英，他们对全过程人民民主建设、政治文明建设起着积极的推动和带动作用。人民政协制度是“中国共产党领导各民主党派、无党派人士、人民团体和各族各界人士在政治制度上进行的伟大创造”[7]，“充分体现了我国社会主义民主有事多商量、遇事多商量、做事多商量的特点和优势”[8]。人民政协能“坚持团结和民主两大主题，提高政治协商、民主监督、参政议政水平，更好凝聚共识”[9]，要不断完善民主党派中央对重大决策部署贯彻落实情况实施专项监督、直接向中共中央提出建议等制度[10]。人民政协体现了精英民主与大众民主的良性互动，在推进全过程人民民主与加强人民政协政治制度文明建设中发挥着重要作用。政治文明建设规范政治精英的言行，使其受到中国共产党不断强调的政治伦理的约束。

---

① 习近平. 坚持多党合作发展社会主义民主政治为决胜全面建成小康社会而团结奋斗[N]. 人民日报，2018-03-05(1).

② 习近平. 坚持多党合作发展社会主义民主政治为决胜全面建成小康社会而团结奋斗[N]. 人民日报，2018-03-05(1).

③ 习近平. 坚持多党合作发展社会主义民主政治为决胜全面建成小康社会而团结奋斗[N]. 人民日报，2018-03-05(1).

④ 习近平. 坚持多党合作发展社会主义民主政治为决胜全面建成小康社会而团结奋斗[N]. 人民日报，2018-03-05(1).

⑤ 习近平. 坚持多党合作发展社会主义民主政治为决胜全面建成小康社会而团结奋斗[N]. 人民日报，2018-03-05(1).

⑥ 中共中央关于中国共产党的百年奋斗重大成就和历史经验的决议[N]. 人民日报，2021-11-17(1).

⑦ 习近平谈治国理政：第三卷[M]. 北京：外文出版社，2020：264.

⑧ 习近平谈治国理政：第三卷[M]. 北京：外文出版社，2020：266.

⑨ 习近平谈治国理政：第三卷[M]. 北京：外文出版社，2020：265.

⑩ 中共中央关于中国共产党的百年奋斗重大成就和历史经验的决议[N]. 人民日报，2021-11-17(1).

（二）通过全过程人民民主加强基层群众自治制度文明建设

群众自治是中国特色社会主义的重要政治制度，是全过程人民民主的基础。加强群众自治制度建设，一方面，“党坚持巩固基层政权，完善基层民主制度，完善办事公开制度，保障人民知情权、参与权、表达权、监督权”①；另一方面，加强群众自治的政治文明建设，群众利益无小事，没有群众自治的政治文明建设，社会就会陷入矛盾冲突对立状态。要不断加强群众自治的政治文明建设，在群众自治的各个环节都需要政治文明建设的及时跟进，使人民群众不但在自治的过程中有序参与，而且要文明参与。

（三）通过全过程人民民主加强民族区域自治制度文明建设

“党坚持和完善民族区域自治制度，坚定不移走中国特色解决民族问题的正确道路，坚持把铸牢中华民族共同体意识作为党的民族工作主线，确立新时代党的治藏方略、治疆方略，巩固和发展平等团结互助和谐的社会主义民族关系，促进各民族共同团结奋斗、共同繁荣发展。”②民族区域自治制度是具有中国特色的重要制度，一方面，具有全国人民代表大会制度、共产党领导的多党合作与政治协商制度、基层群众自治的内容、形式和权利；另一方面，具有特殊的内容和范围，体现民族性与自治性的统一。

全过程人民民主建设必须树立中国特色社会主义民主政治制度自信，真正从各个制度层面上实现人民群众当家作主。

第四节　全过程人民民主与社会主义政治文明建设限于管理民主的互嵌化驱动

全过程人民民主从内容上包括四个方面，“全体人民能否依法管理国家事务和社会事务、管理经济和文化事业”③，四者之间互相渗透、相互支撑、相互促进。这四个方面民主建设的内容也是政治文明建设的主要内容，全过程人民民主必然要求加强政治文明建设。

---

① 中共中央关于中国共产党的百年奋斗重大成就和历史经验的决议[N]．人民日报，2021-11-17(1).

② 中共中央关于中国共产党的百年奋斗重大成就和历史经验的决议[N]．人民日报，2021-11-17(1).

③ 习近平在中央人大工作会议上发表重要讲话[EB/OL].(2021-10-14)[2022-02-01].http://www.qstheory.cn/yaowen/2021-10/14/c_1127957070.htm.

一、全过程政治人民民主是人民群众管理国家事务

管理要求加强政治文明的民主政治认知、情感、心理、信仰、素质和民主伦理，使全过程政治人民民主内化为行为和习惯，使全过程人民民主法治化。管理国家事务的前提是人民权利和自由，这些权利与自由都是宪法保障的权利和自由。没有宪法保障的权利与自由，人民群众管理国家事务就会成为一句空话。没有宪法保障的权利和自由，人民群众就不能、不敢管理国家事务。处于恐惧状态的公民不但不敢管理国家事务，而且会滑向政治冷淡主义的泥潭。所以《决议》强调要“不断扩大人民有序政治参与，加强人权法治保障，保证人民依法享有广泛权利和自由”①。管理国家事务必然要限制公共权力，人民群众不敢管理国家事务的根源在于权力的滥用，懒政、滥政、强政、腐败不仅会侵犯公民权利，而且会侵犯公民的心灵。我们必须使公共权力在阳光下运行，使公共权力处于公民权利的全过程监督中，“必须把权力关进制度的笼子里，依纪依法设定权力、规范权力、制约权力、监督权力”②。让人民群众“实行正确监督、有效监督、依法监督”③。只有发展和建设全过程人民民主，让人民群众监督公共权力，才能“有效保证国家治理跳出治乱兴衰的历史周期率”④。

二、全过程社会人民民主是人民群众管理社会事务

人民群众管理社会事务的过程就是政治文明在社会建设方面的过程。人民群众管理社会事务更加需要政治文明建设，这是由管理社会事务的社会结构、社会认知、成员间的社会具体利益决定的，也是社会矛盾多发的领域，如果没有政治文明建设的及时跟进，全过程社会人民民主将会成为“权霸”“社霸”“区霸”的滋生地。桑迪·梅瑟尔认为，“要想获得与冲突相关的这些有益的副产品，前提是有分歧的人们愿意彼此倾听，而这只能发生在分歧与文明相伴随的情况下”⑤。人民群众管理社会事务，必须在坚持党的领导的前提下，让社会组织自主有序公平管理，增强人民自主参与的主人翁责任感和自豪感，使人民群众真

---

① 习近平在中央人大工作会议上发表重要讲话[EB/OL].(2021-10-14)[2022-02-01].http://www.qstheory.cn/yaowen/2021-10/14/c_1127957070.htm.

② 中共中央关于中国共产党的百年奋斗重大成就和历史经验的决议[N].人民日报，2021-11-17(1).

③ 习近平在中央人大工作会议上发表重要讲话[EB/OL].(2021-10-14)[2022-02-01].http://www.qstheory.cn/yaowen/2021-10/14/c_1127957070.htm.

④ 习近平在中央人大工作会议上发表重要讲话[EB/OL].(2021-10-14)[2022-02-01].http://www.qstheory.cn/yaowen/2021-10/14/c_1127957070.htm.

⑤ 斯特拉琛，沃尔夫，贾彦艳.政治文明导论[J].国外理论动态，2013(2)：113-118.

正当家作主，使全过程人民民主落到实处。全过程社会人民民主是全过程政治人民民主的基础。全过程社会人民民主中，人民群众通过社会组织学会自治，逐渐学会如何管理国家事务，“党围绕增强政治性、先进性、群众性，推动群团工作改革创新，更好发挥工会、共青团、妇联等人民团体和群众组织作用”①。全过程社会人民民主与国家治理密切相关，是治理体系和治理能力现代化的组成部分，要加强自治、法治、德治的政治文明体系建设，发展全过程社会人民民主，“健全党组织领导的自治、法治、德治相结合的城乡基层治理体系”②，“保障人民知情权、参与权、表达权、监督权”③。村民自治、社区自治、社会组织自治都丰富了民主的形式，推进了全过程社会人民民主，培育了民主、平等、自由、妥协、包容精神。“人民对美好生活的向往更加强烈，对民主、法治、公平、正义、安全、环境等方面的要求日益增长。”④全过程社会人民民主建设，发展了政治文明的向度，使政治文明更加具体化。

三、全过程经济人民民主是人民群众管理经济事务

全过程经济人民民主，是政治文明建设的重要内容。政治文明建设的一些基本内容来自市场经济。在不断强化经济的主体性和不断发展社会主义市场经济的过程中，应发挥人民群众的首创精神，强化市场经济的自主性和自我选择，在市场经济中不断培育市场经济的契约观念、平等观念、竞争观念、自由观念、自主观念。改革开放的过程，就是经济不断发扬人民民主的过程，实践民主创新的过程，农村改革、城市改革、对外开放等都是发扬全过程人民民主的结果。全过程经济人民民主，还包括人民群众对经济发展的重大方针、重大措施、决定民生的重大政策提出的建议、批评、改进意见。

四、全过程文化人民民主是人民群众管理文化事务

“没有文化繁荣兴盛就没有中华民族伟大复兴。”⑤政治文明建设与否，建设得好坏，都与人民群众管理文化事务的素质有关。管理文化事务的水平越高，政治文明建设的程度就越高。管理文化事务的水平越低，政治文明建设的水平就越低。人民群众管理文化事务，甚至需要更高的政治文明建设水平，否则人

① 中共中央关于中国共产党的百年奋斗重大成就和历史经验的决议[N]. 人民日报，2021-11-17(1).
② 中共中央关于中国共产党的百年奋斗重大成就和历史经验的决议[N]. 人民日报，2021-11-17(1).
③ 中共中央关于中国共产党的百年奋斗重大成就和历史经验的决议[N]. 人民日报，2021-11-17(1).
④ 中共中央关于中国共产党的百年奋斗重大成就和历史经验的决议[N]. 人民日报，2021-11-17(1).
⑤ 中共中央关于中国共产党的百年奋斗重大成就和历史经验的决议[N]. 人民日报，2021-11-17(1).

民群众不但不会管理文化事务，还会破坏文化事务，甚至陷入粗俗主义、粗鄙主义、娱乐主义当中而不能自拔。宪法第四十七条规定“中华人民共和国公民有进行科学研究、文学艺术创作和其他文化活动的自由”。宪法的这些规定要在人民群众管理文化事务得以实现，就必须加强政治文明建设。只有这样才能使人民群众管理文化事务得到具体落实。要通过政治文明建设“激发全民族文化创新创造活力”①，通过政治文明建设加强意识形态的文化建设，这是因为“强调意识形态工作是为国家立心、为民族立魂的工作”②。

全过程人民民主就是对国家事务、经济事务、社会事务、文化事务的管理民主，要“使各方面制度和国家治理更好体现人民意志、保障人民权益、激发人民创造”③。这同样需要全链条、全方位、全覆盖的政治文明建设。全过程人民民主与政治文明建设聚焦于战略功能的互嵌化驱动。全过程人民民主是社会主义总体布局的重要组成部分，全过程人民民主与社会主义政治文明共同推进经济、政治、文化、社会、生态文明建设。

全过程人民民主与社会主义政治文明聚焦于政治制度文明建设，围绕着管理民主而展开。发展与建设全过程人民民主的过程就是建设社会主义政治文明的过程，二者同步建设同步展开。全过程人民民主建设与社会主义政治文明建设内在统一于中国特色社会主义民主政治制度中，内在统一于管理民主中。加强全过程人民民主建设，必须不断加强社会主义政治文明建设，使二者互动的过程变成不断互相优化的过程。

---

① 中共中央关于中国共产党的百年奋斗重大成就和历史经验的决议[N]. 人民日报，2021-11-17(1).

② 中共中央关于中国共产党的百年奋斗重大成就和历史经验的决议[N]. 人民日报，2021-11-17(1).

③ 中共中央关于中国共产党的百年奋斗重大成就和历史经验的决议[N]. 人民日报，2021-11-17(1).

第五章　全过程人民民主的实践运行体系

第一节　信息公开是全过程人民民主的前提和基础

信息公开既是多元信息的公开也是多元信息的相互印证，更是多元渠道的信息公开。信息公开的过程是信息在动态中不断实现对称的过程，它与全过程人民民主具有极为密切的关系。信息公开就是涉及全过程人民民主的信息全部公开，进而实现全过程人民民主的信息共享，使人民群众具有充分的知情权。没有信息公开，就没有全过程人民民主，没有信息公开，人民群众就失去了知情权，参与国家与社会的管理、治理就成为“盲人摸象”，从这个意义上说，信息公开是全过程人民民主的指路明灯。

一、信息公开是马克思主义一直强调的重要内容

马克思主义认为，无产阶级革命的第一步就是“争得民主”，争得民主必须以信息公开的方式进行。马克思坚决反对密谋论，指出信息公开与密谋是完全对立的。巴黎公社的民主实践过程是信息公开的过程。列宁把信息公开放在极为重要的位置，认为没有公开性谈论民主是“幼稚可笑”的。人民监督、人人负责需要信息公开。习近平指出，发展全过程人民民主能够“有效保证国家治理跳出治乱兴衰的历史周期率”①。只有信息公开，才能避免“其兴也浡焉”“其亡也忽焉”的恶性循环的回头路。

二、信息公开是社会主义民主本质的内在要求

从没有民主就没有社会主义，就没有社会主义的现代化到人民民主是社会主义的本质属性和内在要求等，都具有信息公开的内在要求。人民群众当家作主，必须是人民群众在充分分享信息基础上的当家作主。没有信息公开，不利

① 习近平在中央人大工作会议上发表重要讲话强调　坚持和完善人民代表大会制度　不断发展全过程人民民主　李克强汪洋王沪宁赵乐际韩正王岐山出席　栗战书讲话[J]. 中国人大，2021(20)：6-11.

于社会主义及其现代化，会严重背离社会主义民主属性和内在要求；没有信息公开，就没有中国特色的社会主义民主政治。全过程人民民主需要加强国家治理现代化水平，并不断推动国家治理现代化水平。因此，信息公开同样是国家治理现代化并把治理优势转化为效能优势的必然要求。

三、信息公开是全过程人民民主实践的必然要求

改革开放的过程，是不断清除民主障碍的过程。旧社会留给我们的，封建专制传统比较多，民主法制传统比较少。只有通过发展全过程人民民主，才能不断清除封建专制传统，不断加强民主法制建设，进行政治体制改革，加强社会主义民主制度建设，让人民群众的广泛参与落到实处。封建专制传统的重要特征之一就是信息不公开，民可使由之不可使知之的传统在作怪，将人民群众排斥在政治活动之外。全过程人民民主实践的过程必然是打破信息封闭的过程，也必然构建信息公开流动、多元信息互相印证、使信息惠民的过程。

四、信息公开是对全过程人民民主的保障

从全过程民主到全过程人民民主的理论构建和实践经验的总结，既体现了中国共产党领导的全过程人民民主，“我国全过程人民民主实现了过程民主和成果民主、程序民主和实质民主、直接民主和间接民主、人民民主和国家意志相统一，是全链条、全方位、全覆盖的民主，是最广泛、最真实、最管用的社会主义民主”①，又体现了全过程人民民主信息公开的必要性、迫切性、重要性。没有信息公开，即使是有全过程人民民主，也会流于形式，甚至具有走向全过程人民民主相背离的风险。信息公开保障了全过程人民民主的新形态，体现了最广泛、最真实、最管用的民主。其中，“人民代表大会制度，坚持国家一切权力属于人民，最大限度保障人民当家作主”②，因为人民代表大会制度在其中的各个环节都体现了信息公开。

五、信息公开是公共权力与公民权利良性平衡的中介

从理想的形态来说，公共权力与公民权利都具有明确的边界，公共权力不能越位，公民权利同样不可越位。公共权力保障公民所需要的秩序与安全，公

---

① 习近平在中央人大工作会议上发表重要讲话强调 坚持和完善人民代表大会制度 不断发展全过程人民民主 李克强汪洋王沪宁赵乐际韩正王岐山出席 栗战书讲话[J]. 中国人大，2021(20)：6-11.

② 习近平在中央人大工作会议上发表重要讲话强调 坚持和完善人民代表大会制度 不断发展全过程人民民主 李克强汪洋王沪宁赵乐际韩正王岐山出席 栗战书讲话[J]. 中国人大，2021(20)：6-11.

民权利也需要自由的边界。从现实的角度来说，二者则具有复杂性的特点。公共权力既要在阳光下运行，也需要把公共权力关进笼子里。公共权力的扩张冲动和权力滥用冲动决定了公共权力既有可能暗箱操作，也有可能打破关进权力的笼子。因此需要权力的自我制约与社会制约联系在一起。中国共产党十八大强调要“让人民监督权力，让权力在阳光下运行”[①]。中共中央关于党的百年奋斗重大成就和历史经验的决议指出，“把权力关进制度的笼子里，依纪依法设定权力、规范权力、制约权力、监督权力”[②]，“保障人民知情权、参与权、表达权、监督权”[③]。这些都进一步强化了信息公开的重要性和信息公开的具体指向。

六、信息公开是防止谣言传播的利器

全过程人民民主只有建立在真实的信息上，才会成为真实的民主，建立在虚假信息上的民主只能是虚假的全过程人民民主。全过程人民民主是根据真实信息治理的民主。全过程人民民主只有公布、传播、扩散真实的信息，才能有效地进行沟通协商，才能概括真实的信息进行参与管理。如果信息不公开，就会导致谎言谣言盛行，人们在不知情的情况下根据谎言谣言进行沟通和治理，就使得全过程人民民主失去了真实性。没有信息公开，就会导致小道消息流行，小道消息流行是对长期没有民主政治的惩罚。没有信息公开，人民群众就会失去知情权，人民群众当家作主就具有流于形式的可能性与现实性。

七、信息政治是阻断“猜谜政治”的有效路径

人天生是一种政治动物，政治与人们息息相关。在人类的历史长河中，政治绵延不断，议论政治生生不息。在中国的政治传统中，也有国家兴亡匹夫有责的传统，也具有家国天下的情怀。但因信息公开渠道有限，甚至具有信息封闭的性质，议论政治成了“猜谜政治”。中国从传统社会走向现代社会，就必须打破“猜谜政治”，走向现代信息公开的政治。如果没有信息公开，中国特色社会主义民主政治同样具有变成“猜谜政治”的可能性与现实性，人民群众当家作主就会变成“猜谜式”的民主，进而导致全过程人民民主运行过程中产生不必要、不可控、难以预测的风险。

---

① 胡锦涛. 坚定不移沿着中国特色社会主义道路前进 为全面建成小康社会而奋斗：在中国共产党第十八次全国代表大会上的报告[J]. 理论学习，2012(12)：4-27.

② 中共中央关于中国共产党的百年奋斗重大成就和历史经验的决议[N]. 人民日报，2021-11-17(1).

③ 中共中央关于中国共产党的百年奋斗重大成就和历史经验的决议[N]. 人民日报，2021-11-17(1).

八、信息公开就要打破信息垄断

信息垄断主要是集中在两个方面，一个方面是公共权力滥用导致的信息垄断，另一个方面是资本权力滥用导致的信息垄断。打破信息垄断主要就是打破公共权力滥用和资本权力滥用导致的信息垄断。公共权力的滥用主要表现就是与资本权力相互勾连，打破公共权力滥用而导致的信息垄断成为重中之重，因为公共权力的信息垄断直接违背全过程人民民主的内在要求。信息垄断与信息公开相对立，与全过程人民民主相背离，使全过程人民民主的过程中失去价值和尊严。人民群众根据单一的信息进行参与，一旦发现信息的垄断性，就会产生被愚弄的感觉，甚至成为根据单一信息进行参与的乌合之众。

九、信息公开就要充分发挥全过程人民民主的职能

信息公开与全过程人民民主是互为表里、互相渗透、互相推进。只有信息公开，才能做到"做到民有所呼、我有所应"①。只有信息公开，才能"更好接地气、察民情、聚民智、惠民生"②。全过程人民民主需要人民群众的知情权，保障人民群众的知情权，需要掌握人民群众当家作主的各种信息，而不是仅从单一渠道发出的单一信息。如果信息不公开，人民群众就通过各种合法有序渠道发表言论，倒逼信息公开。选举需要选举信息公开，立法需要立法信息公开，参与需要参与信息公开，管理需要管理信息公开。全过程人民民主需要全过程人民民主的信息全过程公开，哪一个环节链条不公开，人民群众有权要求公开。要不断唤醒人民群众的知情权，要充分发挥人民群众的知情权，要把人民群众的知情权落实到每一个环节。

十、信息公开就要建立舆论型民主

舆论型民主是通过舆论对公共权力进行有效监督的民主是全过程人民民主的组成部分，也是回应型民主的重要组成部分，并在网络时代发挥着更为重要的作用。舆论型民主是通过传播信息、形成信息传播链并因此形成舆论，从而导致对公共权力的压力，使公共权力在主动或被动中回应人民群众诉求、解决人民群众中存在的现实问题。没有信息公开，就无法回应人民群众关切，就没

---

① 习近平在中央人大工作会议上发表重要讲话强调 坚持和完善人民代表大会制度 不断发展全过程人民民主 李克强汪洋王沪宁赵乐际韩正王岐山出席 栗战书讲话[J]. 中国人大，2021(20)：6-11.

② 习近平在中央人大工作会议上发表重要讲话强调 坚持和完善人民代表大会制度 不断发展全过程人民民主 李克强汪洋王沪宁赵乐际韩正王岐山出席 栗战书讲话[J]. 中国人大，2021(20)：6-11.

有真实的社会舆论，也难以建立回应性民主和舆论性民主。

十一、信息公开是百年大党自信的表现

信息公开是马克思主义政党夺取政权、巩固政权、获取合法性、保障合法性的前提和保障。在中国共产党领导下的全过程人民民主，是中国共产党自信的表现。中国共产党领导全过程人民民主的过程是实行民主集中制的过程，也是走群众路线的过程。在民主基础上的集中，在集中指导下的民主，从群众中来，到群众当中去，贯穿着信息公开的全过程。没有作为百年大党的自信，就不可能实行民主集中制，更不可能走群众路线，因为无论是民主集中制还是走群众路线，都需要信息公开，进而才能“确保党和国家在决策、执行、监督落实各个环节都能听到来自人民的声音”①。

信息公开的过程是社会主义民主从理论到实践的过程，是社会主义民主从理想向现实转化的过程，是社会主义民主不断完善的过程，是全过程人民民主新形态不断构建和体现优越性的过程。改革开放之后的民主实质上就是全过程人民民主，也是由信息全过程公开的全过程人民民主。信息公开的全过程人民民主，在经济发展、政治文明、社会和谐、国家治理等方面发挥着极其重要的作用。

第二节　党员民主素质是全过程人民民主的内在要求

中国共产党是中国工人阶级的先锋队，是中国人民和中华民族的先锋队，中国共产党领导是中国特色社会主义的根本制度和最本质的特征。中国共产党的领导地位和先锋队作用同时也决定了全过程人民民主的地位和作用。中国共产党实行的全过程人民民主，既包括党内的全过程人民民主，也包括党外的全过程人民民主。中国共产党的民主素质如何，决定着全过程人民民主的兴衰成败。深入分析党员尤其是党员领导干部的民主素质，探析党员民主素质的理论内涵及其特征，构建党内全过程人民民主的实现机制，对于加强党内全过程人民民主，通过党内全过程人民民主带动人民全过程人民民主，走中国特色社会主义民主道路，具有十分重要的意义。

---

① 习近平在中央人大工作会议上发表重要讲话强调　坚持和完善人民代表大会制度　不断发展全过程人民民主 李克强汪洋王沪宁赵乐际韩正王岐山出席　栗战书讲话[J]. 中国人大，2021(20)：6-11.

一、党员民主素质的主要构成元素

党员民主素质是指党员体现民主集中制原则的思想意识、品质和行为特征。党员民主素质尤其是党员领导干部的民主素质对全过程人民民主起着重要的引领作用。建设全过程人民民主，就要提升党员尤其是党员领导干部的民主素质。习近平强调从严治党，提升党员尤其是党员领导干部的民主素养是从严治党的重要内容。党员民主素养尤其是党员领导干部的民主素养既是时代发展的必然要求，也是实践发展的必然要求。民主是人类的共同价值，党员尤其是党员领导干部必然要实践人类的共同价值。民主具有中国特色，党员尤其是党员领导干部在实践人类共同价值中不断体现中国特色，走中国特色社会主义民主价值引领的道路。

我们要科学解析领导干部民主素养的内涵特征和时代要求，深刻理解领导干部民主素养的功能价值。党员尤其是党员领导干部的民主素质对于集体决策、科学决策、民主决策具有重要意义，对于经济发展、政治进步、社会稳定、政治稳定具有重要的保障和推动作用。习近平不断强调要抓关键少数的政治素养和民主素养，还特别强调党的领导干部中一把手的民主意识。由此可见，党员尤其是党员领导干部对于党内全过程人民民主与人民全过程人民民主的引领作用，是通过党内民主带动人民民主的进一步提升和强化。

党员民主素质主要由民主认知、民主意识、民主能力、民主作风等四个基本方面构成。民主认知是前提，民主意识是核心，民主能力和民主作风是民主意识的外在表现，四个方面形成一个互相推动的整体，构成党内、党外、社会的民主素质。只有加强对党员民主素质优先性培育和构建，才能对党外、社会的全过程人民民主具有带动和引领作用。

第一，民主认知。民主认知是党员民主素质的前提，也是党员民主素质的基本组成部分。人们不仅要认识世界，还要改造世界。党员民主认知在于认识民主世界，认识民主的全过程。认识民主的全过程也是改造不利于发展民主的全过程。民主认知包括理论认知、实践认知、价值认知、意识形态认知、视野认知、格局认知，这六个方面缺一不可，统一于全过程人民民主的实践过程当中。实践出真知意味着民主实践出中国民主的真知，全过程人民民主实践出全过程人民民主的认知。党员民主认知既包括对世界民主化理论与实践的认知，也包括对中国特色社会主义民主理论与实践的认知；既包括对民主这一人类共同价值的认知，也包括对中国特色社会主义民主价值的认知；既包括对民主制度、民主程序、民主规范的一般认知，也包括对中国特色社会主义民主制度、民主程序、民主规范的特殊性认知。党员尤其是党员领导干部的民主认知深刻地影响中国特色社会主义全过程人民民主的性质、进程、程度和范围，决定中国特色社会主义全过程人民民主水平的高低。党员民主素质低，会延缓全过程人民民主进程，党员民主素质高，会不断推进社会主义全过程人民民主。这要求党员要具备党内外、国内外、东西方、历史与现实的民主知识、民主常识、民主理论。党员尤其是党员领导干部的民主价值认知和民主意识形态认知对于全过程人民民主实践具有重要的规范和导向作用。党员尤其是党员领导干部的民主价值认知对于党内民主全过程具有规范作用，对于全过程人民民主同样具有规范作用，没有民主价值认知，党内全过程民主和全过程人民民主就会走偏。民主从来都是具有意识形态的民主，纯粹的没有意识形态的民主是不存在的，党员尤其是党员领导干部要充分认识到民主的意识形态性质，坚持人民至上，以人民为中心、服务于人民是中国民主意识形态的核心特征。

第二，民主意识。民主意识包括平等意识、参与意识、权利意识、监督意识等。平等意识即每一个党员都是平等的，没有高低贵贱之分。要求全过程人民民主的广泛参与，首先就要求党员尤其是党员领导干部的广泛参与。党员具有党法党规规定的平等的党员权利，任何党员尤其是党员领导干部不能侵犯党员权利。党员监督意识是党员民主意识的重要表现，每个党员都具有监督其他党员尤其是党员领导干部的权利。党员尤其是党员领导干部民主意识是对全过程人民民主的能动反映和内在自觉。“民主意识是领导干部认识何谓民主、民主的中国实践、为何要实现民主、如何实现民主等问题的思想基础。”[①]需特别强调的是，民主集中制原则是党的根本原则，不实行这一原则就难以形成统一思想、统一意志、统一步调、统一行动的良好局面，更难以形成毛泽东所说的“我们的目标，是想造成一个又有集中又有民主，又有纪律又有自由，又有统一意志、又有个人心情舒畅、生动活泼，那样一种政治局面”[②]。党员不能对全过程人民民主仅停留在认识层面，而应不断地内化到意识层面，从而形成全过程的生活方式和生活态度。党员民主意识突出体现在平等意识方面，具体体现在党内法规的平等、党内权利主体的平等、反对党内特权。党员尤其是党员领导干部要主动做到在党章党纪面前人人平等，在党内制度面前人人平等。每一个党员都具有平等的党员权利，党员的平等权利包括党员民主的利益诉求、党员的权利诉求、党员的价值诉求。共产党是由人组成的，也具有人的基本利益诉求。党员的人的利益诉求要在党的规章制度下得到满足。党员利益与非党员利益又具有不同特点，中国共产党代表着人民群众的根本利益，这些根本利益通过具

① 罗永宽. 领导干部民主素养的内涵特征和时代要求[J]. 人民论坛，2020(2)：46-48.

② 建国以来毛泽东文稿：第六册[M]. 北京：中央文献出版社，1992：543.

体的党员表现出来，党员利益诉求要与中国共产党的根本利益相一致。党员的权利诉求就是要充分保障党员的各项权利，不能损害党员的权利。中国共产党党员对民主的基本价值诉求是一致的，但具体到党员身上又具有特殊性，要让党员的个体价值诉求得到保障。党员尤其是党员领导干部都要平等地履行党员的义务，不能有高于党章党纪的特权，任何党员都不能凌驾于党章党纪之上、凌驾于党组织之上。这特别要求党员领导干部树立和增强党内平等思想，平等相处，不搞个人专断，不搞党内特权。

第三，民主能力。党员尤其是党员领导干部的民主能力是民主认知和民主意识的外在表现。中国共产党党员尤其是党员领导干部民主能力主要包括民主执政能力、民主理论创新能力、整合与塑造政治合法性的能力、用民主的方式化解风险的能力。民主执政能力是核心，民主理论创新能力是基础，整合与塑造合法性能力是主要标志，用民主的方式化解风险的能力是加强党的领导、提升执政水平、治理体系和治理能力现代化、实现党内全过程人民民主带动人民全过程人民民主的基本标志。这四个方面互相促进，相辅相成。党员只有具备民主能力，才能把党内民主落到实处。如果没有民主能力，党内民主就会流于形式，人民民主的全过程人民民主也难以启动。

第四，民主作风。党员民主作风是民主认知和民主意识的外在表现。党员尤其是党员领导干部具有民主作风，不但会提升民众对国家认同度、对政府信任度，增强执政合法性，而且会化解各种各样的政治风险和社会风险。否则“领导作风恶劣，群众就不会服从；领导犯了错误，群众就不批准”①。如果没有民主作风，“不把自己看作是人民的公仆，而把自己看作是人民的主人，搞特权”②，人民就会失去对国家、政党、政府的信任，就难以推动全过程人民民主。在这种情况下，民众只会认为全过程人民民主只是搞了新的形式主义，并视之为官僚主义在新时期的新表现。全过程人民民主要求党员之间的关系必须是平等关系，党员民主权利是平等的，领导干部的民主权利不能高于普通党员的民主权利。对此，邓小平早就强调过：“公民在法律和制度面前人人平等，党员在党章和党纪面前人人平等。”③党的制度具有自上而下的层次结构，但这种层级结构并不是否定平等的理由，“就是下级服从上级，说的是对于上级的决定、指示，下级必须执行，但是不能因此否定党内同志之间的平等关系”④。在邓小平看来，制度具有决定性意义。制度具有根本性、全局性、稳定性和长期

① 邓小平文选：第一卷[M]. 北京：人民出版社，1994：157.
② 邓小平文选：第二卷[M]. 北京：人民出版社，1994：332.
③ 邓小平文选：第二卷[M]. 北京：人民出版社，1994：332.
④ 邓小平文选：第二卷[M]. 北京：人民出版社，1994：331.

性。制度和法律不会因领导人的改变、领导人的看法和注意力的改变而改变。在民主作风与民主制度关系上也同样如此。党内民主制度保障党内民主作风。没有党内民主制度，党内民主作风就会变成无源之水、无本之木。

民主认知、民主意识、民主能力、民主作风四者不可分割。党员的民主认知决定了党内民主、全过程人民民主发展的视野和格局，也决定了是否顺应全过程人民民主发展大趋势。党员的民主意识影响着党内民主、全过程人民民主发展的政治伦理和政治规范。党员的民主能力深刻影响着党内民主、全过程人民民主的兴衰成败。党员的民主作风具体体现着全过程人民民主是不是以人民为中心、全心全意服务人民的诚意。党员民主素质只有综合运用，才能通过党内民主带动全过程人民民主。

二、党员民主素质的基本特征

党员民主素质是党员对中国共产党各个层面形成的民主心理过程。民主素质是感性与理性的统一，没有对民主实践的感性认知，就无法上升到对民主实践的理性认识。全过程人民民主的感性与理性必须是统一的而不是分裂的，否则就会影响全过程人民民主的发展进程、民主自发与自觉的统一。中国民主发展的历史表明，当决定和决策陷入僵局时，投豆子也可以化解僵局，解决的方式具有自发性。但在巨型民主过程中，仅靠投豆子这种自发性的民主不但难以化解僵局，而且还会陷入时间性、规模性的新困局，需要间接民主这一中介破解巨型民主的困局，就需要民主的自觉。党员民主素质具有历史性、稳定性、结构性。党员民主素质是在历史中形成的，具有历史特征。党员民主素质一旦形成，就具有脱离时代和实践的稳定性，形成民主素质层面的思维和习惯路径。党员民主素质并不是单一的，而是各种民主素质的结合和心理建构，具有结构性。在全过程人民民主不断发展和运行的过程中，党员要形成符合全过程人民民主的民主素质。

第一，党员民主素质是党员在党内全过程人民民主和人民民主的全过程中的心理过程和心理特征。民主不但是理论认知和实践认知的问题，而且是实践民主的心理体验和感知的问题。这些心理活动的过程一般包括三个部分：体验过程、情感过程和意志过程。民主体验是情感过程和意志过程的前提和基础。只有体验到全过程人民民主的好处，才能产生对全过程人民民主的情感，进而才具有实践全过程人民民主的意志。如果在体验全过程人民民主时感受到麻烦、困惑，费时费力且效率低，就难以产生对全过程人民民主的正向情感，也就失去了实现全过程人民民主的意志。全过程人民民主既包括投票过程的民主，更包括广泛参与的民主，党员在参与全过程人民民主的过程中不断体验全过程人民民主，进而产生民主的激情和动力。在参与全过程人民民主的过程中形成对全过程人民民主的爱戴、忠诚拥护的情感力量。民主意识只有转化成民主意志，才能实现领导和实现全过程人民民主。如果党员尤其是党员领导干部最终形成了全过程人民民主意志，转化不了对全过程人民民主的信念，党内民主与全过程人民民主实践就具有了夭折的可能性与现实性。

第二，党员民主素质是感性与理性的统一。对任何事物的认识，都包括感性认识和理性认识。没有感性认识，理性认识就失去了根基；没有理性认识，感性认识就失去了格局，这对党员民主素质的分析同样适用。党员民主素质既是感性的，也是理性的。感性与理性密不可分，感性上升为理性，形成理性对感性的约束。理性下降到感性，使理性具有生命力。民主素质既是全过程人民民主感性与全过程人民民主理性形成互塑的过程，也是相互渗透的过程。没有对全过程人民民主的感性，也就没有全过程人民民主的理性。没有全过程人民民主的理性，全过程人民民主的感性就具有极化的可能性与现实性。党员对全过程人民民主既有感性直观的认识，也具有理性的认识。感性的认识基本上是通过全过程人民民主的绩效形成，进而形成了全过程人民民主的政治态度。理性的认识是通过学习中国特色社会主义全过程人民民主的基本政治理论与实践形成的。

第三，党员民主素质是自发与自觉的统一。全过程人民民主具有自发性，尤其是全过程社会民主更具有自发性。全过程人民民主既可能来自党员领导干部对社会主义全过程人民民主的时代趋势和实践趋势的本能直觉，也可能来自基层党员主体对社会全过程人民民主的本能判断，从而自发地形成对全过程人民民主的推进。党员民主素质的形成是从自发到自觉的过程，这种自觉的过程就是把民主素养当成能力和领导艺术培养的过程，自觉形成和贯彻民主集中制的过程。要有平等待人、与人为善的真诚态度，有虚怀若谷、海纳百川的宽阔胸襟，力争把各方面的真实意见掌握全、掌握准，进行反复研究、反复比较、择善而从。要把符合事物发展规律、符合广大人民群众根本利益的正确意见集中起来，做出科学决策。人民群众的正确意见往往具有自发性，只有把人民群众自发的正确意见集中起来并做出科学决策，才能把民主的自发性变成民主的自觉性。民主素质只有从自发到自觉，才能实现民主决策的科学化。如果民主决策不能实现科学化，就具有导致无效决策的可能性和现实性。科学决策如果没有民主化，就失去了合法性、失去了民众的正向反馈。党员民主素质自发自觉构建的过程既是民主化与科学化的过程，也是全过程人民民主运行的过程。

第四，党员民主素质具有历史性。不同时期，不同历史发展阶段，对党员的素质要求具有不同的内容和特点。民主认知、民主意识、民主能力和民主作风等都具有历史性，都随着时代的发展和实践的发展而发展，并呈现出阶段性。党员民主素质结构既体现了长历史素质结构，也体现了短时期历史结构。从长历史结构来说，党员民主素质的历史性体现在对中国传统政治文化尤其是对传统政治文化的民本主义的创造性转化上，并因此在党员尤其是党员领导干部的行为取向上得到明显展示。从建党百年的历史来说，党员民主素质的历史性体现在中国革命时期的民主话语上，革命的民主话语、建设的民主话语、全过程人民民主话语具有历史性特征，同时在这一过程中还面临着西方民主政治思想的影响与选择。改革开放前的民主话语与改革开放后的民主话语不同。改革开放后基本上围绕着邓小平理论、“三个代表”重要思想、科学发展观、习近平新时代中国特色社会主义思想体现着不同的民主素质结构。改革开放对党员尤其是党员领导干部的素质结构要求既体现了一脉相承的特性，又体现了不同的素质结构特征。这包括以社会主义民主与法治为中心的民主素质结构、以党内民主带动人民民主为中心的民主素质结构和以民主集中制为中心的全过程人民民主素质结构。

全过程人民民主突出了中国特色社会主义民主理论、民主实践、民主道路、民主目标。“党的十八大以来，我们深化对民主政治发展规律的认识，提出全过程人民民主的重大理念。”[①]在党的十八大之后，党员民主素质要体现时代性和实践性，党员民主素质构建要具有制度化素质、参与化素质、程序化素质、规范化素质。党员民主素质体现在全过程上。

第五，党员民主素质具有相对的稳定性。党员民主素质的稳定性体现在对民主信念的稳定性、民主价值的稳定性、遵守民主制度的稳定性，最终形成稳定的民主思维方式、民主行为习惯。参与、决策、立法、作风都以是否实行民主原则、民主规范作为唯一标准。党员民主素质一旦形成，并通过经验和习惯得以固化，就具有了一定的稳定性。民主素质主要以直接感知为基础，全过程人民民主的理论与实践发生变化，党员的民主素质也会发生相应的调整，新的政治心理和感受会渗透到原来的政治心理和感受当中，促使党员民主素质在缓慢的、动态的变化当中，逐渐形成新的稳定的民主素质结构。改革开放 40 多年，既是党员民主素质形成的过程，也是党员民主素质变化的过程，同时也是党员民主素质日渐稳定的过程。民主素质的稳定性，突出表现在对民主价值维护、捍卫、强化的稳定性上，全过程人民民主的核心价值一直处于稳定状态。

---

① 习近平在中央人大工作会议上发表重要讲话强调　坚持和完善人民代表大会制度　不断发展全过程人民民主　李克强汪洋王沪宁赵乐际韩正王岐山出席　栗战书讲话[J]. 中国人大，2021(20)：6-11.

党员民主素质特征影响着党内民主、全过程人民民主的制度性特征和广泛参与特征。在一定意义上说，党员民主素质特征就代表着全过程人民民主的特征。党员民主素质特征决定了全过程人民民主发展的阶段性、过程性、结构性和稳定性。

三、提升党员民主素质是全过程人民民主的必然要求

全过程人民民主既包括制度性全过程人民民主，也包括非制度性全过程人民民主。制度性民主决定非制度性民主的内容、范围和程度。对于党内民主来说，制度性民主就是民主集中制，民主集中制是党内根本制度。只有坚持民主集中制才能保障人民群众当家作主、依法治国、国家治理现代化，因此，“必须坚持民主集中制”①。非制度性民主为制度性民主起到基础和支撑作用。民主不但分为制度性民主和非制度性民主，也分为政治民主和社会民主，政治民主是社会民主的前提和保障，社会民主为政治民主提供有力的支持。制度性全过程人民民主与非制度性全过程人民民主、政治全过程人民民主与社会全过程人民民主，都对党员的民主素质提出了更高的要求。

党内民主素质是全过程人民民主的前提和基础。没有高度的党员民主素质，或者说如果党员民主素质低下，就不能坚持、巩固和完善民主集中制度，就难以承担全过程人民民主的重任，全过程人民民主在运行的过程中就会走向形式主义，民主权利就难以健康行使，党员就难以担当起带动人民民主的重任，也就不能通过制度性全过程人民民主带动非制度性全过程人民民主，政治全过程人民民主也就不能带动社会全过程人民民主。

党内民主是全过程人民民主的关键。只有不断加强党内民主全过程人民民主建设，才能不断地带动人民民主全过程人民民主。党的十八大报告指出：“保障党员主体地位，健全党员民主权利保障制度，开展批评和自我批评，营造党内民主平等的同志关系、民主讨论的政治氛围、民主监督的制度环境，落实党员知情权、参与权、选举权、监督权。”②党的十九大报告指出：“要改进党的领导方式和执政方式，保证党领导人民有效治理国家。”③改进党的领导方式和执政方式的重要内容，就是加强党内民主，提升党内民主素质，领导是民主的领导，执政是民主的执政。民主领导和民主执政才能体现以人民为中心的至

---

① 习近平在中央人大工作会议上发表重要讲话强调　坚持和完善人民代表大会制度　不断发展全过程人民民主　李克强汪洋王沪宁赵乐际韩正王岐山出席　栗战书讲话[J]. 中国人大，2021(20)：6-11.

② 胡锦涛. 坚定不移沿着中国特色社会主义道路前进 为全面建成小康社会而奋斗：在中国共产党第十八次全国代表大会上的报告[J]. 理论学习，2012(12)：4-27.

③ 习近平谈治国理政：第三卷[M]. 北京：外文出版社，2020：15.

上价值。“各级领导干部要增强民主意识。”①其中，完善民主集中制成为重中之重，“坚持民主基础上的集中和集中指导下的民主相结合”②。党员的民主权利需要党员民主素质来支撑。没有党员民主素质，党员的民主权利也很难得到保障。

第一，提升党员民主素质是中国共产党坚持民主理念的必然要求。“民主是全人类的共同价值，是中国共产党和中国人民始终不渝坚持的重要理念。”③马克思主义的重要内容就是争取民主、建设民主、完善民主，不断地实现人民群众当家作主。中国共产党之所以能走向胜利，构建了百年大党的政党制度体系、政治道路发展体系、政治目标构建体系、政治发展自信体系，一方面是中国共产党在发展中取得了巨大的政治绩效、经济绩效、文化绩效、社会发展绩效和生态文明绩效；另一方面是因为中国共产党对民主的不懈追求并通过民主的自我纠错机制改正错误。改革开放40多年，既是经济不断发展逐渐建成经济强国的40多年，也是追求民主不断实现民主的40多年。从没有民主就没有社会主义和社会主义的现代化，到人民民主是社会主义的本质属性和内在要求，再到社会主义民主是全过程人民民主，表明了中国共产党对民主的不懈追求，随着时代和实践的发展不断丰富社会主义民主的内涵，构建了社会主义民主的理论形态和现实形态，并通过社会主义民主保障政治稳定和社会稳定。所有这些都与党员的民主素质分不开，也验证了党员的民主素质提升对社会主义全过程人民民主的极端重要性。

第二，党员民主素质是人民代表大会全过程人民民主的要求。全过程人民民主的过程，是制度化过程，没有制度化民主，全过程人民民主过程就会处于无序状态。制度化全过程人民民主，对党员的民主素质提出了更高的要求。人民代表大会制度是我国的根本政治制度，党员是人民代表大会的主体，人民代表大会制度化水平如何，与党员主体的民主素质高低有着密切的关系，不断提升党员民主素质，才能使人民代表大会的全过程人民民主高速有效运转，才能集中力量办大事。“人民代表大会制度为党领导人民创造经济快速发展奇迹和社会长期稳定奇迹提供了重要制度保障。”④在“跳出治乱兴衰的历史周期率”⑤的过

---

① 习近平谈治国理政：第三卷[M]. 北京：外文出版社，2020：16.

② 习近平谈治国理政：第三卷[M]. 北京：外文出版社，2020：23.

③ 习近平在中央人大工作会议上发表重要讲话强调　坚持和完善人民代表大会制度　不断发展全过程人民民主　李克强汪洋王沪宁赵乐际韩正王岐山出席　栗战书讲话[J]. 中国人大，2021(20)：6-11.

④ 习近平在中央人大工作会议上发表重要讲话强调　坚持和完善人民代表大会制度　不断发展全过程人民民主　李克强汪洋王沪宁赵乐际韩正王岐山出席　栗战书讲话[J]. 中国人大，2021(20)：6-11.

⑤ 习近平在中央人大工作会议上发表重要讲话强调　坚持和完善人民代表大会制度　不断发展全过程人民民主　李克强汪洋王沪宁赵乐际韩正王岐山出席　栗战书讲话[J]. 中国人大，2021(20)：6-11.

程中发挥了重要作用，“最大限度保障人民当家作主”①，这都必然要求提高党员的民主素质，党的领导要求党员具有高于民众的基本素质，这样才能有效实现人民当家作主。依法治国不但对党员提出了更高的民主素质要求，还提出了党员的法治专业素质要求，进而维护宪法权威和尊严。宪法规定和保障了人民民主权利体系。宪法保障的民主权利体系的实现，需要党员尤其是党员领导干部的带动、推动和实现，因此，“各级领导干部的信念、决心、行动，对全面推进依法治国具有十分重要的意义。领导干部要做尊法的模范，带头尊崇法治、敬畏法律；做学法的模范，带头了解法律、掌握法律；做守法的模范，带头遵纪守法、捍卫法治；做用法的模范，带头厉行法治、依法办事”②。人民代表大会自身既是推动全过程人民民主的机关，也是推动党内全过程人民民主的机关，党员尤其是党员领导干部要不断提高民主的政治判断力、民主的政治领悟力、民主的政治执行力，加强宪法和法治建设，才能是“始终同人民群众保持密切联系的代表机关”③，不断维护和捍卫宪法的民主权利体系。

第三，党员民主素质是协商全过程人民民主的必然要求。协商民主是我国的基本政治制度，协商民主是实现党的领导的重要方式，“是中国社会主义民主政治的特有形式和独特优势”④。对于中国来说，年度、代际、职能都离不开协商，如果这三个维度离开了协商民主，那就失去了历史根基、文化根基和制度根基。年度是指政治协商民主既是全过程人民民主的组成部分，又有年度性特征，全国人民代表大会与全国政治协商会议一般每年都在 3 月份召开，就国家大政方针进行集中协商。代际是指根据政治家的更替协商大政方针，协商内容具有代际性调整。职能是指不同时代具有不同时代的协商民主的职能，协商民主基本制度不变，协商民主内容和实践发生变化，协商民主的职能也会相应变化。比如党的十八大以来，协商民主变成全过程人民民主的组成部分。年度、代际、职能的协商民主都是在党的领导下进行，更需要党员尤其是党的高级领导干部具有民主素质才能实现。

中国有着协商民主的历史和文化，也有协商民主制度，建立在历史文化和现实制度基础上的协商治理才具有可能性和现实性，才具有协商治理的权威性

---

① 习近平在中央人大工作会议上发表重要讲话强调　坚持和完善人民代表大会制度　不断发展全过程人民民主　李克强汪洋王沪宁赵乐际韩正王岐山出席　栗战书讲话[J]. 中国人大，2021(20)：6-11.

② 习近平. 领导干部要做尊法学法守法用法的模范 带动全党全国共同全面推进依法治国[J]. 人民检察，2015(4)：1.

③ 习近平在中央人大工作会议上发表重要讲话强调　坚持和完善人民代表大会制度　不断发展全过程人民民主　李克强汪洋王沪宁赵乐际韩正王岐山出席　栗战书讲话[J]. 中国人大，2021(20)：6-11.

④ 习近平谈治国理政：第二卷[M]. 北京：外文出版社，2017：291.

和合法性。“协商民主是党领导人民有效治理国家、保证人民当家作主的重要制度设计。”[①]习近平在纪念政协成立65周年大会上说：“社会主义协商民主，应该是实实在在的、而不是做样子的，应该是全方位的、而不是局限在某个方面的，应该是全国上上下下都要做的、而不是局限在某一级的。”[②]协商民主就是“有事好商量，众人的事情由众人商量，找到全社会意愿和要求的最大公约数”[③]。“因此，必须构建程序合理、环节完整的社会主义协商民主体系，确保协商民主有制可依、有规可守、有章可循、有序可遵。”[④]协商的全过程人民民主在对党员的民主素质提出一般性要求的同时，也对其民主素质提出了特殊要求。协商民主体系对民主素质提出了更高的要求。协商民主是各协商主体按照自由平等的原则，通过对话、讨论等方式，参与公共决策和政治生活，最大限度地增强政治一致性，缩小政治差异性，减少政治冲突，增进社会福祉。平等对话、沟通协商等所有过程都离不开民主素质。

第四，党员民主素质是全过程人民民主的必然要求。全过程人民民主成员中包括党员领导干部，全过程人民民主需要党员尤其是党员领导干部起带头和引领作用，党员尤其是党员领导干部如果民主素质低，就可能导致全过程人民民主失范和无序。全过程人民民主包括基层党内全过程人民民主，要发挥党的基层组织的战斗堡垒作用，就要不断提升基层党员的民主素质，从而起到对社会全过程人民民主的引领作用。基层党内民主要“推进党务公开，畅通党员参与党内事务、监督党的组织和干部、向上级党组织提出意见和建议的渠道”[⑤]。社会全过程人民民主具有丰富的民主形式，而且涉及全社会各个领域和层级。全过程人民民主“是全链条、全方位、全覆盖的民主，是最广泛、最真实、最管用的社会主义民主”[⑥]。群众自治、社区自治、村民自治、社会组织自治、网络自治等人民群众创造的不同的自治形式，一方面表明了社会全过程人民民主水平的提高；另一方面表明建设过程中也需要加强党的领导，使党的领导与人民群众创造的各种民主相适应，防止全过程社会民主扭曲变形。党员民主素质对于社会全过程人民民主具有重要的作用，对制度性全过程人民民主、政治全过程人民民主都起着基础性的作用。

党内民主、全过程人民民主制度的坚持、巩固与完善，必然要求全面提升

① 习近平谈治国理政：第三卷[M]. 北京：外文出版社，2020：266.

② 习近平谈治国理政：第二卷[M]. 北京：外文出版社，2017：296-297.

③ 习近平谈治国理政：第二卷[M]. 北京：外文出版社，2017：292.

④ 习近平谈治国理政：第二卷[M]. 北京：外文出版社，2017：297.

⑤ 习近平谈治国理政：第三卷[M]. 北京：外文出版社，2020：24.

⑥ 习近平在中央人大工作会议上发表重要讲话强调　坚持和完善人民代表大会制度　不断发展全过程人民民主　李克强汪洋王沪宁赵乐际韩正王岐山出席　栗战书讲话[J]. 中国人大，2021(20)：6-11.

党员尤其是党员领导干部的民主素质。只有民主制度建设与党员民主素质互相匹配，才能起到互相促进的作用，否则就会导致党内民主、全过程人民民主发展的不平衡，或者是低民主素质牵制民主制度，或者是民主制度降低民主素质的水平。

四、构建党员民主素质培养体系

党员民主素质培育是一项系统性工程。其中主要包括民主制度化、权力运行公开化、民主责任常规化、回应民主常态化、党法党规完善化、民主培训机制长效化等。要通过全方位、全过程、全领域的民主建设来不断培养提高党员民主素质。

第一，通过民主制度化建设巩固党员民主素质。民主素质的共识就是对制度化共识的内在体认和自主赞同。要加强和完善党内民主制度化建设、加强人民民主制度化建设、加强社会民主制度化建设，使全过程人民民主自始至终都能有序运行。民主素质要聚焦在制度化层面，让制度规制和成就民主素质。全过程人民民主的广泛政治参与是国家是否民主的基本标志，广泛的政治参与才能有效防止民主的“休眠期”。参与原则包括三个基本要素，即授权、分权和对话。授权是指掌握主导权的党内领导干部将决策权授予党员，允许他们参与到管理过程中来，让他们就党内规章、决策、规则、政策、经济发展等重大问题发表自己的意见和看法，让他们产生党员是党的主人翁的责任感、政治效能感。分权是指给基层党组织下放部分权力，使得基层在党内治理过程中有一定的自主权，能够把上级的路线方针政策具体化、实践化。对话式民主包括宏观、中观、微观三个层面，并在宏观、中观、微观三个层面进行。要建立党内对话协商制度，疏通党员对话渠道。“在全过程人民民主理论的指导下，着力进行中观、微观层面的研究和推进，在政治过程的诸多领域和层面进行系统的制度设计和工作安排，这方面具有非常大的发展空间。”[①]授权、分权、对话都在制度框架内进行和完成，通过不断提升制度化水平来提升党员的民主素质。

第二，通过权力运行公开化提升党员民主素质。要把权力关进制度的笼子里，使权力在阳光下运行。党在制定制度、规则、政策等的过程中信息要公开。公开原则的关键是信息公开和程序公开。党要制定信息公开规章制度，用规章制度的方式来保证党内信息公开的范围、内容、程序、时间和方式。党内信息要有公开的程序，政党在制定、执行路线方针政策过程中，绝大多数程序都必

① 桑玉成. 拓展全过程民主的发展空间[J]. 探索与争鸣，2020(12)：9-12.

须以制度的形式明确规定，并最大范围地允许党员广泛参与，尤其是与党员切身利益相关的政策，更应该允许党员按照合法程序参与具体的政策制定。权力在阳光下运行，有利于党员民主素质在参与监督过程中得以不断强化、固化、提升，形成民主习惯。

第三，通过构建责任体系提升党员民主素质。广泛参与政治的目的是履行公共责任。参与和责任是统一的，没有参与就没有责任，谁参与谁就有责任。参与的广度、深度与责任成正比。没有参与的责任是不存在的，没有责任的参与也是虚假的参与。责任既包括公共权力的责任，也包括社会参与人员的责任。责任政治建设有利于提升全过程人民民主的质量。“责任政治是避免民主善之花结出恶之果的保障机制。”①对党员民主素质来说，也同样如此。党员民主素质由党员的民主责任来体现和保障。没有党员的民主素质，也就难以力行党员民主责任。没有党员的民主责任，党员的民主素质就难以落到实处。全过程人民民主的广泛参与，也包括党员的广泛参与。党员的广泛参与，必然全过程力行全过程的党员责任。只有通过建立系统完善的党员责任体系，才能保障全过程人民民主广泛参与结出“善之花”。

第四，通过回应性民主机制锻炼党员民主素质。全过程人民民主要求全过程人民民主回应。全过程人民民主回应包括党和政府的回应。党和政府回应的质量、效率、效果是衡量党员素质高低的基本标志。党和政府回应得到了人民的认可，满意度高，表明党员的民主素质高，否则就表明党员的民主素质低。“回应式民主是全过程人民民主的运作形态之一，主要体现在对人民群众的政治诉求、经济诉求、社会诉求具有充分的回应性。回应式民主政治输入与政治输出的良性互动过程也是精英与大众良性互动的过程。”②反馈与回应是多层次多方位的，在宏观、中观、微观三个层面进行，其核心是上级与下级、党内干部与普通党员的关系的反馈和回应。握有重大权力的党内领导在反馈与回应中处于主导地位，下级干部及普通党员在反馈与回应中处于基础的应对地位。党内干部要对普通党员的诉求进行反馈和回应，党员要对党内各个层级的干部进行反馈和回应。

政治过程履行着社会的关键性职责，政治系统处于社会的中心位置，它从社会那端接受“输入”，把“输入”的信息处理后就做出某些“输出”，决定的“输出”又反馈到“输入”单位③。伊斯顿的政治系统理论具有方法论的意义，但也具有应用的限度。党内高级领导干部是党内政治输出的核心主导性力量，全过程

① 张贤明．全过程民主的责任政治逻辑[J]．探索与争鸣，2020(12)：16-19.

② 张爱军．全过程民主的范围与限度[J]．天津行政学院学报，2021(3)：3-10.

③ 郭小安．新媒体环境下对舆论核心要素的再思考[J]．南京社会科学，2021(6)：122-130.

人民民主必须充分考虑到党内各种层面的诉求，党内决策、党内政策应该是社会各种诉求、党内各种诉求妥协平衡的结果。党内的回应要及时，要有时效性，即执政党在处理各种应急事件中必须能够迅速准确无误地解决存在的公共问题，延误就是对公共利益的损害。构建党内回应性民主制度，有利于党内民主建设，有利于党员尤其是党员领导干部民主素质的培养。

第五，通过党法党规强化党员民主素质。党法党规是党内民主制度化的标志，是保障党员民主素质提升的保障。没有党法党规，党员民主素质就失去制度依托，党员民主素质不但提升受限，而且可能随时会降低，甚至具有失去民主素质的风险。罗尔斯认为："一个社会，当它不仅旨在推进它的成员的利益，而且也有效地受着一种公共的正义观调节时，它就是一个良序的社会。"①党法党规的正义体现在党员素质上就是受到以人民为中心的政治伦理调节与规范。党内民主就是合作式民主，这集中体现在党的集体领导、落实党内民主集中制、保障党员民主权利三个方面，合作的基本制度和规定是党章和党内法规。党章和党内法规就是中国特色的公平正义规则体系，是培育党员民主素质的基本载体。

第六，加强理论与实践培训，加速养成党员民主素质。党员民主素质培训包括教育培训和实践中培训。民主培训包括对普通党员的培训，更包括对党员领导干部的培训，对党员领导干部的民主理论培训至为关键。党员尤其是党员领导干部民主培训内容主要包括党内民主理论培训、党内民主规则的培训、党内民主制度的培训、党内民主集中制原则的培训、党内民主规范与纪律的培训。这些培训的基本内容，都体现在党的若干历史文件和规章制度当中。通过民主培训，不断提高党员的民主素质。对党员的民主培训必须提高到战略高度来认识。

既然培育党员民主素质是一项系统工程，就需要系统性推进。单向度、单方面推进不但不会推进党内民主、全过程人民民主，而且还会影响民主的整体性，使之失去基本的平衡功能和牵制功能。党员民主素质是通过全过程人民民主互相影响、互相推进、互相支撑来完成的。

党员民主素质体现在全过程人民民主的整个过程中，社会主义全过程人民民主不断提高党员民主素质。党员民主素质关系到社会主义全过程人民民主的兴衰成败。只有不断提升党员的民主素质，才能实现社会主义全过程人民民主。

---

① 罗尔斯．正义论[M]．何怀宏，何包钢，廖申白，译．北京：中国社会科学出版社，2009：5.

第三节 全过程人民民主素质是全过程人民民主实践的终极诉求

全过程人民民主是中国共产党在十八大以来提出的重大理念。该理念一方面强调民主是人类的价值，是各国人民的权利；另一方面强调社会主义民主的特色，即广泛参与实践。习近平从不同的角度论述了广泛参与的特性。全过程人民民主是最广泛、完整的参与实践，“是全链条、全方位、全覆盖的民主，是最广泛、最真实、最管用的社会主义民主”[①]。“我国全过程人民民主不仅有完整的制度程序，而且有完整的参与实践。”[②]衡量全过程人民民主的标准也是广泛参与实践，“一个国家民主不民主，关键在于是不是真正做到了人民当家作主，要看人民有没有投票权，更要看人民有没有广泛参与权；要看人民在选举过程中得到了什么口头许诺，更要看选举后这些承诺实现了多少；要看制度和法律规定了什么样的政治程序和政治规则，更要看这些制度和法律是不是真正得到了执行；要看权力运行规则和程序是否民主，更要看权力是否真正受到人民监督和制约”[③]。由此可见，全过程人民民主的核心要素、核心概念是参与。参与是广泛的参与，是实践的参与，是权利的参与。广泛参与实践包括对国家政治的广泛参与实践、对社会的广泛参与实践、对经济的广泛参与实践、对文化的广泛参与实践和利益表达五个方面，即“全体人民能否依法管理国家事务和社会事务、管理经济和文化事业，人民群众能否畅通表达利益要求，社会各方面能否有效参与国家政治生活，国家决策能否实现科学化、民主化，各方面人才能否通过公平竞争进入国家领导和管理体系”[④]。广泛参与的实践性特质，对全过程人民民主的全员素质提出了更高的要求。

广泛参与需要与其相一致的民主素质的不断提升和深入研究，但目前关于民主素质的研究存在明显不足。通过在中国知网输入关键词“民主素质”并形成图表可以粗略得知研究民主素质的内容偏少，也经历了几起几落。从 1987 年到

① 习近平在中央人大工作会议上发表重要讲话强调 坚持和完善人民代表大会制度 不断发展全过程人民民主 李克强汪洋王沪宁赵乐际韩正王岐山出席 栗战书讲话[J]. 中国人大，2021(20)：6-11.

② 习近平在中央人大工作会议上发表重要讲话强调 坚持和完善人民代表大会制度 不断发展全过程人民民主 李克强汪洋王沪宁赵乐际韩正王岐山出席 栗战书讲话[J]. 中国人大，2021(20)：6-11.

③ 习近平在中央人大工作会议上发表重要讲话强调 坚持和完善人民代表大会制度 不断发展全过程人民民主 李克强汪洋王沪宁赵乐际韩正王岐山出席 栗战书讲话[J]. 中国人大，2021(20)：6-11.

④ 习近平在中央人大工作会议上发表重要讲话强调 坚持和完善人民代表大会制度 不断发展全过程人民民主 李克强汪洋王沪宁赵乐际韩正王岐山出席 栗战书讲话[J]. 中国人大，2021(20)：6-11.

2021年，1989年、2005年、2011年、2013年、2016年学界对民主素质的研究处于不同程度的高潮，其中2009年到2011年民主素质研究处于高峰期，然后就不断下降。2021年是研究民主素质的最低点，预计随着全过程人民民主理念的研究，民主素质的研究将会再有所提升。

从民主素质的研究范围来看，主要包括党员民主素质、社会成员民主素质、大学生民主素质、不同阶层和群体民主素质、精英民主素质、大众民主素质、中外民主素质比较、传统文化与民主素质等内容。从民主素质的研究内容来看，主要包括民主素质的概念特征、民主素质的内涵和外延、民主认知、民主意识、民主情感、民主能力、民主素养、民主作风等。在全过程人民民主理念没有得到概括的这段时间里，民主素质与其他条件关系的研究核心聚焦在民主素质与民主制度的关系、民主素质对社会主义民主制度的重要作用。在党和国家提出全过程人民民主理念的背景下，研究其与全员民主素质的关系正当其时，且显得十分必要和迫切。本文从全过程人民民主素质的必然性、必要性、迫切性方面进行分析和研究，以期不断探讨全过程人民民主与全员民主素质的内在关系、匹配关系和构建关系。

一、提升全员民主素质的必然性

国内学者对民主素质的理解，在不同时期具有不同的内容。改革开放之初，西方的民主理论被不断译介到中国，学术界对民主素质的理解还是西方式的理解，还没有本土化，认为民主素质就是西方民主素质的移植和嫁接。“到了20世纪90年代以后，中国政治学才真正成为一门相对独立的科学：一整套相对独立于其他学科的理论、概念、范畴、术语和方法成为中国政治学者特有的知识工具，中国政治学自身的学科规范也逐渐得以形成。”①相应地，民主素质内涵、特征、体系、关系的拓展与构建也得以不断充实与完善。

有人把民主素质理解为“构成民族素质的重要内容，它包括整个民族对民主理论的认识程度和民主实践的能力”②。有的研究把党员的民主素质视为一般民主素质在党内的体现，“所谓党员民主素质是指党员体现少数服从多数的思想意识、品质和行为特征”③。进一步的研究则把民主素质视为政治文明的组成部分，“政治文明包括政治意识文明、政治制度文明和政治行为文明三个组成部

① 俞可平. 中国政治学的主要趋势(1978—2018)[J]. 北京大学学报(哲学社会科学版)，2018，55(5)：9-19.

② 高兰，韩锐. 民主教育、民主实践与民主素质[J]. 理论探讨，1989(3)：15-18.

③ 黄明哲. 论提高党员民主素质的重要性及基本途径[J]. 中州学刊，2009(1)：25-28.

分，是由这三个部分构成的有机整体”①。政治意识就是一种精神现象，“作为政治领域的精神现象，是政治生活和政治活动的心理反应，是人们在特定的社会条件下形成的政治态度、政治情态、政治认识、政治信念、政治习惯和政治价值的复合存在形式，它构成政治系统的基础和环境，是政治的隐性结构”②。从上面的引介可以看到，把民主素质视为西方民主在中国的体现是简单化，把民主素质视为政治文明和政治意识的组成部分则是民主素质隐性化。本文认为，应该把民主素质单列出来，这样有利于建立、完善、推动全过程人民民主的建设。

民主素质是围绕、体现全过程人民民主的心理、意识和行为。全过程人民民主素质主要由全过程人民民主的民主认知、民主意识、民主能力、民主作风、民主素养五个基本方面构成。民主认知是前提，民主意识是核心，民主能力、民主作风、民主素养是民主意识的外在表现，五个方面形成一个互相推动的整体。民主认知包括对全过程人民民主理论、民主制度、民主系统、民主过程、民主输出与输入的总体性认知和各个环节的细节认知。民主意识包括社会主义价值体系的自由意识、平等意识、法治意识、人权意识，还包括社会主义核心价值体系之外的包容意识、宽容意识、尊严意识、竞争意识和妥协意识。民主能力是实践性能力，是在全过程人民民主过程中形成、养成并成为习惯的能力，只有具备全过程人民民主能力，才能在实践中担起全过程人民民主的重任。民主作风是以人民至上为核心的全过程民主作风。党的十八大以来，领导干部还必须具有民主素养，领导干部的民主素养同样包括民主认知、意识、能力和作风。改革开放 40 多年，是对社会主义民主政治发展规律不断深刻认识和总结经验的 40 多年，是对全过程人民民主的理论化认知、价值化认知、制度化认知、规范化认知和程序化认知的 40 多年，也是不断形成全过程人民民主素质的 40 多年。

第一，国际关系民主化的必然要求。民主是时代发展的要求。经济全球化时代也是国际关系民主化时代。国际关系民主化时代都是从每一个具体国家民主化开始的。亨廷顿认为，在 1828 年到 1926 年间出现了第一次民主化长波，在 1943 年 1962 年间出现了民主化短波，在 1974 年到 1990 年间出现第三波民主化浪潮。对民主化浪潮的研究逐渐趋于具体化、国别化，尤其是第三波民主化对于不同国家的影响导致其特殊性逻辑进路和实践进路。国际关系民主化从具体国家间的内部关系开始，最终扩展为国际关系的民主化。“当今世界正经历

① 虞崇胜．浅析政治文明建设[J]．武汉大学学报(人文社会科学版)，2000，53(3)：416-419．

② 郑慧．政治文明：涵义、特征与战略目标[J]．政治学研究，2002(3)：5-17．

百年未有之大变局，制度竞争是综合国力竞争的重要方面，制度优势是一个国家赢得战略主动的重要优势。”①在国际关系民主化方面，中国也要积极履行大国权利和责任，“推动建设新型国际关系，推动构建人类命运共同体，弘扬和平、发展、公平、正义、民主、自由的全人类共同价值，引领人类进步潮流”②。国际关系民主化必然要求国家具有处理国际关系的民主素质，尤其需要处理国际关系的民主意识和民主能力。只有具备了国际关系民主素质，才能树立负责任大国的民主形象和开放形象，才能引领进步潮流。

第二，经济发展的必然要求。中国经济已经取得了重大成就，“创造出经济快速发展奇迹，国家经济实力大幅跃升”③。中国业已成为世界第二经济大国，对于国内来说，“分两步走在本世纪中叶建成富强民主文明和谐美丽的社会主义现代化强国，以中国式现代化推进中华民族伟大复兴；明确新时代我国社会主要矛盾是人民日益增长的美好生活需要和不平衡不充分的发展之间的矛盾”④。解决国内的主要矛盾迫切需要解决经济发展不平衡的问题，从而通过公平正义的分配实现共同富裕，进入高质量发展阶段。中国的经济成就是市场经济带来的，我国实现了从高度集中的计划经济体制到充满活力的社会主义市场经济体制、从封闭半封闭到全方位开放的历史性转变⑤。中国社会主义市场经济的发展，必然要求政治上实现全过程人民民主，否则缺少政治动力和市场经济的制度保障，因此，我国要“发展全过程人民民主，保证人民当家作主”⑥。对于中国共产党来说，发展经济就是要“站稳人民立场，坚持人民主体地位，尊重人民首创精神”⑦。只有社会主义市场经济才会产生全过程人民民主的要求，因为“商品是天生的平等派”⑧。“平等和自由不仅在以交换价值为基础的交换中受到尊重，而且交换价值的交换是一切平等和自由的产生的、现实的基础。”⑨社会主义市场经济是一个平等竞争、自由交换的过程，全过程人民民主是社会主义市场经济的必然反映。全过程人民民主素质是在社会主义市场经济发展过程中形成的，但社会主义市场经济不仅限于其本身，而且会要求在全过程人民民主

① 习近平在中央人大工作会议上发表重要讲话强调　坚持和完善人民代表大会制度　不断发展全过程人民民主　李克强汪洋王沪宁赵乐际韩正王岐山出席　栗战书讲话[J]. 中国人大，2021(20)：6-11.

② 中共中央关于中国共产党的百年奋斗重大成就和历史经验的决议[N]. 人民日报，2021-11-17(1).

③ 中共中央关于中国共产党的百年奋斗重大成就和历史经验的决议[N]. 人民日报，2021-11-17(1).

④ 中共中央关于中国共产党的百年奋斗重大成就和历史经验的决议[N]. 人民日报，2021-11-17(1).

⑤ 中共中央关于中国共产党的百年奋斗重大成就和历史经验的决议[N]. 人民日报，2021-11-17(1).

⑥ 中共中央关于中国共产党的百年奋斗重大成就和历史经验的决议[N]. 人民日报，2021-11-17(1).

⑦ 中共中央关于中国共产党的百年奋斗重大成就和历史经验的决议[N]. 人民日报，2021-11-17(1).

⑧ 马克思. 资本论：第一卷[M]. 北京：人民出版社，2004：103.

⑨ 马克思恩格斯全集：第三十卷[M]. 北京：人民出版社，1995：199.

中渗透、接纳和纳入民主素质。经济大国必然是政治大国，政治大国必然是要求全体人民具备民主素质的大国。

第三，民主政治制度发展的必然要求。制度具有根本性、稳定性和长远性。民主制度能保证国家的长治久安。“制度稳则国家稳，制度强则国家强。”①全过程人民民主的广泛参与实践需要民主制度的保障。人民代表大会制度是根本政治制度，共产党领导的多党合作与政治协商制度、基层群众自治制度、民族区域自治制度是基本政治制度。这些制度体系具有保障全过程人民民主的基本功能。没有全过程人民民主的制度保障，民主素质就成了可有可无的东西。即便民主素质在社会广泛存在，如果缺少民主制度平台，民主素质也难以落实到实践中。如果没有全过程人民民主制度作为保障，全过程人民民主建设中就可能出现社会的不稳定因素甚至破坏性因素。

第四，治理体系和治理能力现代化的必然要求。目前关于民主素质的研究几起几落，尤其是近些年来民主素质研究的降维，除了受西方思想家的影响之外，其主要原因在于这些研究内容已被国家治理体系、治理能力、治理效能全方位全领域覆盖。公共管理成为显学，政治学公共管理化，政治学的民主研究逐渐退隐。但是，民主素质是绕不开的话题，如果没有民主制度的保障，没有全过程人民民主，国家治理体系现代化、国家治理能力现代化就不可能转化为效能优势。“一切依靠人民”②既包括治理体系和治理能力现代化依靠人民，更包括全过程人民民主依靠人民。全过程人民民主体现的就是“一切依靠人民”。治理体系和治理能力的现代化，既要通过全过程人民民主来实现，更要通过全员民主素质的提高来实现。

第五，政治文化建设的必然要求。政治文化建设既包括党内政治文化建设也包括党外政治文化建设，我们要“发展积极健康的党内政治文化”③，并通过党内政治文化建设带动党外政治文化建设。西方学者往往从政治文化视角来分析和论证民主素质，并没有围绕民主素质这一核心来论证，但政治文化、民主文化、公民文化等都具有民主素质的要素。西方学者往往受自由平等价值观的影响和约束，将民主素质纳入政治文化、民主文化之中进行分析，这是因为如果从民主素质来论证，民主素质就必然有高有低，论证民主素质就会违背自由平等的理论、原则、实践逻辑，尤其是违背平等的价值与逻辑。一些西方学者指出什么样的文化有利于民主，什么样的文化不利于民主，他们认为公民文化、

---

① 习近平在中央人大工作会议上发表重要讲话强调　坚持和完善人民代表大会制度　不断发展全过程人民民主　李克强汪洋王沪宁赵乐际韩正王岐山出席　栗战书讲话[J]. 中国人大，2021(20)：6-11.

② 中共中央关于中国共产党的百年奋斗重大成就和历史经验的决议[N]. 人民日报，2021-11-17(1).

③ 中共中央关于中国共产党的百年奋斗重大成就和历史经验的决议[N]. 人民日报，2021-11-17(1).

民主文化有利于民主。

阿尔蒙德认为，政治文化是一个民族在特定时期流行的一套政治态度、政治信仰和感情①。派伊认为，政治文化是政治系统中存在的政治主观因素，包括一个社会的政治传统、政治意识、民族精神和气质、政治心理、个人价值观、公众舆论等②。维巴认为，一个社会的政治文化由经验基础上形成的一系列信念、符号和价值所构成，它决定了人们行为的条件和参与政治的主观意向③。阿尔蒙德的政治文化具有代表性，他不但对文化进行了区分，而且指出了哪种文化有利于民主。阿尔蒙德把政治文化划分为村民政治文化、臣民政治文化和参与型政治文化：在村民政治文化中，村民缺乏对政治体系的认知，其不利于民主发展；在臣民政治文化中，臣民虽然具有参与意识，但更多地关心政治体系的输出，也就是说，臣民政治文化的核心在于服从而不在于参与，其同样不利于民主；在参与型政治文化中，公民对政治体系的输入与输出有着较强的认知，既有参与热情，又对合法权威亦有充分的尊重④。这种观点影响了中国学者的思维方式，也是中国学者从研究民主素质转向研究中国政治文化的重要原因。从西方学者对政治文化的研究来看，政治文化包括政治心理、政治情感、政治认知、政治传统、政治价值、政治态度等内容，具有主观性和稳定性。民主素质在政治文化中都有体现。政治文化的建设包括民主素质的建设，政治文化建设的要求也包括民主素质建设的要求。中国政治文化建设要求加强中国民主素质建设。

第六，社会主义全过程人民民主实践的必然要求。全过程人民民主是具有充分实践性的民主。人民群众广泛参与民主的任何领域、任何环节、任何过程都需要其具备民主素质。管理国家、社会、经济和文化，处处需要人民群众的广泛参与，需要健全的全过程人民民主的民主素质。管理国家需要民主素质，否则国家管理就会变成少数人的管理，脱离人民至上的主体性；管理社会需要民主素质，否则社会就会变成少数人的管理，脱离人民至上的社会主体性，从而陷于无序状态，或者导致社会权力滥用，激化微观公共权力与公民权利的矛盾与冲突；管理经济同样需要民主素质，否则就会被资本精英所垄断，使经济处于少数精英的控制之下，普通经济从业人员会处于被监控、被管制、被剥削

① 阿尔蒙德，鲍威尔．比较政治学：体系、过程和政策[M]．曹沛霖，郑世平，公婷，等译．上海：上海译文出版社，1987：29．

② 尹婷婷．在变革中寻求平衡与认同：社会转型视野下的政治文化[J]．学习论坛，2005(12)：53-55．

③ 尹婷婷．在变革中寻求平衡与认同：社会转型视野下的政治文化[J]．学习论坛，2005(12)：53-55．

④ 阿尔蒙德，维伯．公民文化：五个国家的政治态度和民主制[M]．徐湘林，戴龙基，译．北京：华夏出版社，1989：13-23．

的地位；管理文化需要民主素质，否则文化就会成为少数精英的文化，普通民众就处于粗俗文化、娱乐至死文化的裹挟与包围之中，失去享受高质量文化成果的机会。

二、提升全员民主素质的必要性

全过程人民民主是不断提升全员民主素质的民主。提升全员民主素质具有十分重要的意义，能促进经济发展，推动全过程人民民主，进而加强政治文明建设，推进国家治理体系和治理能力的现代化。

第一，提升全员民主素质有利于推动经济发展。民主与经济发展的关系错综复杂。从宏观来说，经济基础决定上层建筑，上层建筑对经济基础具有反作用。但具体到每一个国家，不同的国家具有不同的情况。有些国家在实行民主之后实现了经济发展，这种情况主要出现在西方发达国家。有些国家在实行民主之后出现了经济停滞甚至衰退，这主要出现在一些发展中国家。已有研究表明，民主与经济发展之间具有两个相反的逻辑。一个逻辑是民主推动经济增长。这种逻辑的表现是“政府权力受到了约束”“公共政策通常具有更好的回应性”“公民教育文化和人力资本的提升速度往往更快”“民主国家往往具有更好的创新能力”①；另一个逻辑是民主破坏经济增长。这种逻辑的表现是“民主不见得能够塑造有效政府”“民意和多数决定不见得能够形成明智的决策”“民主更容易导致较低的投资率”“民主政体下的政策更有可能走向民粹化”②。民主是推动经济增长，抑或破坏经济增长还取决于一个国家是否具有民主政体的特点：“当一个国家存在着高度的选民政治分裂时，就有可能引发激烈的政治对抗和政治冲突；如果民主政体下的政治制度安排不能塑造有效的国家能力，这样就会引发国内政治危机的持续恶化，最终倾向于导致民主政体的崩溃。”③但也有研究结果表明，“既有导致高增长的民主政体，亦有导致低增长的或经济衰退的民主政体”④。由此可见，这与一个国家的政治文化、民主文化、人民的民主素质有着密切的关系。亨廷顿认为，民主导致经济停滞甚至衰退的原因一方面是没有把政治行为制度化；另一方面是没有建立民主文化，“民主文化问题主要集中在新民主的绩效或效能及其合法性上，换句话说，即精英和公众相信民主体制之价值的程度”⑤。中国符合民主推动经济增长的逻辑，这是因为政府权力受到限

① 包刚升. 民主的逻辑[M]. 北京：社会科学文献出版社，2018：258-259.

② 包刚升. 民主的逻辑[M]. 北京：社会科学文献出版社，2018：259-260.

③ 包刚升. 民主崩溃的政治学[M]. 北京：商务印书馆，2015：459-460.

④ 包刚升. 民主的逻辑[M]. 北京：社会科学文献出版社，2018：264.

⑤ 亨廷顿. 第三波：20 世纪后期民主化浪潮[M]. 刘军宁，译. 上海：上海三联书店，1998：312.

制，权力被关进笼子里。中国全过程人民民主是回应性民主，中国的教育体系在培养公民民主素质方面发挥着重要作用，注重加强创新体系的建设，社会主义全过程人民民主为经济发展提供了强有力的保障。例如，“60 多年来特别是改革开放 40 多年来，人民代表大会制度为党领导人民创造经济快速发展奇迹和社会长期稳定奇迹提供了重要制度保障”①。

第二，提升全员民主素质有利于推动政治文明建设。全过程人民民主与全员民主素质是民主制度的一体两面，二者相互渗透、相互影响、相互促进，不可分割。只有全员民主素质才能与制度功能相匹配。没有全员人民民主素质，全过程人民民主制度就难以得到有效落实。民主素质不断强化和巩固全过程人民民主制度。广泛存在的民主素质在推进政治体制改革、建设社会主义政治文明、推动全过程人民民主制度建设中发挥着重要作用。改革开放 40 多年来的历史经验是，“发展社会主义民主政治，建设社会主义政治文明”②。中国政治发展的目标仍然是“建设社会主义民主政治，发展社会主义政治文明”③。全过程人民民主包括人民群众管理国家事务的民主，管理国家事务既需要底线的民主素质，也需要高级的专业素质。全过程人民民主首先需要的是管理国家的底线民主素质，然后在此基础上培养高级的专业民主素质。只有同时具备了管理国家的底线民主素质和专业民主素质，才能使国家管理现代化，才能使政治文明化。民主的底线素质主要表现在民主意识上，民主的专业素质表现在专业民主认知并落实在民主能力上。中国政治发展的历史与现实都表明，民主政治与政治文明有着密切的关系。社会主义民主政治发展意味着政治文明的进步，政治文明的进步标志着社会主义民主政治的进步。二者相互渗透、相辅相成、相互推进、相互涵盖、相互证成。建设全过程人民民主的过程，是政治文明不断提升的过程。民主素质的内涵与构成都在不断地推动着政治文明的发展。民主价值、民主信仰、民主意识本身也是政治文明的重要组成部分。从这个意义上说，建设政治文明也就是培养民主素质，培养民主素质也就是建设政治文明。

第三，提升全员民主素质有利于推动全过程社会人民民主。民主既包括制度化民主，也包括非制度化民主；既包括政治民主，也包括社会民主。政治民主是社会民主的前提和保障，社会民主是政治民主的基础。发展全过程人民民主，包括发展全过程社会人民民主。全过程人民民主不但要求人民群众通过民主能力管理国家，而且要求人民群众通过民主能力管理社会。提升全员民主素

---

① 习近平在中央人大工作会议上发表重要讲话强调 坚持和完善人民代表大会制度 不断发展全过程人民民主 李克强汪洋王沪宁赵乐际韩正王岐山出席 栗战书讲话[J]. 中国人大，2021(20)：6-11.

② 中共中央关于中国共产党的百年奋斗重大成就和历史经验的决议[N]. 人民日报，2021-11-17(1).

③ 中共中央关于中国共产党的百年奋斗重大成就和历史经验的决议[N]. 人民日报，2021-11-17(1).

质对于社会进步的推动作用也是显而易见的，这尤其表现在基层民主上。因此，中国共产党不断强调基层民主的重要性，“党坚持巩固基层政权，完善基层民主制度，完善办事公开制度，保障人民知情权、参与权、表达权、监督权”①。社会进步不但要加强全过程人民民主的一般素质，还要重点突出民主的协商素质、平等素质、宽容素质。全过程社会人民民主主要涉及社会个体之间、社会群体之间、个体与社会群体之间的利益问题，如果处理不当，更容易引发社会矛盾甚至社会冲突。解决社会矛盾和社会冲突，既需要社会全过程人民民主的制度和规则，又需要把社会全过程人民民主的制度和规则内化为全过程人民民主意识和民主能力。只有社会成员具有平等宽容意识，才能通过民主能力处理社会矛盾和社会冲突。公开、知情、参与、表达、监督都需要平等、包容、妥协的民主素质，其中民主素质的妥协精神显得尤其重要，把妥协视为社会全过程人民民主素质，更有利于处理和解决社会问题。

第四，提升全员民主素质有利于推进治理体系和治理能力现代化。治理体系和治理能力的现代化是“善治”的现代化。中共十九大报告再次重申：“推进科学立法、民主立法、依法立法，以良法促进发展、保障善治。”②善治应当有十个要素：合法性、法治、透明性、责任性、回应、有效、参与、稳定、廉洁、公正③。在“提高科学执政、民主执政、依法执政水平”④中，民主执政是执政的基本组成部分之一。在“明确全面深化改革总目标是完善和发展中国特色社会主义制度、推进国家治理体系和治理能力现代化”⑤中，治理体系和治理能力现代化又是深化改革的总目标之一。要不断“推进国家治理体系和治理能力现代化作出总体擘画，重点部署坚持和完善支撑中国特色社会主义制度的根本制度、基本制度、重要制度”⑥。根本制度、基本制度、重要制度是治理体系和治理能力现代化的“总体擘画”，这等于是说把全过程人民民主制度内嵌于治理体系和治理能力现代化之中，把全员民主素质贯穿于治理体系和治理能力现代化之中，其核心目的是追求良政与“善治”。

“善治”的现代化包括“能治”与“善治”的手段之善，指的是用以追求和实现目的之善的客体性工具系统和主体性观念体系。主体观念体系“选择了领袖和集团。领袖和集团能否感悟、领悟、体现和实现‘国家的是其所是’即伦理理念和

① 中共中央关于中国共产党的百年奋斗重大成就和历史经验的决议[N]. 人民日报，2021-11-17(1).

② 习近平. 决胜全面建成小康社会 夺取新时代中国特色社会主义伟大胜利：在中国共产党第十九次全国代表大会上的报告[J]. 理论学习，2017(12)：4-25.

③ 俞可平. 中国的治理改革(1978—2018)[J]. 武汉大学学报(哲学社会科学版)，2018，71(3)：48-59.

④ 中共中央关于中国共产党的百年奋斗重大成就和历史经验的决议[N]. 人民日报，2021-11-17(1).

⑤ 中共中央关于中国共产党的百年奋斗重大成就和历史经验的决议[N]. 人民日报，2021-11-17(1).

⑥ 中共中央关于中国共产党的百年奋斗重大成就和历史经验的决议[N]. 人民日报，2021-11-17(1).

伦理精神，就成为他们取得合理性和合法性存在的根据”①。全过程人民民主是自始至终贯穿着民主素质的民主。这是因为“政治又不简单地是权力的外部结构，它本身也是一种观念，一种体现正义、平等、公平的方式，因此，本质上政治又是权力的约束性力量”②。全过程人民民主素质能提升治理体系现代化水平，没有民主素质，现代治理体系就流于形式，没有民主能力，治理能力就难以现代化。

三、提升全员民主素质的问题与改进

全过程人民民主需要不断提升全员民主素质。从理想的角度来说，二者是共生共荣的关系；从现实的角度来说，全过程人民民主与全员民主素质很难达成匹配。其原因是多方面的，其中一个重要原因就是民主素质不高。

（一）全员民主素质存在的基本问题

受西方民主文化和传统政治文化影响，全员民主素质提升缓慢。同时网络政治文化的冲击，导致人们对民主素质的认知低下，造成民主认知图式复杂多样交叠，形成左右互搏的困局。

第一，西方政治文化的输入导致民主素质“消化不良”。西方政治文化中的民主文化、民主素质内涵与中国的传统政治文化、革命政治文化、建设与实践的政治文化没有实现对接，这一方面表现为对西方政治文化的崇拜与模仿，另一方面造成了文明的冲突和政治文化的冲突。将西方的政治文化移植和嫁接到中国政治文化，会造成“消化不良”和“肠梗阻”。中国政治文化与西方政治文化激荡百年，形成了民族主义政治文化而不是民主政治文化，造成了对西方政治具有普遍性内容的排斥。西方政治文化的背后是制度，即便是一致性的西方政治文化也形成了总统制、议会制、两党制、多党制、选举制等多种制度，因而，具有普遍性内容的政治文化造就了不同的西方民主政治制度模式。采取西方政治文化和政治制度的发展中国家，除了个别如印度比较成功外，大多数都没有取得成功。一些发展中国家搞民主，导致深陷西方政治文化及其制度模仿和移植的深渊而难以自拔，这增加了中国对西方政治文化及其制度的忧患意识、反思意识、解构意识和重构意识，因此中国共产党才不断强调“必须警惕和防范西方所谓‘宪政’、多党轮流执政、‘三权鼎立’等政治思潮的侵蚀影响”③。发展中国家实施西方政治文化及其制度的经验教训，使得中国建设社会主义民主政治

① 晏辉．构建能治与善治的政治伦理基础[J]．江苏社会科学，2021(1)：129-141.

② 晏辉．构建能治与善治的政治伦理基础[J]．江苏社会科学，2021(1)：129-141.

③ 中共中央关于中国共产党的百年奋斗重大成就和历史经验的决议[N]．人民日报，2021-11-17(1).

时时刻谨记，“建设社会主义民主政治，发展社会主义政治文明，必须使中国特色社会主义政治制度深深扎根于中国社会土壤，照抄照搬他国政治制度行不通，甚至会把国家前途命运葬送掉”①。

第二，中国传统政治文化转型导致“虚民”与“实民”不分。传统政治文化中的民是“虚民”，是一个抽象集合符号；在全过程人民民主的实践过程中，民是“实民”。“实民”的真实在于广泛的实践性。中国传统政治文化主要包括儒家文化、法家文化、道家文化，主要体现在儒法结合，且“儒表法里”，道家文化只是前两者的补充。有学者认为：“传统儒家倡导的‘民为国本’的观念和‘为民谋利’的政治准则，只有在中国古代专制主义的政治文化氛围中才能作出合乎逻辑的估价。”②在学者看来，“在中国古代社会获得广泛共识的‘民惟邦本’的观念，也包含着思想家对于社会政治关系特别是君主、国家、民众三者之间关系的基本设计”③。传统政治思想的实质是，“传统思想把为民谋利作为政治评价的标准，其用意有二。一是求得专制统治的稳固，二是在专制主义政治统治下，使民众的利益得到最大限度的满足”④。也有人对此持不同观点，认为中国现代政治文化是对传统政治文化思想的继承、转换与超越，并构成社会主义政治文化的组成部分。但不可否认的是，传统政治文化中没有民主文化的内容，更没有民主素质的基本元素。邓小平曾经指出，旧传统留给我们的，封建专制传统比较多，民主法制传统比较少。对于中国传统政治文化，我们要剔除糟粕、汲取精华。

第三，现实与网络的双重影响消解民主素质。在现实中，“拜金主义、享乐主义、极端个人主义和历史虚无主义等错误思潮不时出现，网络舆论乱象丛生，一些领导干部政治立场模糊、缺乏斗争精神，严重影响人们思想和社会舆论环境”⑤。现实中的这些消极影响在网络中极化性涌现，从而导致对全过程人民民主和民主素质的去中心化和解构化。人工智能、大数据、算法等网络技术，使得全过程人民民主理念和民主素质圈层化、信息蚕房化，进而使人们难以在全过程人民民主素质方面形成理性重叠共识。网络技术把全过程人民民主和民主素质重新解构与重构为西方主义中心化、民族主义化、民粹主义化、自由主义化，使得全过程人民民主的民主素质培育更加复杂化。

---

① 中共中央关于中国共产党的百年奋斗重大成就和历史经验的决议[N]. 人民日报，2021-11-17(1).

② 孙晓春. 儒家民本思想发微[J]. 吉林大学社会科学学报，1995(5)：1-7.

③ 孙晓春. 儒家民本思想发微[J]. 吉林大学社会科学学报，1995(5)：1-7.

④ 孙晓春. 儒家民本思想发微[J]. 吉林大学社会科学学报，1995(5)：1-7.

⑤ 中共中央关于中国共产党的百年奋斗重大成就和历史经验的决议[N]. 人民日报，2021-11-17(1).

（二）全员民主素质的改进

全员民主素质的改进是一个长期的过程，要想通过全员民主素质的改进，使民主成为人民群众的生活方式，就需要对传统政治文化进行整体性创造性转换，需要对人民群众进行全员培训，需要不断加强制度化建设，提升制度化建设水平。

第一，不断完成对传统政治文化的创造性转换。完成对传统的创造性转换是全民全员承担的重大历史责任。“当代中国的伟大社会变革，不是简单延续我国历史文化的母版。”[①]“中华优秀传统文化是中华民族的突出优势，是我们在世界文化激荡中站稳脚跟的根基，必须结合新的时代条件传承和弘扬好。我们实施中华优秀传统文化传承发展工程，推动中华优秀传统文化创造性转化、创新性发展。”[②]这才是对中国特色社会主义政治制度的自信，才能在此基础上加强文化自信，而“文化自信是更基础、更广泛、更深厚的自信”[③]。进而言之，只有对传统政治文化进行整体性创造性转换，才能使全员民主素质得到真正提升。离开中国传统政治文化的民主素质，不是中国特色的民主素质。完全西方化的民主素质难以形成中国全员民主素质，只会形成流于表面的民主素质。

第二，不断加强全员民主素质培训。一方面，要加强民主文化教育。“文盲是站在政治外的。”[④]目前中国已经建成完整的教育体系，已经基本上消灭了文盲，但“民主的文盲”还相对较多，其对民主的认知心理还处于模糊状态，对民主的认知图式还处于低水平阶段。应加强全员民主素质培训，通过民主素质培训来消除“民主的文盲”。另一方面，全过程民主具有极强的参与实践性。实践既是检验民主真理的标准，也是民主素质有与无、好与坏的标准。只有使人民群众参与政治民主、经济民主、社会民主、管理民主的实践，才能使其获得民主的真知，从而全方位提升民主素质。

第三，不断加强民主的制度化建设。社会主义民主制度不但对全员民主素质提出了必然要求，而且为其提供了制度框架。在制度主义者看来，制度决定素质，有什么样的制度就有什么样的素质。社会主义民主制度决定社会主义民主素质，全过程人民民主制度决定全员民主素质。例如，人民代表大会制度决定了人民群众的立法、监督、审议等素质，中国共产党领导的多党合作与政治协商制度决定了人民群众的协商素质，群众自治制度决定了人民群众的自治素

① 中共中央关于中国共产党的百年奋斗重大成就和历史经验的决议[N]. 人民日报，2021-11-17(1).
② 中共中央关于中国共产党的百年奋斗重大成就和历史经验的决议[N]. 人民日报，2021-11-17(1).
③ 中共中央关于中国共产党的百年奋斗重大成就和历史经验的决议[N]. 人民日报，2021-11-17(1).
④ 列宁全集：第四十二卷[M]. 北京：人民出版社，1995：200.

质。全过程人民民主制度化过程决定着全员民主素质过程。没有全过程人民民主制度，就没有全员民主素质。仅强调全员民主素质，而忽视民主制度建设，就会使已经具有的民主素质荡然无存。

无论是制度化过程还是实践化过程，全过程人民民主都具有要求全员民主的必然性、必要性。全过程人民民主制度化是对全员民主素质的保障。全过程人民民主的实践性决定了民主素质的实践性。全员民主素质为全过程人民民主提供主体基础，防止全过程人民民主的主体虚化和主体缺位。全过程人民民主是人民至上的民主，从某种意义上指的就是民主素质至上的民主。“民心就是最大的政治”内含着民主素质就是最大的政治，离开了民主素质，全过程人民民主就会成为无源之水、无本之木。

第六章　全过程人民民主的实践价值体系

第一节　实践价值引领

全过程人民民主既有价值诉求，又有实践回应。全过程人民民主价值与全过程人民民主实践结合为真，全过程人民民主价值与全过程人民民主实践分离为伪。全过程人民民主在价值诉求与实践回应过程中保持着巨大的张力。没有全过程人民民主的价值诉求，全过程人民民主的实践就会失去价值引导和目标导向，全过程人民民主就会失去方向。没有全过程人民民主的实践回应，全过程人民民主就会陷入至善论与乌托邦的虚无。离开全过程人民民主价值的全过程人民民主实践，就会成为拙劣的伪全过程人民民主实践。全过程人民民主的价值诉求与全过程人民民主的实践回应相结合是真实的全过程人民民主，否则，如果全过程人民民主价值与全过程人民民主实践相脱节、理想与现实相背离、应然与实然相矛盾，就会成为虚假的全过程人民民主。全过程人民民主的价值实践是由全过程人民民主的制度保障、全过程人民民主的运行机制、全过程人民民主价值的实践验证等三个基本部分组合而成。

一、价值理性与工具理性：全过程人民民主价值的双重维度

全过程人民民主的价值包括应然价值与实然价值、价值理性与工具理性两对价值范畴。全过程人民民主的应然价值与实然价值首先体现在人类的共同价值上，其次体现在全过程人民民主的特色价值上。全过程人民民主的特色价值是对人类的共同价值的继承与超越，既反映了人类的共同价值的一般价值形态，又反映了全过程人民民主的特殊价值形态。全过程人民民主的价值理性与工具理性则表明全过程人民民主既是目的又是手段，全过程人民民主的目的与价值理性具有一致性，全过程人民民主的手段与工具理性具有统一性。

（一）全过程人民民主的复合价值理性

价值理性是对人性价值的理性思考，基点在于人本身是目的而不是手段。民主的价值理性在于对民主主体的理性思考，基点在于民主是目的而不是手段。

只有人本身成为目的、民主本身成为目的，民主才能成为值得追求的目标，才能把民主作为信仰来看待。尽管在古希腊就有了民主的概念，把民主指涉为人民的权力，但在古希腊，民主的价值意义并没有得到彰显，否则柏拉图不会强调哲学家治国、精英治国，亚里士多德也不会把民主视为坏政体之一。卢梭也认为民主只适合于小国，而不适合于大国。正因为没有价值意义或者价值意义不大，民主才会沉寂了两千多年，而民主成为人类的共同价值，只有一百多年的时间。民主是全人类的共同价值，指的是现代政治文明的共同价值，现代民主价值已经不是古希腊意义上的民主价值，而是具有高度复合性的民主价值。

复合性的民主价值具有相互吸纳、相互渗透、相互支持的特性。复合性的民主价值包括自由、平等、人权、法治、共和、博爱等复合体系，复合性的民主价值使追求民主自身就具有使人成其为人的崇高价值和值得追求的目标和信仰。民主的复合价值集中体现在民主与自由、民主与平等、民主与法治、民主与协商四者的关系上。

第一，民主价值的复合性体现民主与自由的统一与平衡。民主与自由不可分割，民主是自由的民主，自由是民主的自由。没有自由的民主和没有民主的自由都具有残缺性。自由只有因为自由的缘故才能受到限制，只有在满足自由的条件下才能实现平等。西方思想家的论争过程也是自由与平等互相展开的过程。自由与民主相互展开的过程，同时也是不断引入新的政治价值的过程。

第二，民主价值的复合性体现民主与平等的统一与平衡。民主与平等不可分割，没有平等的民主是精英的民主，没有民主的平等只会形成等级秩序。平等可以在民主之上，也可以在民主之下，但平等与民主达致平衡为最佳状态，这需要保持民主与平等的边界才能达到，尤其是保持平等的边界。有人把平等称为至上的美德，甚至把平等视为专制的对立物。“平等的关切是政治社会至上的美德——没有这种美德的政府，只能是专制的政府；所以，当一国的财富分配像甚至非常繁荣的国家目前的财富状况那样极为不平等时，它的平等关切就是值得怀疑的。因为财富的分配是法律制度的产物；公民的财富大大取决于其社会颁行的法律。”①把平等视为专制的对立物，既不符合历史，也不符合民主的逻辑，甚至会走向民主的反面。平等不能没有边界，平等的边界就是人格尊严平等、机会平等、法治平等，超越平等规定的三个边界，平等就会走向其自身的反面。“第一项原则要求政府采用这样的法律或政策，它们保证在政府所能做到的范围内，公民的命运不受他们的其他条件——他们的经济背景、性别、

---

① 德沃金．至上的美德：平等的理论与实践[M]．冯克利，译．南京：江苏人民出版社，2003：1.

种族、特殊技能或不利条件——的影响。第二条原则要求政府在它能做到的范围内，还得努力使其公民的命运同他们自己作出的选择密切相关。”①人格尊严的平等、机会的平等使得民主更具有价值意义。马克思对资本主义自由与民主的批判，就是因为当时的资本主义自由与民主是少数人的自由与民主，广大的无产阶级和劳苦大众没有自由与民主，因为在当时的状态下，无产阶级和劳苦大众只是资产阶级赚钱的工具。

第三，民主价值的复合性体现民主与法治的统一与平衡。民主与法治密不可分，没有法治的民主会导致民主的无政府主义，没有民主的法治是徒有其表的法治。民主本就是政治公共事务，共和就是对政治事务的共同参与，但共同参与必须是有法治保障的有序参与。民主正因为有了法治，才能保障人权，防止多数人的暴政。民主正因为有了法治，才能防止公共权力越出边界而被滥用，防止公民权利超越自身的限度而被滥用，才使得权力之间、社会与权力之间、公民权利之间有明确的界限。同时，只有法治才能保障人权，并通过保障人权而实现民主。

第四，民主价值的复合性体现民主与协商的统一与平衡。民主与协商是民主的两个过程，民主的过程就是协商的过程，协商的过程也是民主的过程。民主不会突然启动，而是在协商的过程中不断显现的。协商的过程也不是私下的秘密协商，而是公开化的协商，公开化的协商是民主的重要内容。尽管哈贝马斯强调了协商民主的重要性，但西方民主的理论与现实都表明，西方的协商民主只是代议制的补充，并没有把协商民主当成民主的价值意义来看待。全过程人民民主把选举民主与协商民主结合起来，并把协商民主作为政治的基本价值。全过程人民民主与全过程人民民主协商密切关联，选举、监督、罢免、决策、参与等过程也都是协商民主的过程。

全过程人民民主价值是对人类共同民主价值的继承与超越。全过程人民民主与人类共同民主价值具有高度复合性。马克思在《共产党宣言》中强调无产阶级革命的第一步是争得民主，在未来的理想社会里每一个人的自由发展是社会发展的条件。共产主义社会是生产力高度发达和人的自由而全面发展的社会。“中国的民主是人民民主，人民当家作主是中国民主的本质和核心。”②全人类的共同价值包括两个方面，一方面是对民主的应然诉求并确立对民主的信仰，对民主的信仰就是对自由、平等、协商、法治、人权价值的信仰。从应然诉求来说，民主体现的是人民的权力而不是少数政治精英的权力；另一方面是通过民

① 德沃金．至上的美德：平等的理论与实践[M]．冯克利，译．南京：江苏人民出版社，2003：1.

② 中华人民共和国国务院新闻办公室．中国的民主[N]．人民日报，2021-12-5(5).

主对现实的导向、引领、评判，使现实民主向理想民主迈进。全过程人民民主一方面体现人民的权力，人民群众对全过程人民民主产生信仰，从而形成全过程人民民主的理想新形态；另一方面通过全过程人民民主的价值形态对现实的全过程人民民主进行导向、引领、评判，使全过程人民民主的现实不断向全过程人民民主的理想迈进。全过程人民民主的复合价值的超越性集中体现在以人民为中心的复合价值体系上。

（二）全过程人民民主的工具理性

全过程人民民主不但是目的，而且是手段。民主是目的与手段的统一，民主规范手段、制约手段，使手段不断为目的服务，防止为了手段而手段。全过程人民民主价值同样规范着全过程人民民主的手段，使全过程人民民主的手段服务于全过程人民民主的价值。全过程人民民主的手段就是工具理性。全过程人民民主的工具理性体现在促进公民美德、经济发展、良政善治、个性发展等方面。

第一，全过程人民民主价值造就良好的公共美德。“公民参与增进了自律性与利他主义。”[①]公民参与促进了决策的科学化、民主化、有效化，能把决策落到实处，“公民参与不仅具有内在价值，而且还能增加公共政策的有效性。人们在参与政治活动中，自然要公开表达自己的偏好和需要：这等于在宣传政策，从而影响人们的幸福。公开表达政治意见，能降低发生冲突的可能性，增加在核心政策上获取共识的可能性，因而政策的实施能变得更有效，政府和公民的关系也改善了。最后，允许人们表达政治意见，增加人们对政策制定者的信赖，从而获得更好的社会治理效果和更好的政策”[②]。全过程人民民主不但具有广泛的参与实践，而且“我国全过程人民民主实现了过程民主和成果民主、程序民主和实质民主、直接民主和间接民主、人民民主和国家意志相统一，是全链条、全方位、全覆盖的民主，是最广泛、最真实、最管用的社会主义民主”[③]。全过程人民民主没有“休眠期”。全过程人民民主价值对现实全过程人民民主提供了评价的指标。“一个国家民主不民主，关键在于是不是真正做到了人民当家作主，要看人民有没有投票权，更要看人民有没有广泛参与权；要看人民在选举过程中得到了什么口头许诺，更要看选举后这些承诺实现了多少；要看制度和

---

① 希特. 公民身份：世界史、政治学与教育学中的公民理想[M]. 郭台辉，余慧元，译. 长春：吉林出版集团有限责任公司，2010：285.

② 经济合作与发展组织. 民生问题：衡量社会幸福的 11 个指标[M]. 洪漫，等译. 北京：新华出版社，2012：184.

③ 习近平在中央人大工作会议上发表重要讲话强调 坚持和完善人民代表大会制度 不断发展全过程人民民主 李克强汪洋王沪宁赵乐际韩正王岐山出席 栗战书讲话[J]. 中国人大，2021(20)：6-11.

法律规定了什么样的政治程序和政治规则，更要看这些制度和法律是不是真正得到了执行；要看权力运行规则和程序是否民主，更要看权力是否真正受到人民监督和制约。”①全过程人民民主在实践中总会体现出不完美性，而理想则具有完美性，全过程人民民主的价值对全过程人民民主的实践具有导向功能。

第二，全过程人民民主价值推动经济发展。经济基础决定上层建筑，上层建筑对经济基础具有反作用。市场经济的发展必然带来自由、平等、法治等观念。上层建筑的反作用包括正向作用和负向作用。全过程人民民主对经济发展具有正向作用，为经济发展提供保障。全过程人民民主的法治为市场经济提供契约、规则，划分市场与政府的边界，限制政府权力的滥用，通过全过程人民民主的广泛参与监督政府，防止政府在市场发展过程中的设租寻租行为。全过程人民民主适应社会主要矛盾的变化，通过实行全过程人民民主形成获得感、尊严感、幸福感。中国的经济发展是实现公平正义的发展，是根据社会主要矛盾转化的发展，是使人具有价值与尊严的发展。因此，“全党必须永远保持同人民群众的血肉联系，站稳人民立场，坚持人民主体地位，尊重人民首创精神，践行以人民为中心的发展思想，维护社会公平正义，着力解决发展不平衡不充分问题和人民群众急难愁盼问题，不断实现好、维护好、发展好最广大人民根本利益，团结带领全国各族人民不断为美好生活而奋斗”②。经济发展具有公平正义的价值，也具有推进公平正义的意义，“以促进社会公平正义、增进人民福祉为出发点和落脚点”③。全过程人民民主的价值在于，通过广泛参与，不断纠正经济发展过程中出现的两极分化问题，逐步实现经济和政治平等。

第三，全过程人民民主价值推进良政善治。全过程人民民主价值在工具理性上是善治的价值。全过程人民民主价值与善治价值具有内在统一性，“好的民主一定是实现良政善治的，一定是推动国家发展的”④。全过程人民民主价值推进善治价值。全过程人民民主的善治价值体现在治理民主。民主善治是全过程人民民主的重要组成部分。民主治理的价值目标在于通过社会主义核心价值体系实行善治。民主善治是与民主恶治相对立的，人类政治历史的发展经验与教训表明，民主既可以是善治，也可以是恶治。“亚里士多德追求善的政治，但把民主价值排除在外，并通过人数的多少把政体分为六种：君主政体、贵族政体、共和政体，僭主政体、寡头政体、民主政体。君主政体、贵族政体、共和政体是优秀的正宗政体，正宗政体追求公益。僭主政体、寡头政体、民主政体是劣

① 中华人民共和国国务院新闻办公室. 中国的民主[N]. 人民日报，2021-12-5(5).

② 中共中央关于党的百年奋斗重大成就和历史经验的决议[N]. 人民日报，2021-11-17(1).

③ 中共中央关于党的百年奋斗重大成就和历史经验的决议[N]. 人民日报，2021-11-17(1).

④ 中华人民共和国国务院新闻办公室. 中国的民主[N]. 人民日报，2021-12-5(5).

质的变态政体，变态政体追求私利，只有穷人拥护民主政体。”①人类政治文明发展到今天，民主政体应该成为善治的政体，但民主政体成为恶治政体的风险依然存在。全过程人民民主价值只有包括善治的价值，才能体现中国的国体与政体的优越性。如果全过程人民民主没有善治的价值，就会有产生多数人暴政的风险、实行全过程人民民主的形式主义风险、全过程人民民主“肥大症”的风险、全过程人民民主的规模性风险、全过程人民民主的收益低于其付出成本的风险、意识形态风险等等。善治与良政具有内在的关联，良政保证善治，善治是良政的内在要求。

第四，全过程人民民主价值促使个性充分发展。在现代文明社会，每一个人都具有独立的个性，也具有独立个性的价值。全过程人民民主价值与个性价值相互影响、相互促进。全过程人民民主的自由与平等价值本身就包括个性价值，只有全过程人民民主自由而平等的发展，才能发展个性、张扬个性、发挥个性价值，使个性价值具有创造性。“个性要保住它的根据，将有愈来愈大的困难，除非我们能做到让公众中有头脑的一部分感到个性的价值，让他们看到有不同是有好处的，即使不是不同得更好，甚至在他们看来或许有些是不同得更坏。”②个性的价值往往与多数人相矛盾、相冲突，如果多数人不能保证个性的价值，那么个性的价值就会受到毁灭性的打击，但事实依然是：“多数人的同意并不足以使社会的行为合法化，有些行为是不可能得到任何赞同的。”③在美国这样强调自由主义的国家，也给个性价值带来了诸多的不良影响，“多数的无限权威及其快速坚定地表达意志的方式，在美国不仅使法律趋于不稳定，并且对法律的执行和国家的行政活动发生了同样的影响”④。所以美国也存在着专制的可能性，“假使有一天自由在美国毁灭，那也一定是多数的无限权威所使然，因为这种权威将使少数忍无可忍，逼得少数诉诸武力。那时将会出现无政府状态，但引起这种状态的是专制”⑤。全过程人民民主价值的复合性，尤其是全过程人民民主价值中的自由与平等价值，对于保障与推进个性价值具有重要意义。

全过程人民民主的应然价值与实然价值具有内在一致性，全过程人民民主的价值理性与工具理性具有一致性。理想有其特殊的规定性和边界，“理想注定只能是理想，这意味着理想没有变为事实的含义，从应然不是实然这一确切的意义上说，并且正是由于这一点，事情本来就是如此”。理想不可能完全实现，

① 张爱军．全过程人民民主与民心政治[J]．党政研究，2022(1)：89.
② 密尔．论自由[M]．许宝骙，译．北京：商务印书馆，1998：87.
③ 贡斯当．古代人的自由与现代人的自由[M]．阎克文，刘满贵，译．北京：商务印书馆，1999：57.
④ 托克维尔．论美国的民主[M]．董果良，译．北京：商务印书馆，1989：314.
⑤ 托克维尔．论美国的民主[M]．董果良，译．北京：商务印书馆，1989：314.

如果全过程人民民主价值等于全过程人民民主实践，有可能导致全过程人民民主的终结，因此，“理想只有在同我们保持一定距离时才会温暖我们的心。”理想具有对现实评价评判的功能，全过程人民民主价值的功能就在于对全过程人民民主进行评判、反思与质疑，进而防范全过程人民民主的实践走向反全过程人民民主。全过程人民民主的价值理性使人成其为具有平等尊严的人，全过程人民民主的工具理性通过政治本身、通过经济社会等手段保障人成为具有平等尊严的人。

二、贯穿与保障：全过程人民民主价值的制度载体

从中国共产党的百年历程来看，民主一直是中国共产党追求的基本目标，但民主的发展过程却历经曲折，人民代表大会制度和政治协商制度曾一度遭受破坏，民主失去了制度载体，对此，党的十一届三中全会以来的历史决议对此作了深刻的总结，并一直强调民主对于社会主义的重要性。没有民主就没有社会主义、没有民主就没有社会主义现代化。人民民主是社会主义的生命、本质要求、内在属性。社会主义核心价值观、社会主义价值体系都应该把全过程人民民主的价值上升到重要地位，把民主上升到价值高度，使全过程人民民主具有制度属性、参与属性、价值属性，并通过价值属性规范制度属性与参与属性。价值属性体现在党的领导、人民当家作主、依法治国有机统一上，“必须坚持党的领导、人民当家作主、依法治国有机统一，积极发展全过程人民民主，健全全面、广泛、有机衔接的人民当家作主制度体系”。价值属性体现在全过程人民民主的广泛参与上。价值属性体现了人类民主的共同复合价值，更体现在以人民为中心构建的复合价值体系上。

全过程人民民主价值是全过程人民民主制度的首要价值，全过程人民民主制度受全过程人民民主价值的规范和引导，全过程人民民主制度保障全过程人民民主价值。全过程人民民主价值只有通过全过程人民民主制度的保障，才能落到实处。全过程人民民主制度是全过程人民民主价值的载体，没有全过程人民民主制度，全过程人民民主价值只会停留在应然、目标、信仰层面，而不会落实到制度层面。如果全过程人民民主不能落实到制度层面，全过程人民民主就失去了制度化的参与渠道。

第一，全过程人民民主制度是以人民为中心的复合价值的载体。民主制度与民主价值相互依存、相互促进、不可分割。离开民主制度的民主价值和离开民主价值的民主制度都具有不完美性，甚至都会有走向民主对立面的风险。西方诸多思想家认识到了价值对制度的重要意义。比如洛克把自由视为好政府的首要价值，卢梭把平等视为好社会的首要价值，罗尔斯把公平正义视为制度的

首要价值。罗尔斯在其《正义论》中认为，公平正义是社会制度的首要价值，公平正义包括自由与平等，其中自由具有优先性，“第一个原则：每个人对于所有人所拥有的最广泛平等的基本自由体系相容的类似自由体系都应有一种平等的权利。第二个原则：社会和经济的不平等应这样安排，使它们：①在与正义的储存原则一致的情况下，适合于最少受惠者的最大利益；并且，②依系于在机会公平平等的条件下职务和地位向所有人开放”[①]。全过程人民民主的价值同样对全过程人民民主制度具有特别的重要性。全过程人民民主的价值只有通过制度载体才能体现出来，在我国，人民代表大会制度、中国共产党领导的多党合作和政治协商制度、民族区域自治制度、基层群众自治制度共同构建起基本政治制度的框架结构。“根本制度居于宏观层次，对制度体系建设具有统领的作用，基本制度和重要制度居于中观层次，具体制度居于微观层次。”[②]在这个制度框架中，“人民代表大会制度对中国特色社会主义制度体系中的其他政治制度具有主导作用，中国共产党领导的多党合作和政治协商制度、民族区域自治制度以及基层群众自治制度，首先必须以人民代表大会制度作为前提才能够存在和运行”[③]。全过程人民民主制度框架体系必须贯穿和保障全过程人民民主的首要价值。

第二，全过程人民民主制度自始至终贯穿以人民为中心的复合价值。以人民为中心就是通过国家制度保障人民利益。“国家制度的‘人民性’首先表现为制度体现和尊重人民群众利益、引导人民群众参与、接受人民群众监督。”[④]以人民为中心是国家制度的灵魂，也是贯穿国家制度的灵魂。“‘以人民为中心’的制度实践是中国制度的‘人民性’在新时代的具体体现。‘以人民为中心’包括‘一切为了人民’‘一切依靠人民’‘发展成果由人民共享’三层含义。”以人民为中心就是权力来自人民，权力为人民服务，通过国家制度体现人民的价值和意义。“‘以人民为中心’的政治制度原则要求建立和完善基本政治制度框架，确保权为民所用、利为民所谋。”[⑤]全过程人民民主的制度回应，强调以人民为中心的价值，

① 罗尔斯. 正义论[M]. 修订版. 何怀宏，何包钢，廖申白，译. 北京：中国社会科学出版社，2014：237.

② 肖贵清，车宗凯. 中国特色社会主义根本制度、基本制度、重要制度理析[J]. 政治学研究，2021(6)：31-39.

③ 肖贵清，车宗凯. 中国特色社会主义根本制度、基本制度、重要制度理析[J]. 政治学研究，2021(6)：31-39.

④ 燕继荣，何瑾. “以人民为中心”的制度原则及现实体现：国家制度的“人民性”解析[J]. 公共管理与政策评论，2021，10(6)：3-13.

⑤ 燕继荣，何瑾. “以人民为中心”的制度原则及现实体现：国家制度的“人民性”解析[J]. 公共管理与政策评论，2021，10(6)：3-13.

包含着自由、平等、法治、人权价值。人民至上就是通过制度保障人民自由、保障平等、保障法治贯彻实施、保障人权得以落实。

以人民为中心的复合价值具体表现为主权在民价值、自由价值、平等价值、人权价值、协商价值、公平价值。人民代表大会制度是中国的根本政治制度和宪法制度，集中保障和体现了人民群众当家作主的复合价值。“人民代表大会制度是实现我国全过程人民民主的重要制度载体。”①人民代表大会制度，“必须坚持用制度体系保障人民当家作主”②，体现了“主权在民”和“人民至上”的价值。《中华人民共和国宪法》第二条规定：“中华人民共和国的一切权力属于人民。人民行使国家权力的机关是全国人民代表大会和地方各级人民代表大会。”第33条规定、保障、体现的是平等和人权价值：“中华人民共和国公民在法律面前一律平等。国家尊重和保障人权。”第35条和第36条规定、保障、体现的是自由价值：“中华人民共和国公民有言论、出版、集会、结社、游行、示威的自由。”宪法第36条规定：“中华人民共和国公民有宗教信仰自由。”因此，“支持和保证人大依法行使立法权、监督权、决定权、任免权，果断查处拉票贿选案，维护人民代表大会制度权威和尊严，发挥人民代表大会制度的根本政治制度作用”③。中国共产党领导的多党合作和政治协商制度，一方面体现了以人民为中心的复合价值；另一方面特别突出了协商价值。因此，要不断“推进社会主义协商民主广泛多层制度化发展，形成中国特色协商民主体系”④。基层群众自治制度一方面体现了以人民为中心的复合价值；另一方面特别突出了以人民为中心的价值。因此，要不断“保障人民知情权、参与权、表达权、监督权”⑤。民族区域自治制度一方面体现了以人民为中心的复合价值；另一方面特别突出了以人民为中心的区域自治的价值。“党坚持和完善民族区域自治制度，坚定不移走中国特色解决民族问题的正确道路。”⑥坚持在民族区域自治制度前提下保障人民当家作主，实现全过程人民民主价值。

全过程人民民主制度具有静态性，全过程人民民主价值依托于全过程人民民主制度，通过全过程人民民主制度发挥作用，全过程人民民主制度完善的过程也是全过程人民民主价值体现的过程。全过程人民民主制度的不完善，

① 习近平在中央人大工作会议上发表重要讲话强调　坚持和完善人民代表大会制度　不断发展全过程人民民主　李克强汪洋王沪宁赵乐际韩正王岐山出席　栗战书讲话[J]. 中国人大，2021(20)：6-11.

② 习近平在中央人大工作会议上发表重要讲话强调　坚持和完善人民代表大会制度　不断发展全过程人民民主　李克强汪洋王沪宁赵乐际韩正王岐山出席　栗战书讲话[J]. 中国人大，2021(20)：6-11.

③ 中共中央关于党的百年奋斗重大成就和历史经验的决议[N]. 人民日报，2021-11-17(1).

④ 中共中央关于党的百年奋斗重大成就和历史经验的决议[N]. 人民日报，2021-11-17(1).

⑤ 中共中央关于党的百年奋斗重大成就和历史经验的决议[N]. 人民日报，2021-11-17(1).

⑥ 中共中央关于党的百年奋斗重大成就和历史经验的决议[N]. 人民日报，2021-11-17(1).

也决定了全过程人民民主价值不可能完全实现。全过程人民民主价值的应然性与超越现实性的特点，也决定着全过程人民民主制度将处于不断完善的过程当中。

第三，民主管理制度自始至终以以人民为中心的复合价值为规约。全过程人民民主价值的提出，为回归政治学提供了有利契机。民主管理不是形式主义的管理，而是有价值的管理。有价值的管理在实践公共管理价值的同时，也必然是以人民为中心的复合价值的管理。离开了民主价值的管理，管理就失去了人民性。全过程人民民主是管理民主，管理民主主要包括管理国家事务、社会事务，管理经济和文化事业。全过程人民民主价值在管理民主上呈现出管理价值的落差与层级。管理民主是全过程人民民主制度的组成部分，“我国全过程人民民主不仅有完整的制度程序，而且有完整的参与实践”①。管理民主也是评价全过程人民民主好坏的重要标准，“评价一个国家政治制度是不是民主的、有效的，主要看国家领导层能否依法有序更替，全体人民能否依法管理国家事务和社会事务、管理经济和文化事业”②。管理民主既包括量的管理，更有质的要求。质的要求包括两个方面：一方面是管理民主的价值介入、规范和引领；另一方面是管理民主需要具备的专业素质和能力。

如果民主管理制度失去了以人民为中心的复合价值的规约，不但会发生应然与实然的矛盾与冲突，而且还会使民主管理制度在实践中变形扭曲。对于大众来说是参与，对于大众选出的代表来说则需要具备管事的能力和素质。从应然的角度来说，“所有环节都要有人民出场、人民主导、人民参与和人民评价”③。从实然的角度来说，全过程人民民主价值落实和体现在管理民主上，尤其是通过管理民主的价值来评估，就会发现管理参与还存在着诸多问题，一是管理参与机会少，“当下的中国社会太焦躁，原因之一就是人民缺少普遍参与的机会，表达诉求的空间太少、太小，以至于造成民众的自我压抑，久而久之，便生成了普遍的、反民主的暴力倾向”④；二是专业管理与民主管理没有进行相应的区分，使得专业管理与民主管理等同，“在管理民主的层次上，针对具体事务的做法，需要着重把专业管理和民主管理的界线划分清楚。在民主管理的总体安排上，尽力营造一种民主是一切管理行动导向的运行机制。因此，在考虑

① 习近平在中央人大工作会议上发表重要讲话强调　坚持和完善人民代表大会制度　不断发展全过程人民民主　李克强汪洋王沪宁赵乐际韩正王岐山出席　栗战书讲话[J]. 中国人大，2021(20)：6-11.

② 习近平在中央人大工作会议上发表重要讲话强调　坚持和完善人民代表大会制度　不断发展全过程人民民主　李克强汪洋王沪宁赵乐际韩正王岐山出席　栗战书讲话[J]. 中国人大，2021(20)：6-11.

③ 任剑涛. 从管理民主到行政民主再到政权民主[J]. 中央社会主义学院学报，2017(4)：10-16.

④ 任剑涛. 从管理民主到行政民主再到政权民主[J]. 中央社会主义学院学报，2017(4)：10-16.

一切管理问题时，都应当秉持一种一切有利于民主实施的基本原则，从而使民主的做法具有切实起点，不把民主扼杀在初始状态”①。更为重要的是，管理民主的价值被淡化，管理民主的形式主义盛行，管理民主因缺少民主的应然价值而失去意义。中国的管理民主的实然发展主要局限在微观管理民主、经济管理民主、社会管理民主、社区管理民主、乡村管理民主等方面，而对于国家事务方面的宏观管理民主、中观管理民主缺少实践形式，但对于网络管理政治事务的民主却得以集中体现。

第四，代表制度自始至终以人民为中心的复合价值为参照的核心标准。民主是直接民主制度与间接民主制度的结合。间接民主制度通过选举代表来体现以人民为中心的复合价值。在巨型社会和巨型国家里，如果没有代表制度，全过程人民民主价值就会陷入民粹主义泥潭而难以自拔。但代表制度如果脱离了民众的监督，就会走向精英化，使人民群众的广泛参与流于形式，因此代表制度体现以人民为中心的复合价值体系就显得尤为重要。

如果代表制度没有贯穿和体现全过程人民民主价值，而是体现的应然与实然的矛盾与冲突，就会出现全过程人民民主价值的解构和重构问题。解构与重构的结果就是人民群众广泛参与的价值被降低，精英化程度明显提升，全过程人民民主的价值转化为精英民主的价值。在中国的具体实践已经充分证明了这一点，“当前在人大代表精英化的整体态势下，虽然已经部分展现出多元发展的趋势，但这种精英化的表达依然占据主导地位，基层群众如何实现政治参与的问题始终摆在国家与社会面前”②。这主要表现在民众代表配额过少，精英代表配额过多，全过程人民民主价值在代表制的广泛参与中发生扭曲性的偏离，本来代表制是最能体现人民群众广泛参与的场域，却变成了人民群众代表难以参与的场域。有研究表明，“第一，在代表精英化的整体态势下，基层代表的当选的确来自代表的配额，但可能并非源于国家对代表职业结构的规范；第二，人大代表的性别、民族、党派等具有强量化特征的基本属性要求，或许才是基层代表得以进入人大会议的根源；第三，作为结构代表性实施手段的代表配额制，虽然有程序民主的质疑，但也为普通的基层代表提供了一条隐性的政治参与渠道，使来自最基层的人民群众也同样有机会能参与到人民代表大会的活动中来；第四，虽然过往有部分新兴精英阶层甚至有打破配额的冲动，但人大代表的结构代表性要求，至少在一定程度上成功抵御了代表的过度精英化取向，防止人

① 任剑涛. 从管理民主到行政民主再到政权民主[J]. 中央社会主义学院学报，2017(4)：10-16.

② 程鹤翔. 人大代表的结构代表性：基层群众如何实现政治参与?：以 1981—2018 年 H 省 S 市人大的 4039 个样本为例[J]. 人大研究，2021(12)：23-29.

大成为‘富人和干部的代表大会’”①。如此，代表制并没有增加全过程人民民主的价值，反而使全过程人民民主价值呈现不断递减状态。

第五，参与制度以以人民为中心的复合价值为引领。全过程人民民主价值不但需要宏观到微观的制度载体，也需要参与制度载体。全过程人民民主参与制度化程度高，不但意味着参与制度渠道畅通，而且还意味着参与制度具有公正性。如果参与制度没有体现以人民为中心的复合价值，民主的参与价值同样面临着递减效应，参与的价值将被折损。参与价值被折损的直接原因是参与制度的公平性比较低。实然的研究表明，“在‘非制度化—制度化’参与的连续谱上，总体社会公平感与非制度化的沟通型政治参与之间存在显著的负相关关系；与制度化程度更低的维权参与之间统计性关系尽管不显著，但也呈现负相关趋势；而与制度化的社区参与和选举参与之间呈现正向的统计显著性关系。对不同类型的社会公平感进一步分析显示，这种类U型关系仅在政治领域的平等型社会公平感中显现出来，并未出现在经济领域的应得型社会公平感、社会保障领域的需要型社会公平感中”②。从应然的角度来说，全过程人民民主价值要求的是能够实现公平正义参与的制度，只有公平正义的参与制度，才能体现人民当家作主的政治尊严感，“一般而言，制度化参与是正常社会的政治生活之常态，民众在整体上也是希望在公平的社会环境下参与政治生活。在中国，作为制度化参与的选举参与和社区参与，均具有较强的组织性、动员性，冲突性和风险性较低，但能够传递的信息和压力有限，它们都未能成为受到不公平情感驱动的民众的行为选择。相反，民众更希望在制度完善、公平有效的条件下参与选举活动和社区决策活动。也就是说，民众越感到社会公平，就越倾向于参与选举活动和社区活动”③。全过程人民民主的价值只有通过公平正义的参与制度才能体现出来，没有公平正义的参与制度，全过程人民民主价值只会停留在价值层面，因而，丰富民主形式的关键在于参与的制度化建构。全过程人民民主制度是全过程人民民主价值的载体，是全过程人民民主价值的保障。全过程人民民主价值规范和引领全过程人民民主制度，使全过程人民民主在不断制度化的过程中不断价值化。没有全过程人民民主价值的全过程人民民主制度，具有走向全过程人民民主制度合法性缺失的风险。全过程人民民主的制度实践则

---

① 程鹤翔. 人大代表的结构代表性：基层群众如何实现政治参与?：以1981—2018年H省S市人大的4039个样本为例[J]. 人大研究，2021(12)：23-29.

② 林健，肖唐镖. 社会公平感是如何影响政治参与的?：基于CSS2019全国抽样调查数据的分析[J]. 华中师范大学学报(人文社会科学版)，2021，60(6)：10-20.

③ 林健，肖唐镖. 社会公平感是如何影响政治参与的?：基于CSS2019全国抽样调查数据的分析[J]. 华中师范大学学报(人文社会科学版)，2021，60(6)：10-20.

表明，全过程人民民主的价值落实到制度载体之后，全过程人民民主价值也不可能完全实现，只有部分地实现。在部分实现全过程人民民主价值过程中，甚至还会出现一定程度的偏离。这种偏离表明，一方面，全过程人民民主制度需要不断完善；另一方面全过程人民民主价值对全过程人民民主制度具有导向和纠偏功能。正是全过程人民民主价值具有导向和纠偏功能，才能有效避免全过程人民民主制度建设陷入误区。全过程人民民主价值落实到宏观制度上，具有应然性、抽象性、普遍性、普适性。全过程人民民主价值落实到具体制度上，在体现全过程人民民主价值不同维度的同时，也表现出全过程人民民主价值的应然与实然、理想与现实、价值理性与工具理性的矛盾与冲突。

三、运行与验证：全过程人民民主价值的多样化取向

全过程人民民主制度决定着全过程人民民主的运行机制。全过程人民民主制度的体系性和层级性决定着全过程人民民主运行机制的体系性和层级性。全过程人民民主的价值不但需要制度保障和参与实践，而且还需要全过程人民民主的运行机制保障。全过程人民民主制度只有转化为具体的运行机制，才能使全过程人民民主的价值得以真正实现。但因全过程人民民主价值具有应然与理想等特点，即便是有全过程人民民主运行机制保障，其价值也不可能完全实现。全过程人民民主的广泛参与，也需要通过全过程人民民主的运行机制来完成。全过程人民民主制度与全过程人民民主的广泛参与都具有一般性，但全过程人民民主的运行机制具有特殊性、多元性、多样性、个体性。也就是说，全过程人民民主价值实现的过程，也是全过程人民民主价值衍生出复杂性的过程。全过程人民民主的价值只有与全过程人民民主的运行机制相结合，才能发挥各自的功能，使二者处于相互促进的关系中。“如果说理性主义者不具备解决实际问题的训练，求实精神则缺乏足够的思想支配力。理性主义方法和经验主义方法倘能殊途同归，对双方都是幸莫大焉。”[①]无论是全过程人民民主的制度性实践还是全过程人民民主的参与性实践，都离不开价值的介入。如果离开了价值介入，无论是制度性实践还是参与性实践，都会偏离全过程人民民主的方向。全过程人民民主“不仅体现在其价值与制度框架的真实民主性质导向之上，而且还体现在其实践运作形态与实现机制的高效民主质量导向之上，而‘全过程民主’就是这种民主实践形态的集中体现”[②]。全过程人民民主的运行机制包含宏观机制、中观机制和微观机制三个组成部分。宏观机制体现的是全过程人民民

---

① 萨托利. 民主新论[M]. 冯克利，阎克文，译. 上海：上海人民出版社，2009：56.

② 唐亚林. “全过程民主”：运作形态与实现机制[J]. 江淮论坛，2021(1)：68-75.

主价值的一般性，中观机制体现的是全过程人民民主的区域性和省际性，微观机制体现的则是全过程人民民主价值落实的特殊性、复杂性、多样性和个体性。

第一，全过程人民民主的价值与实践在宏观层面上的互动。全过程人民民主的宏观性对全过程人民民主价值的回应一方面体现在如前所述的国家制度层面；另一方面体现在宪法权利机制层面。全过程人民民主制度具有静态性，而全过程人民民主的运行机制则具有动态性。全过程人民民主的价值只有通过全过程人民民主的运行机制，才能展示民主价值的全过程。全过程人民民主代表机制是全过程人民民主价值实现的基点。代表制不仅是制度，而且还是机制。全过程人民民主价值通过代表制度保障，通过代表机制实现。从世界范围来说，代表制在宏观制度层面表现得更为突出、更为直接、更能体现主权在民的价值，但代表制具有不同的机制，比如美国的选举人团机制与欧洲的比例代表制就具有不同的宏观视角，而发展中国家则在比例代表制的平衡上进行取舍。“如果原先的多数决定制意味着较低的比例代表性，原先的比例代表制意味着较高的比例代表性，那么第三波民主化国家选举制度的演进方向是寻求低比例代表性与高比例代表性之间的中间道路，并借助不同选举制度的切换和同一选举制度内部具体设计的调整，来实现向中间型选举制度的合流。”[①]对于中国来说，中国的宏观代表制还受着传统文化的深刻影响，比如，“传统中国的‘道统指导政统’原则具有普适性和持久性，由此衍生出来的选举制度所包含的原则，也具有普适性和持久性”[②]。中国全过程人民民主价值实现的宏观机制应该具有开放性和包容性，“选举的价值标准应随着中华文化对外来文化的开放而包容更多的内容，尤其要重视各文化价值的重叠共识部分，并将现代科学技术的内容也包括进来”[③]。全过程人民民主的代表机制通过广泛参与同广泛协商的结合，保持了宏观机制的常态化运行。

第二，全过程人民民主的价值与实践在中观层面上的互动。“统治者经常征服广阔的区域，其范围太大以至于他们难以有效地进行管理。军队的直接统治只有在核心的地区才可能。官僚可以被分派到各地，但这也意味着分散了有限的政治资源。国家机构掌握的权力有限，这限制了它们迫使地方服从的能力。此外，由于组织因素限制了国家对分散的机构的监督能力，所以永远都存在着

① 包刚升. 选举制度的复合化：基于第三波民主化国家的实证研究[J]. 政治学研究，2019(4)：13-19.

② 盛洪. 道统指导政统原则及其在传统中国的制度安排：关于知识分子制度化参政机制的讨论[J]. 文史哲，2019(5)：90-100.

③ 盛洪. 道统指导政统原则及其在传统中国的制度安排：关于知识分子制度化参政机制的讨论[J]. 文史哲，2019(5)：90-100.

这样的危险，即军队和官僚机构的官员被地方社会吸纳、追求自身的利益，并且不再是有效的统治机构。”①全过程中观人民民主在制度上和价值上都起着承上启下的作用，全过程人民民主的价值实现程度如何，是检验全过程中观民主实践效果的基本标志。全过程人民民主价值与全过程人民民主实践的中观互动，体现在省际性、区域性、城市性的互动中。不同的区域、省份、城市、乡村具有不同的政治特征、经济特征、社会特征、文化特征、地理特征、民俗特征、民风特征等，在回应全过程人民民主价值时具有相应的特色，体现了全过程人民民主价值回应的多样性。

全过程人民民主的价值在中观回应中具有不同的特色。中观回应在体现不同的特色的同时，也面临着信息掌握不足的问题。比如，“庞大的城市规模导致管理者在单位面积上需要处理更多的信息和事务。信息的流动性、变化性和不可知性以及政府处理信息的延迟性和有限性，导致了管理者难以第一时间掌握必要的信息，无法及时做出恰当有效的决策和行动”②，从而导致中观回应中的困局。

第三，全过程人民民主的价值与实践在微观层面上的互动。全过程人民民主通过全过程人民民主制度性和人民群众的广泛参与，践行着全过程人民民主的价值。全过程人民民主制度性是人民群众广泛参与的前提和保障。没有全过程人民民主制度性而仅有人民群众的广泛参与，全过程人民民主参与就会陷入无政府状态，甚至形成乌合之众参与的新形态。没有人民群众的广泛参与，全过程人民民主制度就会流于形式；只有人民群众的广泛参与，才能激活和完善全过程人民民主制度，使全过程人民民主制度有效运转起来。全过程人民民主价值与实践上的微观互动，一方面是因为微观个体或者主体具有反全过程人民民主价值的特性，却在实践中体现了参与，可以称为反全过程人民民主价值的广泛参与。只有通过个体的实践回应，才能验证全过程人民民主价值是否真正落实及其落实的程度。人类政治发展的历史经常表明的情况是，历史上统治者只是把民当成臣民、当成工具，民是可利用可弃之的会说话的工具。这不但在宏观层面体现出来，更体现在微观政治上。没有个体性的全过程人民民主实践，全过程人民民主的价值就会失去个体化的依托之地。另一方面，微观个体或群体支持全过程人民民主价值，却对参与失去了热情。此外，全过程人民民主价值还会受到各种意识形态的干扰和污染。

---

① 瓦尔德纳. 国家构建与后发展[M]. 刘娟凤，包刚升，译. 长春：吉林出版集团有限责任公司，2011：25.

② 韩志明，刘子扬. 穿透稠密的城市空间：数字时代超大规模城市的清晰化之道[J]. 广西师范大学学报(哲学社会科学版)，2022，58(3)：23-26.

历史制度主义认为："第一，倾向于在相对广泛的意义上来界定制度与个人行为之间的相互关系；第二，强调在制度的运作和产生过程中权力的非对称性；第三，在分析制度的建立和发展过程时，强调路径依赖和意外后果；第四，尤其关注将制度分析和能够产生某种政治后果的其他因素整合起来进行研究。"①全过程人民民主价值只有与个体结合在一起，微观的回应才会真实鲜活地再现。全过程人民民主的价值只有外化于全过程人民民主制度与参与实践，才能显示出全过程人民民主的价值是否得到回应。全过程人民民主制度与个体之间有什么样的关系，是极为复杂的。广泛参与是否在个体那里得到体现，体现的程度如何，如何体现等问题都至关重要。全过程人民民主在运作过程中，体现的是权力的非对称性，权力与权利并非对称的，权力的整体性与权利的个体性会经常发生矛盾和冲突。全过程人民民主的路径依赖或者是权利个体的路径依赖，或者是制度之外的路径依赖。不可否认的事实是，"制度和结构环境在这一过程中是中心，不可避免地塑造行为体的'身份、利益、权衡和选择'"②。全过程人民民主的价值即便在个体那里得到了回应，个体自身也会通过个体价值选择对全过程人民民主的价值进行解构和重构。

第四，全过程人民民主的自我践行。人民群众当家作主的人民是具体的、特殊的、个体的，即使是形成了全过程人民民主的普遍认知，其具体的实践方式也不尽相同，甚至是完全相反。全过程人民民主的每一个个体必然受自我认知的影响，并在自我认知与制度化、规范化、程序化中互动。"从认知心理学视角来看，人们对某一概念的认知存在两个阶段。第一阶段为知识、信念、观念体系形成过程中对某一概念的接收、理解和接受，形成关于概念的认知图式(schema)，这意味着没有接收和理解某种民主观念的人们将无法对民主作出有意义的反应；第二阶段为个体接收和接受了某一概念并形成了对某一概念或知识的认知图式，当个体再次接收到外界有关这一概念的信息刺激后，对其作出某种反应。如果个体对某一概念接受不同的图式，那么当接收到信息刺激后就会作出不同的反应。"③个体都是有认知局限性的个体，"任何个体都不可能完整而准确地掌握特定国家的所有信息，因此任何个体心中的任何国家形象都具有一定的片面性"④。每一个个体，不但对全过程人民民主的认知具有片面性，而

① 汪大海，唐德龙. 新中国慈善事业的制度结构与路径依赖：基于历史制度主义的分析范式[J]. 中国行政管理，2010(5)：114-119.

② 贝尔. 制度变迁的诠释路径：建构制度主义VS历史制度主义[J]. 滕白莹，孙晨光，编译. 国外理论动态，2016(7)：77-87.

③ 马得勇，黄敏璇. 可得性与一致性：认知心理学视角下中国民众民主观再审视[J]. 探索与争鸣，2021(10)：108-119.

④ 马得勇，陆屹洲. 国家形象形成的心理分析[J]. 国际政治科学，2022，7(1)：114-148.

且还具有路径选择与路径依赖。全过程人民民主环境中的人具有理性和非理性特征，从理性人的角度来说，既要实现其自身利益的最大化，同时也要会规避全过程人民民主带来的政治风险。从非理性人的角度来说，个体对全过程人民民主的忠诚与否、拥护与否会使全过程人民民主或者健康发展，或者受到阻碍。

全过程人民民主价值的自我践行中，会遇到各种不同价值的渗透和影响。其中来自西方民主价值、中国传统民本价值的渗透和影响更为明显。普通民众对西方各种主义的价值缺少基本的辨识能力，对西方各种价值观的不同逻辑展开、逻辑走向、逻辑问题缺少基本的思维能力和推导能力，对西方各种价值的知识体系、价值结构、价值关联、价值矛盾、价值冲突缺少基本的认知。民众对西方的价值观往往是通过意识形态立场、价值偏好、价值认同进行选择与同构的。传统民本价值对个体与群体的影响更为深刻和广泛，有些民众甚至把传统民本价值视为民主价值，对传统民本价值进行创造性转换为民主价值的重要性缺少自觉性认知。有学者将中国传统统治视为理想的政治，并概括为皇权不下县、乡贤政治，但乡贤政治只是专制政治的补充，难以成为民主政治的补充，现在已经不具备实现乡贤政治的制度环境。

全过程人民民主的运行机制无论是在宏观、中观和微观层面上，还是在过程与结果上都必须实行少数服从多数的机制。没有少数服从多数的机制，任何层面的机制都将缺少完整性。少数服从多数的机制也是保障少数人的机制，因为多数与少数是变动不居的，这也是以人民为中心的复合价值的集中体现。在少数服从多数的机制中，保障少数人的机制显得尤为重要，否则少数服从多数的机制就会有沦为多数人暴政的潜在风险。全过程人民民主运行机制也不是全过程人民民主价值的等同和彻底实现，还需要全过程人民民主价值与运行机制之间保持着张力。如果全过程人民民主价值与运行机制等同，其就会失去应有的导向、质疑、批判等诸多功能。

四、全过程人民民主的价值引领的多重面向

全过程人民民主的战略谋动，既是指全过程人民民主的战略规划、战略发展的路线图，也是指实行全过程人民民主的战略性实践与检验。全过程人民民主具有战略性意味着其目标不变、路线图不变、长远的实践不变。全过程人民民主建设不是权宜之计，而是长远大计。全过程人民民主不是可有可无的东西，也不是实现其他目标的手段，全过程人民民主本身就是实现社会主义的重要方面。因此，全过程人民民主不仅是一幅战略图景，还应该被溯及历史并推向未来，应该把全过程人民民主的过去、现在、将来联系在一起，实现对全过程人民民主的战略牵引。

（一）党内民主带动全过程人民民主

中国共产党是中国工人阶级的先锋队，是中国人民和中华民族的先锋队。全心全意为人民服务是中国共产党的宗旨。中国共产党一直强调人民性和人民至上。“党的根基在人民、血脉在人民、力量在人民，人民是党执政兴国的最大底气。”①推动全过程人民民主是中国共产党先锋队性质、全心全意为人民服务宗旨、人民至上理念的必然要求和体现。“全过程人民民主，是近代以来党团结带领人民长期奋斗历史逻辑、理论逻辑、实践逻辑的必然结果，是坚持党的本质属性、践行党的根本宗旨的必然要求。”②中国共产党一直强调科学执政、民主执政、依法执政，民主执政要求不断加强党内民主建设，通过党内民主建设带动人民民主建设。中国共产党实行民主集中制原则，不断加强党内法规建设，不断加强和完善党内民主建设，推动人民民主的民主集中制建设和人民民主的法治建设。中国共产党充分认识到加强党内民主和人民民主建设的重要性和迫切性。在总结历史经验教训的基础上，深刻认识到人民民主的重大意义。随着党内对民主建设认识的不断加强，人们对社会主义民主的认识也不断深化。从没有民主就没有社会主义，没有社会主义现代化，到人民民主是社会主义的本质属性和人民民主是社会主义的生命，再到全过程人民民主，都在不断深化对人民民主的认识。这个认识是通过中国共产党来带动和完成的，对全过程人民民主的认识过程也是中国共产党带动全过程人民民主实践与实现的过程。

（二）全过程人民民主中的制度化建设带动人民的广泛参与

早在 1978 年的中央工作会议上，邓小平就指出：“为了保障人民民主，必须加强法制。必须使民主制度化、法律化，使这种制度和法律不因领导人的改变而改变，不因领导人的看法和注意力的改变而改变。”③全过程人民民主是制度化的民主过程，也是人民广泛参与的过程。制度化的人民民主决定人民广泛参与的性质、内容、范围与程度。人民的广泛参与不断推进全过程人民民主的制度化，丰富全过程人民民主的内容。“党领导确立人民代表大会制度、中国共产党领导的多党合作和政治协商制度、民族区域自治制度，为人民当家作主提供了制度保证。”④

不同的政治制度具有不同的结构与功能。人民代表大会制度是中国特色社

① 中共中央关于党的百年奋斗重大成就和历史经验的决议[N]. 人民日报，2021-11-17(1).

② 中华人民共和国国务院新闻办公室. 中国的民主[N]. 人民日报，2021-12-5(5).

③ 邓小平文选：第二卷[M]. 北京：人民出版社，1983：146.

④ 中共中央关于党的百年奋斗重大成就和历史经验的决议[N]. 人民日报，2021-11-17(1).

会主义制度的根本政治制度，中国共产党领导的多党合作和政治协商制度、民族区域自治制度以及基层群众自治制度是中国特色社会主义的基本政治制度。结构性人民民主决定着制度性的全过程人民民主。人民代表大会制度是中国特色社会主义制度的根本政治制度，人民代表大会制度把人民当家作主贯穿于立法、监督、选举、决策、审议等全过程。中国共产党领导的多党合作是“共产党领导、多党派合作，共产党执政、多党派参政”①，“中国共产党和各民主党派、无党派人士以会议协商、约谈协商、书面协商等形式，就国家和地方重大政策和重要事务进行协商”②。多党合作发挥的作用是“积极参政议政、建言献策”③。人民政协是专门的协商机构，协商是人民民主的主要形式，“在协商中促进广泛团结、推进多党合作、实践人民民主”④。民族区域自治制度是“中国的一项基本政治制度”⑤。实行民族区域自治，“从制度和政策层面保障了少数民族公民享有平等自由权利以及经济、社会、文化权利”⑥。而且“民族区域自治制度，极大增强了各族人民当家作主的自豪感责任感”⑦。基层群众自治是重要的政治制度，“基层群众自治制度，增强了基层群众的民主意识和民主能力，培养了基层群众的民主习惯，充分彰显了中国民主的广泛性和真实性”⑧。任何一种特定民主体制的稳定性，不仅取决于经济发展，还取决于政治体系的有效性与合法性⑨。中国特色社会主义制度的根本政治制度、基本政治制度、重要政治制度既促进了经济发展，创造了增长奇迹，还彰显了政治体系的有效性和合法性。

（三）全过程人民民主带动政治文明建设

全过程人民民主的过程是政治文明建设的组成部分。全过程人民民主制度化建设的需求与全过程人民民主的广泛参与迫切需要加强全过程政治文明建设，否则，全过程人民民主就具有失序的风险。在人类历史发展过程中，民主因为缺乏政治文明的规范而导致多数人暴政的现象已经多次出现。汲取人类政治文明成果，防止政治发展过程中出现失序现象，是全过程人民民主建设的应有之义。在中国的政治现代化过程中，也应采取“两手抓”战略，一手抓制度建设，一手抓政治文明建设。中国共产党非常重视处理二者之间的关系，一方面“发展

① 中华人民共和国国务院新闻办公室．中国的民主[N]．人民日报，2021-12-5(5)．
② 中华人民共和国国务院新闻办公室．中国的民主[N]．人民日报，2021-12-5(5)．
③ 中华人民共和国国务院新闻办公室．中国的民主[N]．人民日报，2021-12-5(5)．
④ 中华人民共和国国务院新闻办公室．中国的民主[N]．人民日报，2021-12-5(5)．
⑤ 中华人民共和国国务院新闻办公室．中国的民主[N]．人民日报，2021-12-5(5)．
⑥ 中华人民共和国国务院新闻办公室．中国的民主[N]．人民日报，2021-12-5(5)．
⑦ 中华人民共和国国务院新闻办公室．中国的民主[N]．人民日报，2021-12-5(5)．
⑧ 中华人民共和国国务院新闻办公室．中国的民主[N]．人民日报，2021-12-5(5)．
⑨ 李普塞特．政治人：政治的社会基础[M]．张绍宗，译．上海：上海人民出版社，1997：55．

社会主义民主政治，建设社会主义政治文明”①；另一方面讲“建设社会主义民主政治，发展社会主义政治文明”②。“中国注重吸收借鉴人类政治文明一切有益成果，但绝不照抄照搬别国民主模式。”③全过程人民民主与政治文明建设的同步推进，既需要传统民本思想在新时代的创造性转换，也是汲取西方政治文明的重要过程。只有把全过程人民民主建设与政治文明建设内在统一起来，才能使全过程人民民主与政治文明建设一体实现。

（四）全过程人民民主带动国家治理现代化

国家治理现代化包括人民民主的治理机制，“完整的制度程序和完整的参与实践，使全过程人民民主从价值理念成为扎根中国大地的制度形态、治理机制和人民的生活方式”④。一段时间以来，在强调国家治理现代化的过程中，我们是目标导向的，只关注国家治理的成效，却忽视了治理现代化的实现过程。“民主与国家治理紧密相关。民主的发展与国家治理的现代化相伴相生，相互作用，相互促进”，没有全过程人民民主，国家治理就难以实现现代化⑤。国家治理现代化是良政善治的现代化，这需要全过程人民民主来推动与提升，“好的民主一定是实现良政善治的，一定是推动国家发展的”⑥。国家治理现代化包括国家治理体系和治理能力现代化，把我国制度优势更好转化为治理效能。国家治理体系和治理能力现代化本身就包含着对全过程人民民主的基本要求，全过程人民民主与国家治理现代化二者不可分割，互相促进。国家治理体系和治理能力现代化坚持人民至上，这在本质上与全过程人民民主是一致的。全过程人民民主是推进国家治理现代化的手段，国家治理现代化的过程也是全过程人民民主的发展目标，二者互为表里。全过程人民民主有利于国家治理现代化目标的实现，能够彰显国家治理现代化的主体性、人民性、民主性，能够体现中国特色社会主义政治制度的优越性。没有全过程人民民主，国家治理现代化就有可能成为无本之木，无源之水。全过程人民民主与治理现代化的关系真正体现了“中国的民主，真正把发展为了人民、发展依靠人民、发展成果由人民共享落到实处”⑦。

---

① 中共中央关于党的百年奋斗重大成就和历史经验的决议[N]. 人民日报，2021-11-17(1).
② 中共中央关于党的百年奋斗重大成就和历史经验的决议[N]. 人民日报，2021-11-17(1).
③ 中华人民共和国国务院新闻办公室. 中国的民主[N]. 人民日报，2021-12-5(5).
④ 中华人民共和国国务院新闻办公室. 中国的民主[N]. 人民日报，2021-12-5(5).
⑤ 中华人民共和国国务院新闻办公室. 中国的民主[N]. 人民日报，2021-12-5(5).
⑥ 中华人民共和国国务院新闻办公室. 中国的民主[N]. 人民日报，2021-12-5(5).
⑦ 中华人民共和国国务院新闻办公室. 中国的民主[N]. 人民日报，2021-12-5(5).

（五）全过程人民民主带动国际关系民主化

亨廷顿认为，全球在1828—1926年间出现了第一次民主化长波，在1943—1962年间出现了民主化短波，在1974—1990年间出现第三波民主化浪潮[①]。从民主的三次浪潮来看，民主化的过程首先是国内民主发展的过程，其次是国别化的过程。任何国家的民主都具有双重作用：一方面为自身民主建设提供经验和教训；另一方面为其他国家的民主实践提供参考。从西方发展过程来看，西方的政治极化、政党极化、意识形态极化、政治精英极化、身份认同极化、大众与政治精英极化使西方民主政治发展陷入巨大的困局。民族主义、民粹主义、族群主义严重冲击西方主流意识形态，西方引以为傲的民主政治受到了巨大的冲击。从发展中国家来看，部分国家的民主化之所以失败，就在于把选票当成民主的基本标志，在选举之后便进入了民主"休眠期"，忽略了民主的全过程性和人民性，从而使民主政治走向军人政治、家族政治、威权政治、专制政治。

中国的全过程人民民主则可避免这一问题，从而能有效地推进国际关系良性化，为其他国家的政治发展提供中国经验和中国智慧。全过程人民民主是中国特有的优势，中国全过程人民民主"既推动了中国的发展与中华民族的复兴，也丰富了人类政治文明形态"[②]，为其他国家的民主化做出了突出的贡献。这一突出贡献体现了全人类的共同追求，"中国基于本国国情发展全过程人民民主，既有着鲜明的中国特色，也体现了全人类对民主的共同追求"[③]。"民主在一国内体现为人民当家作主，在国家间则体现为国际关系民主化。"[④]国内民主是国际关系民主化的前提，一个国家只有在国内实现民主，才能在国际关系上发扬民主。国内民主与国际关系民主二者相互促进，中国正因为在国内实行全过程人民民主，才能在国际关系上具有民主的发言权、倡议权，并积极推动国际关系的民主化，"中国是民主的忠实追求者、积极推动者和模范实践者，不但在本国积极发展人民民主，而且在国际上大力推动国际关系民主化"[⑤]。

---

① 亨廷顿. 第三波：20世纪后期的民主化浪潮[M]. 欧阳景根，译. 北京：中国人民大学出版社，2012：11-12.

② 中华人民共和国国务院新闻办公室. 中国的民主[N]. 人民日报，2021-12-5(5).

③ 中华人民共和国国务院新闻办公室. 中国的民主[N]. 人民日报，2021-12-5(5).

④ 中华人民共和国国务院新闻办公室. 中国的民主[N]. 人民日报，2021-12-5(5).

⑤ 中华人民共和国国务院新闻办公室. 中国的民主[N]. 人民日报，2021-12-5(5).

第二节　实践价值调适

一、全过程人民民主实践价值的限度调适

2019 年 11 月，习近平在考察上海长宁区虹桥街道古北市民中心时强调，我们走的是一条中国特色社会主义政治发展道路，人民民主是一种全过程的民主，所有的重大立法决策都是依照程序、经过民主酝酿，通过科学决策、民主决策产生的①。此后，学术界就这一思想展开研究，相关成果主要集中在《探索与争鸣》2020 年第一 2 期，同时在其他杂志也有零散论述，主要观点可以概括为以下几个方面。第一，把人民民主等同于全过程人民民主。但这样概括有失偏颇，从本质上说，全过程人民民主是党的领导、依法治国、人民民主相统一的过程。第二，全过程人民民主指的是行使民主权利的全过程，全过程人民民主权利包括民主选举、民主决策、民主管理和民主监督四个方面的内容。“所谓全过程人民民主，是指在我国，人民依法享有民主选举、民主决策、民主管理和民主监督的权利，坚持以人民为中心的政治立场和尊重人民主体地位的政治原则始终贯通在国家政治生活的各领域、各方面、各环节，确保实现党的领导、人民当家作主和依法治国有机统一。全过程人民民主这一提法强调的是民主的整体性和全过程性。”②第三，全过程人民民主是持续性民主与非持续性民主相统一的过程。持续性是指“全过程人民民主不仅包括选举环节，而且应当保持始终如一的持续性状态”③，主要包括时间上的持续性、内容上的整体性、党政部门的协同性、公民参与的全过程性、多环节的连续性。非持续性是指民主选举和民主决策在时空上具有规范性和制度性，民主不能每时每刻搞选举，也不能每时每刻搞决策。第四，全过程人民民主是制度之内的民主，其在人大、政协、多党合作、群众自治等多个制度层面都有所体现。总体来看，这些研究成果是习近平全过程人民民主理论的延伸和拓展，不仅进一步阐明了民主决策与科学决策、立法决策的关系，也对全过程人民民主的范围、深度和广度进行了探析。全过程人民民主是理论与实践不断拓展的过程，是全过程人民民主内涵和外延不断扩大的过程，也是社会主义民主在新时期的概括和升华过程。

---

① 习近平. 中国的民主是一种全过程的民主[EB/OL].（2019-11-03）[2020-10-04]. www. xinhuanet. com/politics/leaders/2019-11/03/c_ 1125186412.htm.

② 祝灵君. 推进全过程民主离不开党的领导[J]. 探索与争鸣，2020(12)：5-8.

③ 桑玉成. 拓展全过程民主的发展空间[J]. 探索与争鸣，2020(12)：9-12.

以上研究较少涉及全过程人民民主的限度，可见全过程人民民主仍然具有不断深入研究的必要。全过程人民民主的过程也是确定全过程人民民主限度的过程。全过程人民民主的范围、程度也是全过程人民民主限度的体现。只有全过程人民民主而没有全过程人民民主的限度，会导致全过程人民民主的无限扩张和滥用，不但影响全过程人民民主的质量，也会降低经济发展效率，阻碍人们对美好生活的追求与向往。全过程人民民主的作用方式特点在于互动，既包括制度框架内部的互动，也包括制度与中国传统及政治习惯等非制度层面之间的互动。其互动体现在宏观、中观、微观三个维度，表现为政治民主与经济民主、社会民主、生活民主等互动的过程。全过程人民民主的重中之重在于过程，包括提出诉求过程、解决诉求过程、决策过程、立法过程、沟通与协商过程、自治过程等。其互动过程是人民民主范围不断拓展与创新的过程，也是不断界定限度的过程。全过程人民民主的限度主要体现在政治制度限度、政治客观限度和政治主观限度三个方面。

（一）政治制度限度

全过程人民民主具有政治制度限度。中国特色的社会主义政治制度是全过程人民民主的保障，也是全过程人民民主的前提限度。没有中国特色社会主义政治制度保障的民主，是无源之水、无根之木，是可有可无且易失去的民主。中国特色社会主义政治制度即人民代表大会制度、中国共产党领导下的多党合作制度、人民政协制度、群众自治制度，是在中国共产党领导下的政治制度，是全过程人民民主的政治平台、体现和过程。中国特色社会主义民主制度是始终坚持和不断完善的过程，同时也是全过程人民民主不断实现的过程。

1. 中国共产党领导的制度限度

坚持党的领导是全过程人民民主的前提和基础，是全过程人民民主的根本保障、根本引领和根本特征。没有党的领导，就没有全过程人民民主。马克思主义政治文明理论的重要内容就是追求全过程人民民主、取得全过程人民民主、建设全过程人民民主。中国共产党的百年历史，就是不断推进全过程人民民主的百年历史，尽管在建设全过程人民民主中也有挫折、有失误，但追求全过程人民民主的目标没有变。改革开放40多年是党领导建设全过程人民民主的四十年：从社会主义民主是最高类型的民主到没有民主就没有社会主义，从社会主义民主到社会主义的本质就是人民当家作主，从人民当家作主到不断进行政治体制改革，丰富民主的政治形式，并通过党内民主带动人民民主。

民主要法治化、制度化，遵循依法治国的政治方略。人民民主是社会主义的生命，人民当家作主是社会主义民主的本质和核心，没有民主就没有社会主义，就没有社会主义现代化。社会主义民主理论和实践不断深化的过程就是全过程人民民主不断向纵深发展的过程，也是在党的领导下为社会主义建设发展不断提供制度保证的过程。

习近平一方面强调中国特色的政治发展道路，即在党的领导下的政治发展道路；另一方面强调全过程人民民主的重点是科学决策、民主决策、依法决策。“在中国特色社会主义民主政治的发展中，政策过程的民主化一直是党中央在治国理政中高度重视和坚定推行的，全过程人民民主是政治参与的创新性理论，它超越了以选举活动为主的政治参与认知，一方面它将政策参与提升到民主的重要位置；另一方面它将对政策参与的零散认知上升为一个整体化的理论。”① 全过程人民民主的核心是决策。萨托利把决策分为个人决策、团体决策、集体决策和影响到集体的决策。任何决策都会涉及内部成本和外部风险，他认为由少数精英组成的、互相妥协的、全体一致的决策才是降低内部成本并减少外部风险的决策，民众只能选举而不能决策。“乍看起来，委员会式的决策可能给我们留下一个脆弱而靠不住和需要太多条件的印象。但在现实中它却成了一种得到广泛实践的有效的决策制度，这是因为它依赖的是十分现实主义的刺激和奖励。”②他还说，“委员会决策是正和决策”③。萨托利的决策民主论只强调了精英决策的一面，而忽略了民主决策中大众的一面。从政治输入与输出理论来看，精英的决策需要落实到大众当中，并在大众当中得到反馈、验证、批评、质疑和政治参与。对于中国特色的全过程人民民主来说，精英的决策需要从群众中来、到群众中去，是民主集中的过程，任何离开大众政治参与的决策都具有失败的可能性与现实性。

2. 法治制度限度

习近平指出，“坚持改革方向、问题导向，适应推进国家治理体系和治理能力现代化要求，直面法治建设领域突出问题，回应人民群众期待，力争提出对全面依法治国具有重要意义的改革举措”④。全过程人民民主要求依法决策，依法决策是全过程人民民主中法治制度范围的表现。以立法为例，立法的过程是全过程人民民主的组成部分，立法要民主，但其过程也具有法治限度，即立法本身也应遵循法律规定的立法规则和立法程序。同时，立法过程是坚持党的领导的过程，党的领导也是立法的限度，即不能否定党的领导，要自始至终坚持

① 孔繁斌. 全过程民主：政策参与过程优化的新情景[J]. 探索与争鸣，2020(12)：13-20.
② 萨托利. 民主新论[M]. 冯克利，阎克文，译. 上海：上海人民出版社，2009：230.
③ 萨托利. 民主新论[M]. 冯克利，阎克文，译. 上海：上海人民出版社，2009：231.
④ 习近平. 论坚持全面依法治国[M]. 北京：中央文献出版社，2020：89.

党的领导。党领导人民制定宪法和法律，在宪法和法律规定的范围内活动，表明党带头维护宪法和法律的权威，表明了党的领导与社会主义法治的一致性。也就是说，立法决策的过程是党的领导与人民民主相统一的过程。

为此，以下几个方面是必须要做的内容："第一，必须以科学立法的形式将人民的美好生活需要确认为法律上的权利，明确规定公民的人身权、财产权和人格权，保证公民基本权利得到法律的尊重与保护。通过完善公众参与、教育公平、平等竞争、社会保障等方面的立法，满足社会各界的多元化权利需求。第二，通过加强法治政府建设、推进严格规范文明执法，通过'法无授权不可为'以及'法定职责必须为'等法治原则的落实真正把国家公权力关进制度的笼子里，从而防止公权力对公民权利的非法干扰与侵害。第三，通过建立公正、高效、权威的司法，为公民提供有效便利的法律救济渠道，使得人民的合法诉求能得到有效表达，努力实现让人民群众在每一个司法案件中都感受到公平正义。第四，通过法治社会建设，提高公民法治意识和培育全民守法的社会氛围，主要在法治框架内化解私权利与私权利之间的矛盾与纠纷，从而防止具体的私权纠纷和民间矛盾转化为普遍的社会矛盾。"①

3. 人大制度限度

全过程人民民主是直接民主和间接民主相统一的过程，也是直接民主与间接民主互动的过程。人民代表大会是间接民主的形式，是中国的立法机关。民主集中制过程和人民民主的过程是全过程人民民主的组成部分。人民代表大会的全过程人民民主过程是按照民主程序实行民主的过程，也是民主酝酿的过程。"如果说全过程人民民主是以中国特色社会主义制度为核心内容和基础的，那么，人民代表大会制度就是全过程人民民主实践的主渠道。首先，它是最正式的人民有序政治参与的制度通道，能够直接和真切地体现全过程人民民主的实践；其次，政策是国家治理的核心要素，人大作为中国政治体系中最正式的决策机关，其决策的社会适应性取决于各级人大代表及广大民众对政策过程的参与程度。"②

人大制度限度可以具体细化为规则限度，如关于全国人大常委会组成人员的人数、委员长会议的性质与职权、会期制度、提出议案制度、会议公开制度、审议工作报告制度、出席会议人数和表决制度、全国人大常委会议事规则中合宪性审查相关规则、扩大议事规则调整范围、明确专门委员会的管辖权、提升

① 封丽霞. 新中国法治道路的逻辑展开：以中国社会主要矛盾的发展变化为线索[J]. 中共中央党校(国家行政学院)学报，2020，24(2)：101-111.

② 程竹汝. 人大制度内涵的充分展现构成全过程民主的实践基础[J]. 探索与争鸣，2020(12)：24-26.

常委会议事的开放度和可及性、建立负责议事规则运行决策的专门组织等。2021 年 3 月 5 日，在第十三届全国人民代表大会第四次会议上，《中华人民共和国全国人民代表大会议事规则(修正草案)》(以下简称《修正草案》)提请审议，3 月 8 日代表小组会议审议《修正草案》，预计在不远的将来，全过程人民民主的规则与程序将会细化。

4. 人民政协制度限度

人民政协制度是我国的基本政治制度，是全过程人民民主的基本组成部分，是中国特色社会主义政治制度优越性的基本标志。人民政协的政治职能是政治协商与民主监督。“人民政协在协商中促进广泛团结、推进多党合作、实践人民民主，既秉承历史传统，又反映时代特征，充分体现了我国社会主义民主有事多商量、遇事多商量、做事多商量的特点和优势。”① 人民政协具有全过程人民民主的特殊协商民主职能，“作为专门协商机构，人民政协通过协商促进决策优化，并贯穿决策制定实施全过程，彰显了社会主义协商民主的制度优势”②。人民政协体现了协商民主的全过程性，如在决策方案议程设置阶段，积极参政议政，推动重要议题进入决策过程；在决策方案形成过程中，加强与决策部门沟通，实现协商与决策的有效衔接；在决策方案实施阶段，履行民主监督职能，推动决策有效实施。

5. 基层群众自治制度限度

基层群众自治制度是我国政治制度体系的重要组成部分，是全过程人民民主落地的实质性内容。群众自治主要来自村民自治、乡村自治、社区自治、社会多中心自治等。从国家与社会的关系来说，国家与社会只有良性互动、互相支撑才能共同进步，国家才能有效地保障社会，社会才能有效地制约国家，即社会充分有效地行使监督国家的权利，国家有效地履行保障社会的责任。群众自治既是政治制度也是社会制度。群众自治是宏观与中观下全过程人民民主的基础，没有群众自治，宏观、中观下的全过程人民民主就会失去依托。

对此，西方政治思想家一直强调基层民主的作用，认为基层自治能够培育和强化公民文化、公民理性、公民德性、公民政治伦理，培养对国家的信任度和忠诚度，强化公民的互助性和互惠性。例如，托克维尔特别强调了美国地基式乡村自治的重大意义和重大作用，认为其是美国民主政治的基础。“新英格兰的居民依恋他们的乡镇，因为乡镇是强大的和独立的；他们关心自己的乡镇，

---

① 本报评论员. 把协商民主贯穿履行职能全过程[N]. 人民日报，2019-09-22(1).

② 谈火生. 将协商贯穿决策制定实施全过程彰显社会主义协商民主制度优势[J]. 中国政协理论研究，2020(4)：22-23.

因为他们参加乡镇的管理，他们热爱自己的乡镇，因为他们不能不珍惜自己的命运。”[①]托克维尔对美国乡村自治的论述对中国具有一定启发性意义。

（二）政治客观限度

全过程人民民主不但具有主观性，而且具有客观性，受客观因素的制约，全过程人民民主具有客观上的限度。超越客观限度，全过程人民民主或者会走向民主的反面，或者会事倍功半。民主的客观限度包括规模限度、时间限度、质量限度、效率限度和技术限度。

1. 规模限度

全过程人民民主与规模成反比。民主人数越多，全过程人民民主的民主性就越少，决策就越容易失灵；民主人数越少，全过程人民民主的民主性就越高，决策就越有效率。全过程人民民主必须具有规模上的限度，否则民主会因承载过重而难以运行。全过程人民民主除了选举人符合法律规定不受规模限制的情况外，都须受规模限制。会议人数过多，受时间和精力限制，全过程人民民主就会变成少数人的民主，多数人就会成为全过程人民民主的听众。人大的代表人数、政协的委员人数、群众自治的人数等都需要受规模限度的制约。刘松山认为，要明确全国人大代表的数量范围、大幅增加和明确常委会委员的数量以及明确副委员长的人数[②]。他还认为，“按照两个议事规则的规定，举行全国人大会议，须有2/3以上的代表出席，举行常委会会议，须有过半数的常委会组成人员出席。出席人数会直接影响表决的得票数”[③]。与此同时，“建议研究一下会议出席人数的法定数量，并明确规定代表、委员的请假制度，严格限制请假”[④]。不但如此，各个层级的人数规模都需要一定的限度，全过程人民民主并不等于所有人都参与。全过程人民民主是多层级的不同人不同规模的分阶段性参与，而不是全员参与，否则会导致精力成本与时间成本过大。

2. 时间限度

全过程人民民主与时间成反比。全过程人民民主时间越长，人的精力越有限；反之民主时间越短，人的精力就越强，没有时间限度的全过程人民民主是

---

① 托克维尔. 论美国的民主：下卷[M]. 董国良，译. 北京：商务印书馆，1988：76.

② 刘松山. 对修改全国人大及其常委会组织法及议事规则的若干建议[J]. 中国法律评论，2019(6)：17-26.

③ 刘松山. 对修改全国人大及其常委会组织法及议事规则的若干建议[J]. 中国法律评论，2019(6)：17-26.

④ 刘松山. 对修改全国人大及其常委会组织法及议事规则的若干建议[J]. 中国法律评论，2019(6)：17-26.

不存在的。全过程人民民主如果不断扩大规模，花费在民主上的时间就越长，越不利于民主。“就民主制这个名词的严格意义而言，真正的民主制从来就不曾有过，而且永远也不会有。”“我们不能想象人民无休无止地开大会来讨论公共事务。”①从宏观到中观、从中观到微观，全过程人民民主无一不受时间限制。例如，每年全国两会及其常委会的会议时间都有明确的限度。全过程人民民主是在时间限度之内的民主，而不是时间限度之外的民主。

另外，需要指出的是，人是集政治人、经济人、社会人、文化人于一身的多面体，这决定了人们不但要过政治生活，还要过非政治生活。后者主要包括经济生活、社会生活和文化生活。非政治生活若与政治生活具有相关性，就会影响全过程的政治民主；若不具相关性，则对全过程人民民主没有影响或者影响不大。如果人们仅集聚于政治生活，会导致政治肥大症和经济社会萎缩症。全过程人民民主是经济生活、社会生活和文化生活的重要保障，经济生活、社会生活和文化生活的好坏，是全过程人民民主实行优劣的重要标志。

3. 质量限度

全过程人民民主不但需要民主的量，更需要民主的质，是质与量的统一。没有质的全过程人民民主残缺不全，没有量的全过程人民民主等于没有民主。全过程人民民主的质的前提和基础是全过程人民民主的量，同时后者受到前者的约束。全过程人民民主的质既体现在程序上，也体现在决策上。西方一些学者在强调民主问题时往往集中在民主选举上，认为民主的过程就是化繁为简的过程，即选举的过程。但全过程人民民主既是精英决策的过程，也是大众全员参与的过程。民主决策的好坏取决于大众政治参与的质量。民主决策是全过程人民民主在质上的基本衡量标准。民主决策的质量高，会保证国家的长治久安、社会的稳定繁荣、政治收益和社会收益增多；民主决策的质量低，则会导致国家不稳定、社会经济萎缩，甚至还会影响到世界的和谐与发展，使政治收益和社会收益为零。民主决策对质的高要求是为了避免“垃圾决策”，从而防止朝令夕改、社会资源大面积浪费、劳民伤财、新官不理旧账、官僚主义、形式主义等问题的产生。人类历史发展的过程表明，全过程人民民主的质量决定着一个国家的兴衰成败。中国改革开放的历史表明，全过程人民民主的质的不断提升的过程，也是国家与政治不断进步的过程。没有民主决策质的保证，就没有中国政治社会的发展与进步。

4. 效率限度

民主与效率是西方民主国家难以克服的难题，处理好民主就处理不好效率

---

① 卢梭. 社会契约论[M]. 何兆武，译. 北京：商务印书馆，2003：84.

问题，处理好效率问题却又与民主相悖。顾此失彼是西方民主的常态，而这一难题在中国逐渐得以克服。全过程人民民主的规模、时间、民主的质都与其效率有着密切的关系。全过程人民民主规模越小，其民主的效率就越高；反之，其民主的效率就越低，甚至无效。全过程人民民主不是西方议会的清谈馆，西方民主的互相制约、相互牵制导致了民主的长期低效率。全过程人民民主是民主与效率相统一的民主，任何割裂二者之间联系的观点和做法都是不允许、不恰当、不科学的，都是有悖于中国特色社会主义民主的。从这个意义上说，民主与效率的统一及其不可分割性是中国特色社会主义民主的重要特征。从效率的角度来讲，全过程人民民主就是既能集中力量办大事，也能有效防止因效率低下而带来的大错误。

5. 技术限度

网络民主具有技术限度，科技应服务和服从于全过程人民民主，但不能夸大科学技术的作用并把科学技术绝对化。科学技术是中性的，应用于全过程人民民主，并受价值维度约束。按照对于科学技术发展持有的态度不同，可以将人们分为科技乐观主义者和科技悲观主义者。乐观主义者认为，“在智能文明的基础上，中国的全过程人民民主可以借助中国特色社会主义制度的优势和智能技术的支撑，进一步实现其‘全局性’‘全程性’和‘全民性’”①。“而通过智能技术的应用，可以利用信息数据和算法的力量做到‘千人千面’，即更加精准地把握每个公民的政治意图和公共服务需求。在此基础上，广大人民的民主权利可以得到充分实现”②。悲观主义者认为，科学技术应用于全过程人民民主，会强化或者极化全过程人民民主，使全过程人民民主走向民主的反面，这也是民主没有完全采用科学技术尤其是与民主直接相关的网络技术的原因。全过程人民民主如果完全依靠网络技术进行民主选举和民主决策，更有可能使自身处于零和博弈状态。

近些年来，网络民主理论之所以流行一段时间后退潮，其中一个重要原因就是网络实行全过程人民民主的不可能性。网络民主的实质不是民主而是舆论，如果说网络民主存在的话，也只是网络民主舆论监督。网络民主具有圈层化、区隔化、自我封闭化的趋向并衍生出不同网络意识形态互相敌视甚至攻击的现象，这些都证明网络不是行使民主的平台。网络技术不是全过程人民民主的平

---

① 高奇琦，杜欢. 智能文明与全过程民主的发展：国家治理现代化的新命题[J]. 社会科学，2020(5)：26-35.

② 高奇琦，杜欢. 智能文明与全过程民主的发展：国家治理现代化的新命题[J]. 社会科学，2020(5)：25-35.

台，不利于民主酝酿、民主选举、民主决策。“网络民主越诱人，越具有乌托邦性和不可操作性，越会得到任何人都不需要的结果。即便是网络协商民主，也会在协商的过程和结果中呈现出民主的反面，追求协商民主而最终拒绝协商，追求协商民主而最终选择决裂。”①网络技术只是给全过程人民民主提供了便利条件，但既不是全过程人民民主的充分条件，也不是全过程人民民主的必要条件。全过程人民民主生活不能在虚拟的网络上，而应在现实之中。

（三）政治主观限度

全过程人民民主不但具有客观限度，也具有主观限度。全过程人民民主是由人来操作和实施的，人具有主体性，在行使公共权力和公民权利时，既具有理性的因素，也具有非理性的因素。即便行使公共权力和公民权利具有理性的因素，也具有理性不及、理性有限的约束。理性还易于偏离理性自身，自觉或不自觉地滑入非理性的轨道，导致权力与权利越出各自的边界，进而被滥用。全过程人民民主必然和必须具有主观的限度，尽可能保持在权力和权利的边界之内。

1. 权力限度

全过程人民民主是具有权力限度的民主，没有权力限度的全过程人民民主都可能在实践中被滥用。从一般的意义上来说，民主包括纵向民主和横向民主。横向民主即人民的权力，体现的也是人民的权力。如前所述，体现人民权力的民主形式是直接民主。在现代巨型社会，除了横向民主之外，还有纵向民主。纵向民主是统治与被统治的民主，是一部分人对另一部分人进行统治的民主，是少数政治精英对大众实行的民主。横向民主与纵向民主具有权力的核心特征，即支配与服从。横向民主是多数人支配少数人，具有导致多数人暴政的可能性。纵向民主是少数人支配多数人，具有权力滥用的可能性和现实性。防止这两种可能性，就需要权力的限度，防止权力滥用的可能性变成现实性。从中国特色的意义上来说，除了权力的客观限度之外，还需要权力的主观限度，这种限度就是以人民为中心的政治伦理限度，全过程人民民主时刻都要以人民为中心，人民是少数加多数的整体。统治与被统治的民主要以人民为中心，全过程人民民主不能背离人民民主的本质，不能脱离人民这个中心。

2. 权利限度

权利限度包括两个方面，一方面公民选举参与权以不影响甚至破坏社会、他人为前提；另一方面以不影响甚至破坏公共权力正常行使为前提。全过程人

---

① 张爱军. 网络民主崩溃论[J]. 党政研究，2021(2)：70-78.

民民主也应是公民权利的全过程行使，以防止西方民主政治选举的阶段性“唤醒”和阶段性“沉睡”。对于中国来说，全过程人民民主的过程也是公民权利行使的过程，后者主要体现为政治参与。公民的政治参与过程在宏观政治上是对中国政治制度、主流意识形态、政治决策的信任、支持、拥护、忠诚和爱戴。在中观政治上，公民政治参与一方面具有宏观政治参与的特征；另一方面表现为区域政治及其区域政治文化特殊性偏好。对微权政治的参与是公民参与的主流，既有政治价值取向，又有政治行为。公民权利行使主要体现在微观政治权利的直接行使。

学者李连江 2004 年首次提出政治信任的差序格局，即中国公众对政府的信任随着政府层级降低而递减，对中央的信任度最高，对基层政府的信任度越来越低①。这一理论成为此后中国政治信任研究的共识性观点。从宏观到微观，差序政治信任明显：对宏观政治的高度信任与对微观政治的低度信任并存，低度信任与高度政治参与同时并存。这在网络上表现得尤其突出，“社群有明显的圈内人和圈外人之分，信任自然也具有内外差别。圈中人彼此待之以礼，人人互信平等，而面对圈外之人敌意、漠视、偏狭观念早已耗尽信任之感”②。对于微观政治来说，圈子政治、社区政治、村民政治、乡村政治明显。微观政治参与呈现两极化特征，或者是极端性参与，或者是拒绝参与。

3. 责任限度

权利与责任不可分，权利意味着责任，责任意味着权利。没有权利的责任和没有责任的权利都会导致民主的极化，甚至走向民主的反面。权利过大而责任过小，或者责任过大而权利过小，都会使民主权利扭曲变形。全过程人民民主权利也就意味着全过程人民民主责任。只有全过程行使民主权利而无全过程承担民主责任，就是对公民权利的滥用。“责任政治建设有利于提升全过程人民民主的质量。如果各主体负责任地参与到民主程序当中，并通过负责任的方式实践民主的各项环节，那么所得到的民主结果即使可能不是最优的，但也一定是负责任的。在此意义上，责任政治是避免民主善之花结出恶之果的保障机制。”③

4. 创新限度

创新的限度在于守成，即一方面要讲创新；另一方面要守成，创新不能抛

① 张小劲，陈波，苏毓淞. 差序政治信任的城乡比较：基于 2015 年中国城乡社会治理调查数据的实证 研究[J]. 湘潭大学学报：哲学社会科学版，2017(6)：32-39.

② 福山. 信任：社会道德与繁荣的创造[M]. 李宛蓉，译. 呼和浩特：远方出版社，1998：270.

③ 张贤明. 全过程民主的责任政治逻辑[J]. 探索与争鸣，2020(12)：16-19.

弃守成，守成不能故步自封阻止创新。守成与创新是辩证统一的，在创新中守成，在守成中创新。全过程人民民主是具有中国特色的民主，是对全过程不断创新的民主。全过程人民民主的应有之义是不断丰富民主形式和内容并拓展民主的渠道和途径。对全过程人民民主的创新既包括政治精英的顶层设计，也包括大众在实践中的创新。与此同时，“全过程人民民主的发展空间，可以从两个视角去考察。一是注重中观、微观层面的研究和推进，以把全过程人民民主的原则和精神落实到实际的政治实践之中；二是找准几个重要的领域，按照全过程人民民主的原则和精神着力推进改革和完善，以取得实质性的成果”①。如在决策体制、干部制度、财政制度、基层治理等方面进行创新。守成既包括制度、规则、价值、主流意识形态民主方面的守成，也包括对改革开放以来行之有效的民主的守成。

5. 回应限度

全过程人民民主也是回应式民主。全过程人民民主从效果论来说，要具有回应性，没有回应性的民主是不健全的民主。全过程人民民主的四大运作形态包括回应式民主、参与式民主、协商式民主和监督式民主②。回应式民主是全过程人民民主的运作形态之一，主要体现在对人民群众的政治诉求、经济诉求、社会诉求具有充分的回应性。回应式民主政治输入与政治输出的良性互动过程也是精英与大众良性互动的过程。在这个过程当中，回应式民主能够不断优化公共决策，使公共决策不断体现民主性和以人民为中心的政治伦理。回应式民主是全过程人民民主的重要组成部分，体现了全过程人民民主的质量，但也具有内容上的限度，即回应的内容主要涉及民主整体利益、民主理性共识、民主价值共识和民主规则共识，而不包括千差万别的个体诉求，尤其是不能回应个体性极端化诉求，除非个体性诉求具有普遍性、客观性、制度性。

二、全过程人民民主实践价值的场域调适

决策与治理同全过程人民民主价值密切相关，而且是全过程人民民主价值实现的关键场域。良好的决策对人民的获得感、尊严感、幸福感具有重要的推动作用。良好的决策基本上都与决策的科学化、民主化有关，与全过程人民民主的参与有关，尤其是与人民的尊严感和幸福感有关。即便是专家决策，也只有通过民意才能获得支持，有民主化的决策才有民主化的治理。民主化的治理是现代化的国家治理，缺少民主化的治理，简单粗暴一刀切的治理，会引发政

① 桑玉成. 拓展全过程民主的发展空间[J]. 探索与争鸣，2020(12)：9-12.

② 唐亚林. “全过程民主”：运作形态和实现机制[J]. 江淮论坛，2021(1)：68-75.

治风险和社会风险。决策与治理，必须使全过程人民民主价值全方位介入，使全过程人民民主价值成为决策与治理的思维习惯和行为习惯，形成全过程人民民主的价值路径依赖。

（一）全过程人民民主价值对决策的规范化

全过程人民民主要求决策科学化、民主化和公开化。习近平把“国家决策能否实现科学化、民主化”作为评价是否达成民主、是否实现全过程人民民主的标准之一。政策结构包括宏观政策、中观政策、微观政策，三个层级结构的政策都要实行决策的民主化、科学化、法治化、公开化和开放化。弗雷德里克森认为：“我们生活在一个权力分享的世界里，在这个世界中，政府组织、准政府组织、非营利组织、私人组织共同参与政策的制定和政策的执行。”①只有参与公共政策的制定和执行，才能使公共政策符合公共的目的和价值，才能使公共政策符合民心民意，才能体现人民至上和人民群众当家作主。精英决策即便是正确的，也会因人民群众无法参与难以得到具体的落实，还会引发人民群众参与的疏离感和冷漠感。公共决策的价值在于人民性，“公共政策的理性价值并不意味着要求官员以简洁的、充满秩序的、无情感色彩的或预先规定的方式来思考和行动。理性观念是要人们认识到，公共政策是一项重要的事业，它需要时间、审慎的思考，需要公民有表达自己意见及使自己的意见被听取的机会，以及尊重他人观点的态度”②。公共决策实质就是民主决策，民主决策的出发点和落脚点只能是民意，一切公共决策都要以民意为依归，“民主决策最终的落脚点应该是民意，即根据公众的意愿和诉求来决策，开放式决策正是通过‘开放’将民意导入了决策过程，从而更符合决策民主化的本意”③。如果只是让专家决策，而不是民主决策，就会在信息上导致“肠梗阻”，“官僚体制内的专家无法获得制定政策所需要的全部信息，甚至得不到正确的信息。因此，如果排除公众对重要决策的参与，将会造成政策上的失误”④。在这方面，无论是改革开放前还是改革开放后，都有历史教训。比如计划经济决策、计划生育决策、部分地区针对疫情的决策、一些落后地区的生态决策等都因为缺少人民群众的广泛参与导致了决策的失误。

---

① 弗雷德里克森．公共行政的精神[M]．张成福，等译．北京：中国人民大学出版社，2003：3.

② 博克斯．公民治理：引领 21 世纪的美国社区[M]．孙柏瑛，等译．北京：中国人民大学出版社，2013：14.

③ 郭道久．民意表达与地方政府决策民主化机制创新：对“开放式决策”的一种解析[J]．南开学报（哲学社会科学版），2017(1)：24-32.

④ 彼得斯．政府未来的治理模式[M]．吴爱明，夏宏图，译．北京：中国人民大学出版社，2013：47.

（二）全过程人民民主价值对治理的规范化

国家治理体系与治理能力的现代化，其实质就是通过全过程人民民主价值规范和引导的现代化。国家治理体系和治理能力的现代化，都受制于全过程人民民主的价值引导和规范。没有全过程人民民主价值的规范和引导，国家治理体系和治理能力的现代化就会偏离现代化的基本方向。离开了全过程人民民主的价值规范，国家治理就会成为形式主义的治理，就会成为失去人民至上性的治理，就会变成人民之上的治理。民主治理必然需要民主的价值规范和价值引导，民主的价值规范和价值引导渗透于国家、社会、公民、市场之中，体现在不同的治理主体之中，体现在各个层级的治理结构当中。

从世界范围来说，民主治理也存在着各种不同的治理风险。民主治理的价值观核心是自由与平等。民主的国家治理，会带来国家治理的风险，民主的社会治理，会带来社会治理的风险。这反映了自由价值的内在悖论与矛盾，平等价值的内在悖论和矛盾，同时也反映了民主与自由治理的内在悖论和矛盾。"国家作为治理主体机构健全、组织完善，能力较高，但是可能会出现脱离实际、形成强权的国家主义等各种风险。公民参与的民主性较高，但是，公民参与国家治理常常会因为公民的知识、时间、利益等各种问题带来个体性的问题。社会组织参与也可能扭曲公共政策，造成新的不平等危险。"①这表明，国家自由，社会就可能不自由。社会自由，国家治理能力就会受到限制，使国家难以集中力量办大事。或者说，国家具有自主性，社会就可能会失去自主性，社会自主性越强，国家的自主性就会严重受限。社会平等治理，也会带来平等治理的风险。

（三）全过程人民民主价值对治理的边界限制

从中国特色的全过程人民民主治理来说，一方面会遭遇自由与平等之间价值的内在悖论和矛盾；另一方面也会遭遇全过程人民民主广泛参与的知识、精力、时间、规模、利益等特殊矛盾。知识与全过程人民民主并非完全是正相关的联系，即便是有全过程人民民主的专业知识，在专业知识和专业能力之间还会存在着巨大的鸿沟，难以实现知行合一。就精力而言，人不但是政治人，还是经济人、社会人、文化人。人不但要从事政治生活，还要从事经济生活、社会生活、文化生活，政治生活只是其中一个方面的生活，并不是生活的全部。政治人、经济人、社会人、文化人都具有不同的理性选择与非理性选择。人的生命是有限的，时间也是有限的，从事全过程人民民主的时间多，从事其他工

---

① 佟德志．当代世界民主治理的主体复合体系[J]．政治学研究，2020(6)：14-23．

作的时间就会相应地减少，更有可能的是，从事全过程人民民主的时间越长，所取得的全过程人民民主的收益反而有越来越少的潜在和现实风险。全过程人民民主参与的规模越大，个体的无足轻重感就越强，其规模性收益也呈现递减状态。全过程人民民主参与还会发生宏观、中观、微观的利益矛盾与冲突，不同利益群体之间的利益矛盾和冲突如果处理不好，就会削弱某一区域某一群体的获得感、尊严感、幸福感，破坏公平正义的底线。

全过程人民民主价值与全过程人民民主运行并不是直线条的因果关系，二者之间存在复杂的关系。全过程人民民主价值并不一定形成全过程人民民主的运行机制。全过程人民民主价值与全过程人民民主运行机制的关系，表现在不同层次和维度上导向功能相同，但在实践中却表现为全过程人民民主价值的多样化和层级化。全过程人民民主价值由于受到西方政治文化、传统政治文化的影响，因而展示出了一致性和模糊性共存的特征。全过程人民民主概念提出的时间不长，其话语形态还没有完全形成价值形态，如果把话语形态等同于价值形态，往往容易导致全过程人民民主的实践走入误区。

三、全过程人民民主实践价值的途径调适

全过程人民民主既需要战略图景、战略谋动，也需要具体的实现途径。具体的实现措施需要精准、精致、精明和精敏，正如有学者所言，“以人民需求为基点，以透明参与为动力，以理性共识为指引，以纠偏纠错为方式，创建‘全过程民主’的回应式民主、参与式民主、协商式民主与监督式民主的四大运作形态，并实施精准识别机制、精致发展机制、精明推进机制、精敏发现机制四大实现机制”①。这些机制的特点是即时性和策略性，即时性指随时随地解决遇到的全过程人民民主问题，任何对全过程人民民主的迟缓性反应，都可能给政治和社会带来风险。策略性即对即时性发生的全过程人民民主问题选择什么样的具体民主措施来解决。从实际的运作过程来看，全过程人民民主可以从舆论性民主、回应性民主、参与性民主、协商性民主、自治性民主几个方面实现。

（一）舆论性民主

舆论性民主是人民群众在宪法和法律的范围内通过舆论进行监督的民主，是全过程人民民主的基本形式之一。“全面有效的民主监督，保证人民的民主权

① 唐亚林. “全过程民主”：运作形态与实现机制[J]. 江淮论坛，2021(1)：68-75.

利不因选举结束而中断，保证权力运用得到有效制约。”[①]舆论性民主是在法治范围内的民主，舆论只受法治约束，而不受任何资本、权力的约束。全过程人民民主的实施主要集中在国家事务、经济事务、社会事务、文化事务四个方面。舆论性民主也主要体现在这四个方面。

舆论性民主具有独立性、自由性、平等性。舆论性民主是独立的，舆论对国家事务的监督是非常重要的。舆论只有具有独立性，才能对公共权力进行有效监督，否则监督就会流于形式。全过程人民民主不同于西方民主的原因在于没有投票之后的“休眠期”，人民群众通过舆论监督实现的民主是没有“休眠期”的民主，是时刻对公共权力进行舆论监督的民主。舆论性民主是自由的，表现在对国家事务、经济事务、社会事务、文化事务的管理，都建立在自由监督之上，而不是事先划定监督的范围。舆论的自由既是受宪法保障的，又是社会主义核心价值体系的基本内容。人民“享有对任何国家机关和国家工作人员提出批评和建议的权利，享有言论、出版、集会、结社、游行、示威、宗教信仰等自由”[②]。舆论性民主是宪法、社会主义核心价值体系的基本要求在舆论管理方面的延伸和拓展。舆论性民主是平等的，是指每一个人都具有被宪法和法律保障的权利。舆论性民主不是某些人的特权，而是全过程人民民主的所有主体都具有的平等权利。

舆论性民主最核心的体现是网络全过程民主。网络全过程人民民主主要围绕着微观国家事务、经济事务、社会事务、文化事务而展开。舆论性民主在网络上完全体现了全过程人民民主的全链条性、全方位性和全覆盖性。舆论性民主尤其是网络民主使权力尤其是微观权力在阳光下运行，并把微观权力真正关进了制度的笼子。网络民主体现了不间断的全过程广泛参与，避免了把民主当成装饰品的民主陷阱。“随着互联网的快速发展，人们更多地借助网络等平台，对各级国家机关和公职人员提出意见、建议和批评，网络在舆论监督中发挥着越来越重要的作用。”[③]

（二）回应性民主

回应性民主指人民诉求得到回应，反映的问题可被解决。回应性民主包括中国共产党作为使命型政党对人民群众诉求的回应、政府对人民群众诉求的回应和人民代表大会代表对人民群众诉求的回应等。回应性民主的目的不仅仅是回应，更是对人民群众反映的具体问题的解决，对人民群众诉求的及时解决体

① 中华人民共和国国务院新闻办公室. 中国的民主[N]. 人民日报，2021-12-5(5).
② 中华人民共和国国务院新闻办公室. 中国的民主[N]. 人民日报，2021-12-5(5).
③ 中华人民共和国国务院新闻办公室. 中国的民主[N]. 人民日报，2021-12-5(5).

现了全过程人民民主的特色。“人民意愿只能表达、不能实现，不是真正意义的民主。”①实现真正意义上的民主，“执政党和政府需要通过精准的识别机制去有效回应现实生活中民众不断变化的需求，由此建构回应式民主的形态”②。回应性是人民群众当家作主的必然要求，是政府权力在阳光下运行的必然要求。全过程人民民主要求“人大代表充分反映人民呼声”③，并“确保党和国家在决策、执行、监督落实各个环节都能听到来自人民的声音”④。回应性民主与舆论性民主相互呼应，舆论性民主推进回应性民主，回应性民主是舆论性民主的结果，又是舆论性民主新的开始。回应性民主是一种反馈性民主，是人民诉求得到实现的手段，“理想在多大程度上变为现实，它也必须在多大程度上变为监控反馈机制”⑤。不但如此，全过程人民民主使“人民利益要求既能畅通表达，也能有效实现。民主，起始于人民意愿充分表达，落实于人民意愿有效实现”⑥。回应性民主具有丰富的内容和形式，比如“对于涉及自身利益的实际问题，人们通过信访平台、领导信箱、政务热线、网络‘留言板’等提出意见和诉求，能够得到及时反馈和回应”⑦。

（三）参与性民主

参与性民主是人民群众广泛参与社会公共事务，体现了人民群众当家作主的本质特征。广泛参与的领域同样包括国家事务、经济事务、社会事务和文化事务。参与性民主既有政治动员式参与也有主动性参与。动员式参与一般涉及对国家事务的参与，在特定时期主要是涉及国与国之间问题的动员式参与。主动参与式民主的存在一方面因为民主已经成为人民群众的思维方式、生活方式和行为习惯，“民主观念深入人心，人民的民主参与广泛持续，民主实践深深融入人们的日常工作和生产生活，民主蔚然成风，社会充满活力”⑧；另一方面因为自主性参与的内容主要与人民群众的切身利益密切相关。无论是动员式参与还是自主性参与，都是全过程人民民主的重要实践路径，体现了人民当家作主的意愿。

---

① 中华人民共和国国务院新闻办公室. 中国的民主[N]. 人民日报，2021-12-5(5).
② 唐亚林. “全过程民主”：运作形态与实现机制 [J]. 江淮论坛，2021(1)：68-75.
③ 中华人民共和国国务院新闻办公室. 中国的民主[N]. 人民日报，2021-12-5(5).
④ 习近平. 坚持和完善人民代表大会制度　保障人民当家作主[J]. 新长征，2024(3)：4-12.
⑤ 萨托利. 民主新论[M]. 冯克利，阎克文，译. 上海：上海人民出版社，2009：69 .
⑥ 中华人民共和国国务院新闻办公室. 中国的民主[N]. 人民日报，2021-12-5(5).
⑦ 中华人民共和国国务院新闻办公室. 中国的民主[N]. 人民日报，2021-12-5(5).
⑧ 中华人民共和国国务院新闻办公室. 中国的民主[N]. 人民日报，2021-12-5(5).

（四）协商性民主

中国已经形成了协商民主体系和制度模式，是全过程人民民主的重要组成部分。“中国不断完善协商民主的发展路径，探索形成了政党协商、人大协商、政府协商、政协协商、人民团体协商、基层协商、社会组织协商等协商渠道，推动协商民主广泛多层制度化发展。”①协商性民主体现了全过程人民民主的真正内涵，“有事好商量，众人的事情由众人商量，找到全社会意愿和要求的最大公约数，是人民民主的真谛。人民在通过选举、投票行使权利的同时，在重大决策前和决策过程中进行充分协商，尽可能就共同性问题取得一致意见”②。协商性民主体现了民主的包容和宽容精神，并避免了西方民主政治的互相牵制、互相扯皮、政治撕裂、社会断裂、政治极化的困局。

（五）自治性民主

自治性民主是人民群众可以自己管理自己事务、自己的事自己办、群众的事群众办、基层的事基层办。自治性民主是制度民主的前提和基础，人民群众只有学会自我管理，才能逐渐学会对国家事务、经济事务、社会事务和文化事务的管理。自治性民主使全过程人民民主落到实处，并取得真正实效。需要指出的是，人民群众由于受传统文化、意识形态、价值立场、社会地位、经济地位等方面的影响，对当家作主的认知还存在着差异性、异质性、阶层性、区隔性。“不论是对抽象的民主还是某种具体的民主观念，中国民众均存在着较高比例的模糊认知，无法对民主这一概念表达明确的看法。”③“中国民众的民主认知能力还很不足，且对民主的认知呈碎片化状态，尚未形成稳定一致的民主价值观，这无疑是中国民主政治建设和治理现代化的短板。”④这也意味着，民众对全过程人民民主的理解也呈现出差异性，这既需要加强党的领导来不断完善，也需要通过全过程人民民主的实践来不断地渗透。

第三节　实践价值形塑

全过程人民民主包括制度化民主、广泛参与性民主。全过程人民民主实现

---

① 中华人民共和国国务院新闻办公室．中国的民主[N]．人民日报，2021-12-5(5).

② 中华人民共和国国务院新闻办公室．中国的民主[N]．人民日报，2021-12-5(5).

③ 马得勇，黄敏璇．可得性与一致性：认知心理学视角下中国民众民主观再审视[J]．探索与争鸣，2021(10)：108-119.

④ 马得勇，黄敏璇．可得性与一致性：认知心理学视角下中国民众民主观再审视[J]．探索与争鸣，2021(10)：108-119.

了过程民主和成果民主、程序民主和实质民主、直接民主和间接民主、人民民主和国家意志的统一，是全链条、全方位、全覆盖的民主。目前，学术界对全过程人民民主的研究已经取得了一些重要成果，这表现在：强调全过程人民民主是民主的新形态；全过程人民民主丰富了人类政治文明；全过程人民民主是全过程的制度化、协商化、责任化、参与化的民主；全过程人民民主是社会全员参与的民主；全过程人民民主具有与西方民主相比较的优势；全过程人民民主具有推进国家治理现代化的重要作用等。从研究层次来看，主要侧重对全过程人民民主的宏观研究，而对全过程人民民主的中观研究和微观研究较少，且对全过程人民民主认知层面的研究相对不足。认知是政治心理体系的基础，民主认知是全过程人民民主政治的心理学基础。学界对政治认知的分析或理解视角不同，对政治认知所下的定义也不同。比如，政治认知是对政治现象的认识与理解，即"政治主体对于政治生活中各种人物、事件、活动及其规律等方面的认识、判断和评价，即对各种政治现象的认识和理解"①。政治认知是一个观念系统，"政治认知是政治观念体系中最基本的要素，是政治主体在社会政治实践中对政治客体，即政治权力、政治体制、政治规范、政治功能等方面的认识与把握"②。全过程人民民主的认知既是对全过程人民民主政治现象的认识和理解，也是对全过程人民民主观念系统的认识和把握，更是对全过程人民民主的判断与评价。

全过程人民民主认知是全过程人民民主的重要内容，并对全过程人民民主产生重大影响。全过程人民民主认知包括理性认知、非理性认知、差异认知、差序认知四个维度，它们共同影响和推进全过程人民民主。理性认知与非理性认知关系较为复杂。理性认知对非理性认知进行自我规训，非理性认知又影响着理性认知的形成和发展。每一个人对民主的理性和非理性认知不同，导致了民主差异性认知和差序性认知。人是理性的人，也是非理性的人，对全过程人民民主政治认知是集理性认知与非理性认知于一体的。全过程人民民主的理性认知与非理认知均具有群体性与个体性。

一、全过程人民民主认知的理性维度

全过程人民民主的理性认知对于发展和完善全过程人民民主具有重要作用。有什么样的全过程人民民主认知，就有什么样的全过程人民民主图景。全过程人民民主认知的水平影响着全过程人民民主的发展水平。对民主的理性认知，

---

① 王浦劬. 政治学基础[M]. 北京：北京大学出版社，2018：295.

② 王浦劬. 政治学基础[M]. 北京：北京大学出版社，2018：295.

一方面包括对人类民主共同价值的理性认知；另一方面包括对中国全过程人民民主的理性认知。民主是人类的共同价值，但不同的人们对于何为民主，民主都具有何种类型，对民主类型的偏好与选择，对民主的价值、程序、政策的认知，对程序民主与实质民主的认知，对选举民主与协商民主的认知都具有很大的不同。“‘民主价值观’指向的乃是针对民主价值的认知、评价和支持。”①现代社会的民主价值，在内容体系上已经不只是古希腊时期的人民民主这一单一价值，而是吸纳了自由、平等、共和等多种政治价值的复合价值。民主价值的高度复合性内化于体制与制度之中，并形成了不同的民主类型、体制、模式和形式。对全过程人民民主的理性认知，既包括对人类共同民主价值的认知，也包括对全过程人民民主的中国特色的理性认知，二者的关系是民主共同价值普遍性与中国特色全过程人民民主特殊性辩证统一关系。

第一，全过程人民民主的理性认知影响着全过程人民民主的性质。对全过程人民民主的理性认知与理性共识的生成关系因民主主体的层次差异而存在不同的认知和共识取向。对民主主体在全过程人民民主过程中所具有的抽象性、宏观性、一般性和普遍性的理性认知容易形成理性共识，而对民主主体在全过程人民民主过程中所要求的具体性、微观性、特殊性的理性认知容易产生歧义而难以取得理性共识。这是因为全过程人民民主的理性认知主体是多元化和多样性的，处于不同的社会地位、经济地位、文化地位、政治地位，以及拥有不同的生活经历、意识形态和价值观，最终造成全过程人民民主认知在理性层面的差异化和层级化，导致对全过程人民民主的性质认知多维化。全过程人民民主的理性认知表明对全过程人民民主性质的共识是建立在多元化、多样性基础上的共识，而不是单一化的共识。

第二，全过程人民民主的理性认知影响着全过程人民民主发展的方向，这主要表现在价值层面、制度层面、规范层面和程序层面上。从价值认知层面来说，全过程人民民主必须成为并内化为民主认知主体的信仰，从而构成全过程人民民主发展的有利条件。如果全过程人民民主认知主体对全过程人民民主价值缺少内在的信仰，把全过程人民民主价值视为可有可无的工具，或者视为权宜之计，就难以转化为外在的行为，就不可能推进民主。从制度认知层面来说，现代意义的民主都是制度化的民主。西方的普选制、代议制、政党制等基本制度是西方制度化民主参与的保障，尽管西方的民族主义、民粹主义、族群主义、女权主义对西方制度化民主造成了冲击，但依然是制度框架内的参与民主，其

① 肖唐镖，王艳军. 地方干部的民主价值观：类型与结构特征：对1456个地方干部的问卷分析[J]. 政治学研究，2017(2)：64-76.

基本制度没有得到根本性的改变。全过程人民民主的广泛参与是制度化的参与，中国特色社会主义民主制度所包括的人民代表大会制度、中国共产党领导的多党合作和政治协商制度、民族区域自治制度和基层群众自治制度是全过程人民民主广泛参与的制度保障。从规范认知层面来说，全过程人民民主的广泛参与是规范性的参与，受到政治道德伦理规范的约束，核心是坚持人民至上、以人民为核心的约束。从程序认知层面来说，任何广泛的参与都必须具有程序性，全过程人民民主的广泛参与要受到少数服从多数并保护少数权利的基本程序的约束、立法程序的约束、协商程序的约束。无序的参与必然会导致民主的混乱局面。全过程人民民主的发展方向是集价值、制度、规范、程序于一体的整体性与综合性的发展方向，是全过程人民民主不断从初级阶段向高级阶段迈进的发展方向。

第三，全过程人民民主的理性认知影响着全过程人民民主的发展水平。全过程人民民主的认知主体对全过程人民民主的理性认知程度不同，使全过程人民民主的发展水平不同。从一般意义上说，全过程人民民主主体理性认知水平高，全过程人民民主的发展水平就高；对全过程人民民主的理性认知水平低，全过程人民民主发展的水平就低。目前对全过程人民民主认知水平低主要受网络传播信息的影响。网络传播民主信息具有典型的碎片化特征，即便网民具有民主理性认知，也是对全过程人民民主的碎片化理性认知。碎片化的理性认知与低水平认知重叠，影响全过程人民民主的发展水平。如果全过程人民民主的主体认知混乱，就会造成全过程人民民主在建设与发展过程出现左右互搏的状态；如果民主认知只停留在实质结果层面，而对程序层面理性认知没有改进和突破，就会影响全过程人民民主的发展；如果民主认知只停留在程序层面，而不注重民主的实质层面，就会导致公平正义的缺失；如果把威权主义、民族主义、民粹主义视为民主本身，就会延缓全过程人民民主的建设。

第四，全过程人民民主的理性认知影响着民主决策。全过程人民民主包括决策民主化、科学化、公开化。全过程人民民主的个体认知会影响全过程人民民主的科学决策及其决策水平的高低，“认知观点强调个体的知识结构对其行为与决策的影响作用，其假设认为人类从根本上都是有限理性的生物，而不像计算机那样具有无限的信息加工能力”①。国外的研究也证明了这一点，“个体的认知偏差会导致其在信息的选择中产生选择性接触行为，进而使其政党选举决策的结果表现出一定的验证性偏差效应”②。习近平一直强调国家是否民主有效

① 郑建君. 政治心理学研究的基本内容，方法与发展趋向[J]. 政治学研究，2011(4)：59-67.
② 郑建君. 政治心理学研究的基本内容，方法与发展趋向[J]. 政治学研究，2011(4)：59-67.

是国家决策科学化、民主化的基本标志。从立法层面来说，要“科学立法、民主立法、依法立法”。缺乏对全过程人民民主的理性认知，就会严重影响国家社会经济文化的决策水平。全过程人民民主的主体对全过程人民民主性质的认识、理解、把握、判断与评价对全过程人民民主的性质定位极为重要。如果对全过程人民民主存在认知偏失，就会迷失全过程人民民主的发展方向，影响全过程人民民主的建设水平，影响全过程人民民主过程的决策科学化。何况人的认知具有有限性，对全过程人民民主的系统体系难以全面地认知，在人的理性认知具有有限性这一基本前提下，对全过程人民民主的性质认识则具有优先性的地位和作用。

二、全过程人民民主认知的非理性维度

全过程人民民主的制度架构决定了全过程人民民主的认知，但制度架构在微观层面所导致的非理性认知却极为复杂。相同的全过程人民民主制度架构导致不同的非理性民主认知成为全过程人民民主的常态，但对全过程人民民主的非理性认知与全过程人民民主的理性认知处于同等地位，全过程人民民主的非理性认知相对提升了对全过程人民民主的忠诚度与信任度。

第一，非理性民主认知影响全过程人民民主建设的性质。非理性民主认知包括对全过程人民民主的情感、态度、意志、心理等认知维度，支持和拥护全过程人民民主的情感认知、态度认知、意志认知、心理认知等会推进全过程人民民主的建设与发展，民主主体对全过程人民民主产生冷漠、猜疑、抵触、怨恨等消极认知则会影响全过程人民民主的建设与发展。非理性民主认知具有消极作用，在西方民主社会制度之中，“个人仍然有不顾实情的意见，即对实情所包含的证据公然加以蔑视的意见。总之，个人有一些意见同知情与否无关，它先于知情，而且否认或拒绝知情”[①]。西方民主社会在保障自由的同时，也在保障非理性认知，从而使得非理性认知起着消解民主的作用，这些非理性民主认知诸如“认同、宗教信条、意识形态信仰、种族情感等等，它们同知情与否没有关系，并且实际上是由于被歪曲了的信息或毫不知情而得到强化”[②]。西方民主社会的危机在于非理性浪潮的兴起，使理性认知失去自我规训的作用，导致了对西方民主的怨恨，“怨恨是一种欺瞒之泉，为了辩白自己内心的价值体验，他便不由自主地‘诋毁’存在的世界”[③]。西方民主制度这一非理性认知的负向功能

① 萨托利. 民主新论[M]. 冯克利，阎克文，译. 上海：上海人民出版社，2009：111.
② 萨托利. 民主新论[M]. 冯克利，阎克文，译. 上海：上海人民出版社，2009：111.
③ 舍勒. 道德意识中的怨恨与羞感[M]. 林克，等译. 北京：北京师范大学出版社，2014：44.

需要中国在发展全过程人民民主中有所警惕，因为非理性民主认知虽然指向不同，但非理性情感依然存在。如果认知主体对全过程人民民主怨恨，便会不由自主地诋毁全过程人民民主的制度、内容、形式。非理性认知与人格具有密切的关系，相关的研究表明，“相同的信息很可能对不同的个体产生完全不同的影响。包含民族主义框架的官方宣传对于威权人格高、意识形态偏左的个体而言很可能强化了其既有的态度，而威权人格低、意识形态偏右的个体很可能会漠视这些信息，甚至会产生逆反心理”①。也就是说，具有民族主义框架的官方宣传对于威权人格高、意识形态偏左的个体往往会拥护全过程人民民主，而威权人格低、意识形态偏右的个体往往会对全过程人民民主产生抵触情绪。

第二，非理性民主认知的路径依赖影响全过程人民民主的进展。历史制度主义认为，路径依赖即“一旦一个国家或地区沿着一条道路发展，那么扭转和退出的成本非常昂贵。即使存在着另一种选择的情况下，特定的制度安排所筑起的壁垒也将阻碍着初始选择时非常容易实现的转换”②。路径依赖受文化传统的影响，又是传统文化的表现。历史制度主义的路径依赖不但影响到群体，也会通过个人体现出来，形成思维和行为的路径依赖。非理性民主认知的路径依赖，主要是传统民主认知的路径依赖，在传统民主认知的路径依赖下生成民主观念，并用这一民主观念来解释民主的内容和形式。“当询问个体‘民主是什么’或是让其对民主的某些原则进行判断时，个体首先感知并注意到了‘民主’这一概念并暂时存储于短时记忆之中，接着将输入概念与日常学校教育、亲身经历或是媒介宣传所获得的既存知识进行联系，编码与解读相关信息后存储于长时记忆中，同时运用启发法、隐喻、动机性推理等方式对‘民主是什么’进行判断，进而形成对民主概念的获取与表达。”③

全过程人民民主的路径依赖受到文化的影响，因为文化一旦形成就会具有独立性，其思维与行为也会具有独立性，“国家认同更可能是长期性文化浸润的结果，而不是当下经济、政治或社会情况的实时反映”④。非理性民主认知，既是中国共产党历时百年不断向人民宣传的结果，也是传统民主认知，尤其是民本主义认知的结果。也就是说，非理性民主认知对全过程人民民主的发展既提

① 马得勇，陆屹洲. 信息接触，威权人格，意识形态与网络民族主义：中国网民政治态度形成机制分析[J]. 清华大学学报，(哲学社会科学版)，2019(3)：180-192.

② 张西勇，杨继武. 历史制度主义视域下我国城市街道办事处的制度变迁[J]. 中国行政管理，2012(12)：69-73.

③ 马得勇，黄敏璇. 可得性与一致性：认知心理学视角下中国民众民主观再审视[J]. 探索与争鸣，2021(10)：108-119.

④ 马得勇，陆屹洲. 国家认同及其变迁：宏观与微观的跨国比较分析[J]. 世界政治研究，2018(2)：47-77.

供文化基础和现实基础，也制约着全过程人民民主的发展和进步。

第三，非理性民主认知具有碎片化特征。民众对全过程人民民主的理性认知具有其自身的限度，非理性民主认知则因其碎片化使全过程人民民主的价值呈现具有碎片化形态。非理性民主认知的碎片性源于情感、信念、意识形态、价值偏好。情感对民主具有解构和重构作用，“情感主要包括高兴或悲哀、欢乐或忧愁、喜欢或厌恶、热爱或憎恨、满意或失望等表现形式。然而，不管人们以何种方式和语言描绘复杂的情感世界，情感与人的欲望和需要之间总是相互渗透、不可分割的：某种欲望和需要得到了满足，人就会对欲望所系的物质或对象付以价值上的认可或肯定，流露出喜悦和热爱的情感；反之，则会在价值上予以否定，相应地表现出悲伤、失望甚至发怒等情感”①。同理可证可推的是，全过程人民民主的欲望与需要之间也存在着距离和心理落差。在建设全过程人民民主的过程中，当群体或个人的欲望得到满足时，就会对全过程人民民主的制度价值予以肯定，否则就予以否定。民主并不一定带来瞬时性的幸福感和尊严感，因而提高了否定的系数。与此同时，由于旧中国留给国人的是封建传统比较多，民主法治传统少，缺少建设全过程人民民主所要求的基本素养，判断和评价全过程人民民主时又具有传统偏好和取向，如果处理不好，会导致全过程人民民主发展过程中出现障碍。“中国民众对民主的认知和理解呈现出一种碎片化的状态，不少民众无法表达关于民主的真实偏好。在民主政治世界中，国家与社会运行的外部特性和内部规律的复杂性要求公民具备较高的认知素养。然而，由于个体在信仰、知识、经验等方面存在差异，不同的个体对民主的价值与原则的认知能力有所不同，民主的知情理解在个人和国家之间存在很大差异。”②对全过程人民民主的知情理解不但在个人与国家之间存在着差异，在个人与个人之间、个人与群体之间、群体与群体之间同样存在着很大差异。

第四，非理性民主认知导致全过程人民民主的刻板印象。非理性民主认知对全过程人民民主认知一旦形成就极易通过情感、信仰、意识形态等形成对全过程人民民主的认知固化。同时对制度、程序、价值，以及人民民主的选举与协商、程序与实质、过程与结果等的认知顺序、着眼点、着力点不同，从而形成不同的认知固化。非理性民主认知的碎片性，只会导致全过程人民民主在关键环节、偏好次序、信息接触渠道、拟态环境等方面的刻板印象，并形成全过程人民民主的圈层化、分流化、多中心化，进而形成全过程人民民主过程的多

---

① 张铁云，张昆．回归理论之维：重新确证国家形象生成中的非理性面向[J]．编辑之友，2021(11)：63-69.

② 马得勇，黄敏璇．可得性与一致性：认知心理学视角下中国民众民主观再审视[J]．探索与争鸣，2021(10)：108-119.

元化。比如，情感倾向于全过程人民民主实质与结果的，会形成其实质与结果的圈层化；情感倾向于全过程人民民主选举的，会形成其选举圈层化；情感倾向于协商民主的，会形成协商的圈层化。对全过程人民民主的刻板印象，会从各个层级、各个维度形成对全过程人民民主的忠诚感、自豪感、尊严感。与对全过程人民民主的理性认知不同，非理性民主认知具有多重矛盾性，正向功能与负向功能同时并存。这不但使得全过程人民民主的理性认知与非理性认知之间存在着内在张力，而且在全过程人民民主非理性认知内部的不同情感之间同样存在着相互矛盾性的巨大张力。

三、全过程人民民主认知的差异维度

无论是全过程人民民主的理性认知还是非理性认知，都源于三种传统。这三种传统包括全过程人民民主传统、民本主义传统、西方传统。这三种传统对于全过程人民民主认知都具有不同程度的影响，导致了全过程人民民主认知的多元性、混合性、模糊性，进而使得全过程人民民主形成了观念形态、话语形态和价值形态。从观念形态来说，“古今中外等多种元素对地方干部群体具有复杂影响，其中，影响最大的因素在于中共的民主理念，次为中国传统的民本主义观念，复次为西式民主或民粹观念的影响”①。从话语形态来说，“中国有着悠久的政治文化传统，儒家思想的影响延续至今；新中国成立后，官方的社会主义民主话语占据主导；改革开放以来中国对西方自由民主话语的了解也越来越多”②。从价值形态来说，“社会主义民主话语强调人民主权、鼓励民众的参与，儒家思想则主张君权天命和士大夫精英政治；社会主义民主话语强调民主参与需要在中国共产党的领导下进行，西式自由民主则主张政治竞争”③。全过程人民民主的观念形态、话语形态和价值形态的三个来源，构成了人们对全过程人民民主的认知差异，人们从各自的偏好出发，对三个来源进行不同的解构与建构，形成了全过程人民民主认知的混合性，也导致了对全过程人民民主认知的模糊性，无论是理性民主认知还是非理性民主认知，都具有同样的特质。

第一，全过程人民民主认知的中国特色全过程人民民主话语。中国特色的全过程人民民主话语体现在不同发展阶段。邓小平提出“没有民主就没有社会主义，就没有社会主义的现代化”；江泽民提出“发展社会主义民主政治，是我们

---

① 肖唐镖，王艳军. 地方干部的民主价值观：类型与结构特征：对 1456 个地方干部的问卷分析[J]. 政治学研究，2017(2)：64-76.

② 胡鹏. 引入政治文化情境：民主认知测量的新思路[J]. 社会科学战线，2021(12)：212-219.

③ 胡鹏. 引入政治文化情境：民主认知测量的新思路[J]. 社会科学战线，2021(12)：212-219.

党始终不渝的奋斗目标”；胡锦涛在十七大报告中提出“人民民主是社会主义的生命”“人民当家作主是社会主义民主政治的本质和核心”；习近平提出“民主是全人类的共同价值，是中国共产党和中国人民始终不渝坚持的重要理念”，指出全过程人民民主是社会主义民主的新概括，要不断强调发展全过程人民民主。全过程人民民主认知是中国共产党不断倡导和宣介的认知。中国特色的全过程人民民主话语是主导性的话语，是对全过程人民民主的理性认知，主要是对全过程人民民主的主导话语的认知，是对全过程人民民主的认识、理解、掌握、判断和评价。凡是有利于全过程人民民主建设和发展的，都是好的民主；凡是不利于全过程人民民主建设的民主，都是坏的民主。“民主是个好东西”应该指向全过程人民民主是个好东西。

第二，全过程人民民主认知的民本主义话语。全过程人民民主的民本性话语，是全过程人民民主话语的组成部分。习近平指出：“我国今天的国家治理体系，是在我国历史传承、文化传统、经济社会发展的基础上长期发展、渐进改进、内生性演化的结果。”①事实表明，“当民主思想输入中国之后，从革命家孙中山到毛泽东，从思想界再到普通民众，都是在以‘民主’的语言表达‘民本’的思想和诉求。孙中山的‘三民主义’中的民生就是民本，毛泽东的‘为人民服务’也是典型的民本思想。对普通中国人的相关调查也发现，70%以上的人讲的民主其实是民本，以民主的语言而诉求民本”②。任何话语都是在历史中产生的，也是在历史中发展与进步的，离开历史构建的话语，缺少生命力和解释力。传统民本主义话语，不但是全过程人民民主的理性认知的组成部分，而且还是全过程人民民主话语的情感依归。传统民主主义话语核心强调的是以民为本。例如：“民为贵，社稷次之，君为轻。”“天之生民，非为君也；天之立君，以为民也。”“圣人之治民，度于本，不从其欲，期于利民而已。”“君者，舟也；庶人，水也。水则载舟，水则覆舟。”全过程人民民主来源于传统民主话语，比如，“中国的共和制必然是‘以民为本’的民本主义思想为纲。反过来说也成立，也正是因为有了民本主义思想指导下的‘天下为公’的共和制，才会有更好的民主集中制政体”③。全过程人民民主必须对传统民本话语进行创造性转换，才能转换成全过程人民民主话语。这是因为民本主义尽管强调以民为本，但其实质依然是民是统治者的工具，民本身没有价值性，“古时之民本主义为现代之民主主义，是所谓蒙马以虎皮耳，换汤不换药耳。毋怪乎今日之中国，名为共和而实不至也。即以今日名共和而实不至之国体而论，亦与君道臣节名教纲常，绝无融合

① 习近平谈治国理政：第一卷[M]. 北京：外文出版社，2014：105.

② 杨光斌. 初步成型的中国民主话语体系与制度化吸纳[J]. 东方学刊，2018(1)：8-14.

③ 杨光斌，乔哲青. 论作为“中国模式”的民主集中制政体[J]. 政治学研究，2015(6)：3-19.

会通之余地”①。但这一观点太过绝对化，指出了二者的区别，忽视了二者之间的联系，更忽略了传统民本思想是活的传统，是可传之统，可传之统就可以进行创造性转换，成为全过程人民民主的话语体系的组成部分。

第三，全过程人民民主认知的西方话语。西方话语是复杂的话语体系，不同的话语体系都经历了不同发展阶段，每一个阶段都具有不同的特征，并在不同的国家具有不同的民主模式。对于中国人来说，不同的群体和个人基于个人偏好的认知，对西方的各种话语体系进行评判评估，并试图通过群体和个人的努力进行本土化。鸦片战争以来的洋务运动、维新变法、辛亥革命、五四运动都是概括中国人尤其是精英们选择和启蒙的结果，也是中体西用、拿来主义、实践理性的结果，但都因救亡压倒启蒙而失败，只有中国共产党选择了人民民主之路，才使民主话语本土化，使人民民主落地生根。在当代，共和主义民主、自由主义民主、社群主义民主、协商主义民主、精英民主、大众参与民主、民族主义民主、民粹主义民主、族群主义民主互相交织，错综复杂，形成了民主话语体系的不同分支和流派，进而造成了中国人对西方话语体系的复杂认知。现在占主导地位的民主有两种，一种是竞选式民主；另一种是协商式民主。在中国共产党话语的引领下，竞选式民主已经失去了认知性意义，协商民主的认知意义逐渐得到人们的认可，并认为西方民主话语对中国全过程人民民主产生着重要的影响。作为民主的一种方式，中西协商民主在价值诉求上仍然具有一致性。就西方协商民主而言，其“协商”表达了一种更具公共理性的选择的要求，这对于中国的协商民主来说同样也是适用的。也就是说，中国的协商民主也是以公共理性为追求的，并因此形成了协商民主制度体系和运行机制。全过程人民民主的话语体系，是中国共产党主导的话语体系。全过程人民民主的话语体系，既体现了对中国传统民本主义话语的继承与超越，又体现了对西方话语体系的吸收和借鉴，体现了全过程人民民主话语体系的自信、开放与吸纳，体现在全过程人民民主的不断发展和完善中的动态性和丰富性，对全过程人民民主话语体系的认知认同，增强了全过程人民民主的忠诚度和信任度。

四、全过程人民民主认知的差序维度

全过程人民民主的差序维度表现在对民主认知的纵向差序、横向差序两个方面。全过程人民民主的纵向差序是由全过程人民民主从宏观、中观到微观的制度结构决定的，存在着对宏观制度的高度信任到中观、微观民主的低度信任。

① 陈独秀著作选：第一卷[M]. 上海：上海人民出版社，1993：487.

全过程人民民主的横向差序是中国差序社会模式下的认知方式，使得民主主体对全过程人民民主的认知具有圈群性。纵向差序与横向差序的认知共存与重叠增加了全过程人民民主建设与发展的复杂性。

第一，全过程人民民主的纵向差序认知影响全过程人民民主的信任与合作关系。全过程人民民主，无论是从制度层面还是从广泛参与层面，都体现着民主的差序认知。全过程人民民主越在宏观层面，人们对民主的评价越高；越在中观尤其在微观层面，对全过程人民民主的评价越低。对全过程人民民主的宏观评价高，与信任有关。研究表明，“在传统儒家文化中，政府和政治领袖是整个国家中最重要的权威象征，对权威的敏感、崇拜和依赖自然会导致对政府、政治领导人的信任”①。但在全过程人民民主广泛参与的微观层面，因为受到具体的利益诉求、权利诉求、价值立场等影响，又由于执行具体政策的官员在利益分配里存在权力滥用现象，导致越熟悉越不信任，从而对全过程人民民主的微观评价低。“当居民的冷漠、失落、焦虑、不安、不满、嫉妒、厌恶、愤怒、难过、委屈、窝囊、怨恨等负面情感被唤醒时，心存负面情感的居民就会拒绝参与、难以沟通和反对抵制等不合作行为。”②从而“会使基层治理陷入经典的‘塔西佗陷阱’”③。低信任度社会的改善，需要经济、政治、社会的全面系统性发展与进步。由低信任度社会变成高信任度社会，需要加强民主法治契约建设。全过程人民民主是打破“低信任度社会”的基本路径，全过程人民民主认知的提升，有利于人们之间相互合作。这是因为全过程人民民主的全链条、全领域、全方位打破了精英与大众的界限，打破了社会之间的界限，从而实现全方位合作，合作需要信任，信任必然需要合作。

第二，全过程人民民主的横向差序认知影响社会全过程人民民主的信任与合作关系。费孝通认为，中国社会是具有差序格局的社会。“家庭、邻里、街坊属于社群，氏族、村落等大体也属于‘社会圈子’社群。‘社会圈子’是以某个个体或家庭为中心，依据差序关系所扩展出并聚集而成的一个社群”④，差序格局的社会信任由此产生。“中国社会的‘特殊信任’则以封闭网络作为信任范围的边界，其特征在于边界内的人际互信，边界之外则无此连带基础。社群成员彼此

---

① 马得勇. 政治信任及其起源：对亚洲 8 个国家和地区的比较研究[J]. 经济社会体制比较，2007(5)：79-86.

② 刘太刚，向昉. “以规治情”与“以情治情”：社区情感治理的再认识[J]. 中国行政管理，2021(6)：11-18.

③ 耿静. 政府信任的差序化：基层治理中的“塔西佗陷阱”及其矫治[J]. 理论学刊，2013(12)：31-33.

④ 尉建文，陆凝峰，韩杨. 差序格局、圈子现象与社群社会资本[J]. 社会学研究，2021(4)：182-200.

间血缘、地缘身份本身就能体现出社会资本的信任意涵。”①“只要中国社会尊卑有序的价值观和社会现实不变，‘差序格局’和差序人格就会继续存在。”②中国社会的这种横向格局，决定了全过程人民民主的认知同样具有差序性，即对全过程人民民主的民主认知由近及远，越是具有血缘性、社群性的民主，认知程度越高；对于陌生人社会的民主，认知程度越低。全过程人民民主的横向合作，有助于打破这种圈层化的民主。全过程人民民主的横向合作与全过程人民民主认知有着密切关系。全过程人民民主需要理性共识，而理性共识的民主是超越群体性、圈子性的民主，它通过超越群体性、圈子性的民主，形成民主的理性重叠共识。

第三，全过程人民民主横向与纵向差序认知的交织与重叠使全过程人民民主建设复杂化。经济全球化、中国经济发展、社会结构变迁、人员流动、网络技术的发展是全过程人民民主认知交织与重叠的基本原因。经济全球化使人员在全球流动，打破了对一国之内民主的固化认知。中国经济发展带动了人口的大面积流动，打破了差序格局的圈子认知。社会结构变迁使得对家庭血缘关系的认知逐渐演变成对陌生社会的认知，使得全过程人民民主的全过程得以实现。网络技术和网络社会形成了新的网民圈子，形成了网络全过程人民民主的认知。这些因素打破了全过程人民民主的认知闭环，使得全过程人民民主真正体现了全过程、全链条、全领域、全方位。全过程人民民主的认知的圈子化、分流化、分散化使全过程人民民主过程能够相互制约并保持了社会与政治的稳定。全过程人民民主要落到实处，就需要认识到全过程人民民主的差序格局。全过程人民民主落到实处的过程，也是面临着复杂多变的社会困局过程。打破全过程人民民主的差序格局，仅靠选票是靠不住的，只有靠全过程人民民主的制度化建设才能保障人民民主。因为全过程人民民主的制度具有根本性、长远性和稳定性的作用。全过程人民民主认知既是全过程人民民主的重要组成部分，又影响着全过程人民民主的性质、发展方向、发展水平。全过程人民民主的认知使全过程人民民主内容更为丰富，形式更加复杂多样，并不断推进全过程人民民主的不同方面，使全过程人民民主的理论与实践不断向纵深发展。但也应该看到，全过程人民民主的理性认知和非理性认知都具有差异性、矛盾性和不可分离性，由此形成的“差序格局”使全过程人民民主的制度建设和广泛参与的建设都会受到积极与消极的双重影响。

---

① 尉建文，陆凝峰，韩杨．差序格局、圈子现象与社群社会资本[J]．社会学研究，2021(4)：182-200.

② 尉建文，陆凝峰，韩杨．差序格局、圈子现象与社群社会资本[J]．社会学研究，2021(4)：182-200.

五、网络舆论救济实践形塑全过程人民民主的人民至上价值

目前学术界对全过程人民民主的研究已经取得了一系列的重要成果。这主要表现在：强调全过程人民民主是民主的新形态；全过程人民民主丰富了人类政治文明；全过程人民民主是全过程的制度化、协商化、责任化、参与化的民主；全过程人民民主是社会全员参与的民主；全过程人民民主具有与西方民主相比较的优势；全过程人民民主具有推进国家治理现代化的重要作用等。但从目前的研究状况看，全过程人民民主在视角层面的研究还有不断深入的必要，其中就包括对全过程人民民主与网络舆论救济的关系研究。网络舆论救济是全过程人民民主的链条之一和重要组成部分，全过程人民民主不等于网络舆论，更不等于网络舆论救济，但全过程人民民主与网络舆论救济有着密切的关系。

全过程人民民主的过程也是网络舆论救济的过程。网络舆论救济也是人民群众参与过程的一部分，这突出表现在对重大卫生事件和重大自然灾害方面的广泛参与。网络舆论救济的过程充分体现了网络全过程的参与性民主、过程性民主、回应性民主、结果性民主。网络舆论救济是网民全员参与网络事件并就此发表意见以形成话语力量的方式，使得对相关网络事件的舆论表达实现了某一救济目的为止的过程。网络舆论救济促使政府、社会、市场的回应，形成回应性民主。回应性民主包括网络救济信息的精准识别和精准服务。对网络救济信息的精准识别和精准服务，体现为“必须多谋民生之利、多解民生之忧”①。网络舆论救济最后使那些处于困难之中的人得到救济，使参与民主落到了实处，体现了结果性民主或实质性民主。网络舆论救济的过程更体现了党对人民至上价值的坚持，“党的根基在人民、血脉在人民、力量在人民，人民是党执政兴国的最大底气。民心是最大的政治，正义是最强的力量”②。人民是具体的而不是抽象的，具体的人民包括每一个独立存在的个体，也包括以群体形式存在的人民团体，因为人民不但有阶级属性还有阶层、群体属性。网络舆论救济既包括救济，也包括被救济，既包括救济的个体，也包括救济的群体。民心是最大的政治，民主政治只有体现在每一个个体、群体的人的身上才能体现真正的人民至上，才能体现全过程人民民主的优越性。

（一）网络舆论救济及其基本特征

网络舆论救济是网络全过程人民民主的重要内容。网络舆论救济已经成为

---

① 习近平谈治国理政：第三卷[M]. 北京：外文出版社，2020：12.

② 中共中央关于党的百年奋斗重大成就和历史经验的决议[N]. 人民日报，2021-11-17(5).

现代文明的重要标志，是衡量国家治理现代化水平的重要标准，也是加强国家治理现代化的重要内容。网络舆论救济是应急性救济，在“加强防灾减灾救灾和安全生产工作，加强国家应急管理体系和能力建设”①方面，网络舆论救济必然会参与其中。网络舆论救济的全过程人民民主表现为网络舆论救济过程与目的的人民至上性。

救济行为自古有之，只有到现代文明社会才成为社会保障的组成部分。救济是对长久或暂时处于贫困与危机人员的救助，彰显人道主义精神和人文关怀。从救济主体来说，救济包括政府救济、社会救济、公益组织救济、集体救济、个人救济、家庭救济等。从救济的层面来说，包括经济救济、政治救济、法律救济、灾情救济、权利救济等。从救济的内容来说，包括物质救济、精神救济。从救济的形态来说，有非常态救济和常态救济、社会生态救济和自然生态救济、灾害救济和非灾害救济。共同富裕、精准扶贫、关注社会弱势群体等都具有救济的内容。现在学术界对上述救济形式已经取得了丰硕的研究成果，积累了丰富的社会救济研究经验，但网络舆论救济还没有引起充分注意。网络舆论救济已经成为网络的常态，尤其是灾情时期更能凸显网络舆论救济的重要性和紧迫性。

网络舆论救济是以网络为技术为平台，通过自媒体发出物质的或精神的网络信息与诉求导致关注、回应、传播、生成的舆论救济。网络舆论救济是特殊的精神救济，是对网络求助信息的回应。网络舆论是通过网络技术平台生成的舆论，其内容包括方方面面，如网络政治舆论、网络经济舆论、网络社会舆论、网络教育舆论。网络舆论救济是网络舆论的组成部分，其内容涉及各个层级，具有其自身的特点与功能，但舆论救济尤其是网络舆论救济还没有引起学界充分的研究和注意。现将其基本特征总结如下：

第一，网络舆论救济的技术性。网络技术深刻地改变了人们的政治经济社会生活，也深刻地改变了救济内容、救济形式和救济关系。网络舆论通过网络技术进行救济的基本链条是，网民通过各种网络技术平台发出求救信息，求救信息在传播的过程中得到群体性关注，网民在群体性传播中不断形成救济性舆论，形成网络舆论救济。网络舆论救济是救济的技术性革命，也是信息救济的传播性革命，使信息救济更加快捷与便利。网络信息救济迅速聚焦于个体和某一群体，避免了网络信息救助的泛化和宏大化，避免了被救济主体的模糊性，实现了被救济主体的精准性。网络救济信息形成的网络舆论救济监督，避免了在救济过程中的权力滥用。互联网引发的第四次传播革命，其本质上是传播革

① 中共中央关于党的百年奋斗重大成就和历史经验的决议[N]. 人民日报，2021-11-17(5).

命资源的泛社会化和传播权力全民化。这场新传播革命具有去中心—再中心的特征全过程人民民主的理论与实践，全过程人民民主的全链条、全方位、全覆盖的广泛参与，包括网络全过程人民民主。网络全过程人民民主又包括网民全过程利用网络技术，通过网络技术表达各种诉求而形成网络舆论救济。网络技术架构的微博平台、微信平台、短视频平台等社交平台为舆论救济提供了渠道。人工智能、大数据、区块链等技术的充分广泛应用，为网络舆论救济提供了技术支持。

第二，网络舆论救济的媒体性。“重大危机事件对于公众政府信任的影响，很大程度上是绩效因素与媒体效应共同作用的结果。”网络舆论救济是通过媒体来完成的，是通过公共权力媒体与自媒体生成的媒体救济形式，公共权力媒体与自媒体互动的舆论成效更大。一个值得注意的普遍现象是，由关于疫情或灾情的舆论信息所形成的舆论救济是非疫情或非灾情区的自媒体发布和传播的，救济信息发布的自媒体具有异地化的特征。公共权力媒体的效力只有在中央一级媒体的介入和评论下才更易于增加对疫情、灾情区的舆论救济压力，进而使疫情、灾情区的自媒体的求助逐步得到有效解决。但从一般意义上而言，公共权力媒体具有宏观性的特点，相对于个体的自媒体救济信息缺少具体环境感知的及时性，往往具有滞后的特点。自媒体则生活于具体的环境困境当中，救济信息发出具有即时性。随着互联网的普及，媒体接触与消费越发成为公众机构信任的决定因素。尤其是处于疫情、灾情之中，自媒体发出的求救信息更准确，自媒体发出求助信息而形成的舆论救济，迅速带来物质救济，社会组织的动员、捐赠与协助救济等功能在应对公共卫生危机中意义重大。网络舆论救济是动员式救济，但动员性救济不是强迫救济，否则会造成救济的反感心理，导致对救济的无视。动员社会捐赠，必须是完全自愿的，而且要将捐赠引向发展性捐赠网络舆论救济只有在自愿的基础上，才能形成良性的发展性救济，才能更好地体现人民至上性。

第三，网络舆论救济的瞬时性。现实的救济可以分为长时段救济、中时段救济和短时段救济。短时段救济往往与突发的灾变有关。网络舆论救济是短时段的救济，具有瞬时性。这是因为个体或群体突然遇到了此前难以预料的灾变，其生命安全受到威胁，如果得不到及时救助，就有失去生命的危险。而且“生命不同于稀缺性资源，通过市场竞争可以优化配置。生命源于生命的神圣性、不可再生性、不可替代性和不可回溯性。生命本身是不可竞争的、不可配置的”①。网络

① 张爱军，雷艳妮．恐慌，谣言，谎言：重大突发疫情舆论传播的内在心理驱动与管控[J]．河南社会科学，2021，29(12)：106-111.

舆论救济所具有的时效性，使得网络舆论救济如果不在固定的时间段进行，就失去了救济的功效。尤其是重大公共卫生事件、重大自然灾害事件、面临着生命危险的重大疾病事件等都需要网络瞬时性救济。网络舆论救济的瞬时性，体现人民生命至上的价值观和全过程人民民主的及时有效参与。习近平在抗击新冠肺炎疫情表彰大会上指出，与病毒的斗争铸就了“生命至上”的伟大抗疫精神。网络舆论救济如果失去了瞬时性，“生命至上”将得不到实现，也就失去了其救济的意义。

第四，网络舆论救济的回应性。网络舆论救济的回应性是由对人民生命安全造成直接或间接隐患的主客观灾变环境决定的。网络舆论救济如果没有就灾变中的求助信息进行及时回应，可能会使人民的生命安全受到严重的威胁，甚至有人会因此失去生命。网络舆论救济的回应包括政府、社会、市场的回应，其回应是自媒体传播信息并形成网络舆论救济的结果，也包括随之而来的物质救济的回应。网络舆论救济是先导，没有网络舆论救济的回应，物质救济的目的诉求就难以及时实现。在物质救济的回应中，政府的回应具有主导作用，这体现了“更好接地气、察民情、聚民智、惠民生，而有效并具备回应性的治理体系既是凝聚政府、市场与社会三方力量的重要枢纽”①。社会、市场的回应具有补充作用，但因社会、市场具有在场性的特点，其回应的速度比政府更快。

第五，网络舆论救济的共情性。中国的文化具有李泽厚所说的情本体特征，以情感人、以情动人、以情服人是情本体文化的表现方式。网络舆论同样是情本体文化呈现的重要场域和实现场所。网络舆论传播的情感特征是对情本体的对接与延伸，情感既是网络舆论救济的根本动力，也是政治参与的自我选择，并不完全是情感冲动，情感是公众政治参与的一种道德能量和社会资源，它既反映特定历史条件下的道德和价值冲突，又是特定政治机构权衡下理性选择的结果。网络舆论救济一方面体现了情本体文化；另一方面体现了人类的同情心、怜悯心、仁爱心。“关心他人不但对自己的灵魂有好处，而且也对生意有好处，网络舆论救济的共情、关心他人的生命安全就是对“自己的灵魂有好处”，体现着助人为乐的道德伦理。比如鞋企鸿星尔克在郑州发生严重洪涝灾害时对灾民进行物资救济的举措，成为其扭转产业发展局面的关键助力。

（二）网络舆论救济功能

网络舆论救济既具有正向功能，也具有负向功能。网络舆论救济推动了政治进步、经济发展、社会和谐。网络舆论救济在实际救济过程中的不回应、不

---

① 左停，李世雄，史志乐．以脱贫攻坚统揽经济社会发展全局：中国脱贫治理经验的基本面[J]．湘潭大学学报(哲学社会科学版)，2021，45(3)：73-79．

及时、不精准，导致了网络舆论救济的极化倾向，形成了救济上的网络暴力，给政府救济、社会救济、个人救济带来了巨大的舆论负担。

1. 正向功能

全过程人民民主具有价值理性与工具理性的特质。就价值理性而言，全过程人民民主本身就是值得追求的，确立全过程人民民主价值信仰是价值理性的表现。全过程人民民主具有工具理性，可以推进全过程人民民主的发展，让人民群众在广泛参与的过程中产生获得感、尊严感、幸福感。网络舆论救济的正向功能是全过程人民民主工具理性的具体表现。网络舆论救济不但表现在救助他人的生命健康本身，而且具有外溢性功能，有助于推动政治、经济、社会的全面发展。

第一，网络舆论救济推动了政治文明的进步。推动政治文明的进步包含推进全过程人民民主的进步。全过程人民民主是人类政治文明的新形态，全过程人民民主是广泛参与的民主，网络舆论救济是广泛参与的形式。网络舆论救济实现了公众与政府的良性沟通，增加了政府在网络社会中的文明回应性。政治参与的变化体现在网络技术路线拓展了民众政治参与渠道，改变了政府与民众的对话形式，提升了政治参与和政治决策的回应性。网络舆论救济也是对政府救济的舆论监督，防止政府在救济的过程中权力滥用，使政府救济实现救济资源的公平分配。网络舆论救济增加了对政府的信任度，这在疫情期间表现得尤其明显，研究表明，网络舆论救济的实现呈现出人民群众对政府的高度认同，推动政府在回应网络舆论的过程中不断提升和树立自己的良好形象。在某种程度上可以说，网络舆论救济不断强化了人民对全过程人民民主的价值认同、制度认同、实践认同。

第二，网络舆论救济推动了经济发展。网络舆论救济是一种市场经济信号，它能促使市场经济在发展的过程中不断调整生产方向，以便及时回应社会之需。尤其是在疫情期间，市场根据疫情的需要，生产有利于缓解疫情的商品，推动了市场经济的发展。需要指出的是，网络舆论救济是救急不救穷的救济，如果网络舆论救济是救穷，往往与共同富裕背道而驰。研究表明，若是政府让所有公民的收入都变得一样，那么人们的工作积极性就会大幅降低，这样的结果是，最穷的一部分人可能会变得比那些收入不平等地区的穷人还穷网络舆论救济的瞬时性即是救急的表现。网络舆论救济只是市场信号之一，并不是市场经济的全部信号。

第三，网络舆论救济推进了人民群众的底线美好生活。人民群众追求的美好生活具有不同的层级和层面，对美好生活既具有高线追求，也具有中线和底线追求。高线追求是实现人的自由而全面的发展，中线追求是过上好日子，底线追求是维持基本的生活需要。但无论哪个层级的追求都必须让每一个人有生命、安全和尊严。网络舆论救济是人民追求和向往美好生活的底线保障形式之一。“人民对美好生活的向往就是我们的奋斗目标，增进民生福祉是我们坚持立党为公、执政为民的本质要求，让老百姓过上好日子是我们一切工作的出发点和落脚点，补齐民生保障短板、解决好人民群众急难愁盼问题是社会建设的紧迫任务。”①网络舆论救济是完成“急难愁盼”的“紧迫任务”，更主要的是推进具有迫切性要求的生命安全保障的底线生存与尊严的实现。

2. 负向功能

全过程人民民主的广泛参与是制度化、规范化、程序化的参与。网络舆论救济只有在网络的制度化、规范化、程序化的广泛参与下才具有全过程人民民主的价值理性，法治化和规范化的网络舆论救济才具有正向功能，否则就存在产生负向功能的潜在风险和现实风险。网络舆论救济会因其“流动性过剩”，形成网络舆论救济危机，进而导致物质救济资源的巨大浪费。舆论所谓“流动性过剩”是指，在一定社会语境下，舆论表达过度活跃，溢出了社会正常的可承受限度，致使舆论表达过热。舆论学意义上的“流动性过剩”有风险隐患，失控时则变为舆论危机网络舆论救济不但会产生其本身的舆论危机，而且还会产生外部性风险。“当作为社会共享信源的建制派或主流媒体影响力低迷，社交媒体推助极化效应放大，尤其可能带来极端者数量大幅度增加。极端者增加常被视为少数原教旨主义者能够带来社会动荡的动力机制。”②而且“网络舆论在传播的过程中会形成‘刻板印象’‘信息蚕房’、沉默的大多数和强势一方的舆论‘暴政’”③。

第一，网络舆论救济极化。舆论救济极化表现在网络舆论救济具有导致网络舆论救济保守性偏移和冒险性偏移的极端特征。网络舆论救济的保守性偏移表现在对网络救济失去热情，甚至对网络舆论救济产生疏离感、冷漠感，对网络舆论救济保持怀疑和不信任，以为网络舆论救济只是“键盘侠”、“网络喷子”、网红、意见领袖在作秀。冒险性偏移是网络舆论救济群体在经由讨论后偏离方向。“在观点的同一方向上，经由群体讨论之后所形成的群体态度，往往比讨论之前群体成员个人态度的平均值更趋向极端化。”④网络舆论救济的保守性偏移表明，人们对救济产生逆反心理和极化效应，“事件本身的‘多棱镜’视角演变为

---

① 中共中央关于党的百年奋斗重大成就和历史经验的决议[N]. 人民日报，2021-11-17(5).

② 葛岩，秦裕林，赵汗青. 社交媒体必然带来舆论极化吗：莫尔国的故事[J]. 国际新闻界，2022，42(2)：67-99.

③ 张爱军. 重大突发公共卫生事件信息的传播特点与治理策略[J]. 探索，2020(4)：169-181.

④ 桑斯坦. 极端的人群：群体行为的心理学[M]. 尹宏毅，郭彬彬，译. 北京：新华出版社，2010：102-105.

‘放大镜’视角，网民只聚焦于事件的‘情绪标签’而忽视其背后的理性因素，辐射状的向外传播使得越来越多的网民无理由追随并加入‘讨伐’的队伍当中，此时情绪的代入感已经超过对于事实真相的追求，即便是次生谎言也被巧辩和包装为新的‘事实’和另一种观点”①。网络舆论救济具有充分的道德感，道德感至上的情感优先，更容易使网络舆论救济走向极化。

第二，网络舆论救济的政治风险。网络舆论救济政治风险源于任何救济都是由政府主导的，积极回应网络舆论救济的也是公共权力主导的主流媒体。网络舆论救济引发政府、社会、市场的积极介入。政府是回应网络舆论救济的主体，如果政府救济不及时、不到位，政府对救济的懒政滥政，采取一刀切式救济，救济信息不公开不透明，救济决策不科学，救济资源分配不公平等，都会导致网络舆论救济的极化。这就会产生以下几个方面的消极后果：直接后果是对政府信任度降低，间接后果是导致政府权威性、合法性流失。网络舆论救济还会产生弥散性的政治风险，对个人或群众救济的不及时不到位，不但会引发对政府的不信任，还会导致对整个政治系统的不信任，对个别地区和个别领导干部的不信任，进而导致对整个国家的不信任，甚至会消减对整个国家的政治认同。

第三，网络舆论救济的经济风险。网络舆论救济的极化带来的经济风险显而易见，抢购物资、哄抬物价、囤积居奇，阻碍了物质资源的顺畅流动，引发经济恐慌。网络舆论救济甚至还会给市场发出错误的信号，从而扭曲经济的正常发展。重大疫情期间网络舆论救济对国家的宏观、中观、微观经济都有重大影响，这源于疫情本身对社会的影响。从三大产业来看，疫情主要影响了服务业。服务业不发展，需求供应不足，也会影响到第一产业、第二产业的发展，对经济发展带来了巨大风险的同时也带来了巨大的次生风险，“疫病的发生往往非常突然，对整个卫生产业和经济体系来说是一个突发的外生冲击，还需要把时间因素和冲击产生的连锁效应、网络效应和次生风险考虑在内”②。疫情对经济发展产生了长远而深刻的影响。“疫情冲击范围覆盖了宏观、中观、微观多个层面，对经济、社会产生的是长期而又深远的影响。”③疫情的次生冲击可能比原生冲击对经济的影响程度更大、时间更久④。疫情还具有连带风险，“疫情防

① 张爱军，梁赛. 网络群体极化的负面影响和规避措施[J]. 学术界，2019(4)：75-83.

② 赵建. 疫情冲击下的中国经济走向：理论框架、动态比较与应对之策[J]. 探索与争鸣，2020(4)：52-66.

③ 赵建. 疫情冲击下的中国经济走向：理论框架、动态比较与应对之策[J]. 探索与争鸣，2020(4)：52-66.

④ 赵建. 疫情冲击下的中国经济走向：理论框架、动态比较与应对之策[J]. 探索与争鸣，2020(4)：52-66.

控是一个消耗大量医疗卫生和后勤保障资源的国家行为，一般来说会带来政府赤字的提高、卫生医疗行业的需求扩张、对其他行业的替代和挤出等”①。疫情是全球性的，世界疫情影响中国经济发展，中国经济影响世界经济发展，世界经济与中国经济出现了共存亡的状态，“中国经济受到疫情冲击会严重影响到全球经济，同样全球经济的下行又会对中国产生‘反噬性’影响，这是一个‘中国一全球’通过贸易网络和产业链相互强化的过程”②。疫情导致了市场失灵，“这种突发性传染病在爆发初期会大幅增加医疗需求，但供给端的医疗卫生企业又受到技术和产能制约，因此会造成公共卫生产品供给严重不足，加上恐慌预期的正反馈强化，很可能导致在某些重灾区发生医疗资源的抢购和挤兑。这实际上是一种‘市场失灵现象”③。疫情带来的风险当然不是网络舆论救济造成的，但网络舆论救济会导致对疫情经济风险的无视感，使得“救人如救火”占据主导地位，缺少了对疫情带来经济风险的感知。尤其是网络舆论救济掺杂了民族主义和民粹主义元素，使网络舆论救济充满了不确定性因素。

第四，网络舆论救济的社会风险。网络舆论救济的社会风险的存在是因为网络救济的信息在传播中被无限夸大，存在“网络社交媒体话语的扭曲与异化”④现象，产生了“涟漪效应”“滚雪球效应”。“由于新媒体的存在和人们伦理意识的增强，这样的生命故事会不断地在媒体上传播，让人们感觉到这样的风险似乎是更多了。因此，就形成了一个‘绝对风险减少和人们感知到的风险增加’的悖论。”⑤“风险社会产生了新的利益对立和新型的受威胁者共同体”⑥。网络舆论救济过程中产生了灾民群体和非灾民群体，这两个群体不一定是对立群体，但会涉及灾民与非灾民、灾民与灾民之间的利益分配问题，有钱有权的灾民可能会获得更好的资源分配，甚至会抢夺物质资源，无钱无权无势力者可能会得不到及时救济，从而导致救济当中的两极分化。比如处于疫情中的农民工、无家可归者，他们得不到救济会使网络舆论救济愤怒情感爆发，从而灾情的“危险的共同性使利益群体组织的多元化结构面临着几乎无法解决的问题”⑦。如果

① 赵建．疫情冲击下的中国经济走向：理论框架、动态比较与应对之策[J]．探索与争鸣，2020(4)：52-66.

② 赵建．疫情冲击下的中国经济走向：理论框架、动态比较与应对之策[J]．探索与争鸣，2020(4)：52-66.

③ 赵建．疫情冲击下的中国经济走向：理论框架、动态比较与应对之策[J]．探索与争鸣，2020(4)：52-66.

④ 刘和林．网络社交媒体话语的扭曲与异化[J]．云梦学刊，2020，41(5)：112-117.

⑤ 张宪丽，高奇琦．社会风险化还是心理风险化：对贝克风险社会理论的反思[J]．探索与争鸣，2021(8)：71-79.

⑥ 贝克．风险社会[M]．何博闻，译．南京：译林出版社，2004：53.

⑦ 贝克．风险社会[M]．何博闻，译．南京：译林出版社，2004：53.

说“风险更重要是一种感知，而孤立的人则无法有效应对这种整体性风险。个人感受到的只有孤独感和恐惧感”，而这种风险首先在网络救济中形成，导致更大的争论，使风险最大化，使个体产生极端行为，这种极端的行为具有潜在的反社会风险。

（三）网络舆论救济疏导策略

网络舆论救济既然具有负向功能，对网络舆论救济的疏导则势在必行。网络舆论救济疏导策略包括预警策略、引导策略、回应策略、法治策略、技术策略五个方面。

第一，网络舆论救济的预警策略。防止网络舆论救济的信息传播与网络舆论救济的扩大，建立网络舆论救济的预警策略首当其冲。网络救济预警策略包括常规预警策略和非常规预警策略。只有建立好网络舆论救济的常规预警策略，才能保证非常规预警策略的有效性。非常规预警策略主要是对突发的重大卫生事件、自然灾害事件的预警策略。要建立“吹哨人”预警、专家预警、公开化预警、全过程人民民主化预警、科学预警的预警体系。建立网络舆论救济的“吹哨人”制度是处于第一位的制度。“吹哨人制度”可以起到对重大突发公共卫生事件的预警作用。“吹哨人”因处于具体的情境当中，能够及时有效地对重大突发公共卫生事件信息进行公布，并引起相关部门及随之而来的社会关注，以特殊的方式引领对社会各个领域的监督。《国务院关于加强和规范事中事后监管的指导意见》(国发〔2019〕18 号)中指出，为了发挥社会监督制度的作用，要建立“吹哨人”、内部举报人等制度，对举报严重违法违规行为和重大风险隐患的有功人员予以重奖和严格保护①。建立网络救济预警专家制度也是其重要内容。网络舆论救济方面，专家处于非常重要的地位。专家既是“吹哨人”，也是关键的预警者，网络舆论救济需要专家的引导，通过专家做出科学化的预警。网络救济信息要公开化，这是全过程人民民主的必然要求。网络舆论救济需要科学的引导，没有科学的引导，网络舆论救济可能适得其反。

第二，网络舆论救济的引导策略。网络舆论救济的引导策略包括网络救济过程中的宣传英雄策略、社会救济工作者的“好人好事”策略、公共权力媒体的干预策略、政府救济物资及时到位的宣传策略、体现关爱被救助者的“人情味”策略以及及时启动对领导干部的问责策略等。“单靠对极化主张的控制、抑制或压制，并不能从根本上消除舆情极化产生的条件，反而有可能强化这种条件，甚至导致恶性循环。”②武汉、郑州、西安以及其他地方，都有在抗击疫情和抗

---

① 张爱军. 重大突发公共卫生事件信息的传播特点与治理策略[J]. 探索，2020(4)：169-181.

② 王雪，常健. 舆情中和：化解情极化的另一种策略[J]. 中国行政管理，2021(3)：138-146.

洪救灾中涌现出来的英雄，宣传英雄更能产生共情和共鸣，激发网络舆论救济的人文情怀，更能带动网络舆论救济的正向传导。社会工作者的辛苦工作，会让人们产生感恩情怀，而其中涌现出来的好人好事、平民英雄等则使人民群众产生代入感和共情感。公共权力主导的主流媒体介入，则会使网络舆论救济的情感升华、信任度提升。政府救济的宣传到位，让网络舆论救济成为感恩的舆论救济，从而增加政府救济的权威性和合法性。启动对领导干部的问责制，则可有效防止网络舆论救济的极化升腾。

第三，网络舆论救济的回应策略。网络舆论救济的回应策略包括对自媒体求助信息的回应策略、对自媒体传播求助的虚假信息回应策略、对自媒体制造谎言甚至谣言的回应策略。上述所有回应策略的核心和关键是在黄金时间的回应。网络舆论救济回应策略是在黄金时间的第一时间回应。如果网络舆论救济回应不及时，就会产生阴谋论，也会产生谎言、谣言。“当公共危机来临时，如果政府和权威媒体没有承担起传播真实信息的责任时，那么民间以及非正式的传播手段就会粉墨登场，来占据主导地位。”[①]研究表明，谎言、谣言一旦产生，辟谣的作用不会很大。“无论是官方媒体还是非官方媒体，提高其信息的真实性，仍然是减少谣言和辟谣的有效途径，尽管这样做并不能完全消除谣言。”[②]由此可见，网络舆论救济带来的回应使谎言、谣言逐渐失去市场。

第四，网络舆论救济的法治策略。网络舆论法治救治策略具有事前预警、事中执法、事后补救三个方面。事前预警就是树立和维护宪法尊严，建立保障公民权的法治机制，限制公共权力在网络舆论救济方面的滥用，防止违背宪法的一刀切行为。事中执法就是按照法治要求对网络舆论救济进行服务与监督，防止网络救济虚假信息传播和蔓延。网络舆论救济是对身处困难、灾变、疫情、灾害的人们进行的舆论救济。当这些问题突然发生时，人们处于慌乱和恐惧状态，通过自媒体发布的信息具有碎片性，甚至具有不真实性。当网民遭受网暴带来伤害需要精神赔偿时，法治的事后补救就显得尤其重要，比如，“在我国司法实践中，各级法院对诽谤话语造成的精神损害的主要救济方式是责令诽谤者公开发表一份道歉声明，以实现‘消除影响、恢复名誉、赔礼道歉’的救济目标”[③]（《民法通则》第120条）。法治救济的事后性并不影响采取法治策略，法治救济是对受害者、受灾者采取的事后有效保障策略。

第五，网络舆论救济的技术策略。网络舆论救济的技术策略包括大数据、

---

① 李大勇. 谣言、言论自由与法律规制[J]. 法学，2014(1)：100-106.

② 马得勇. “匹配效应”：政治谣言的心理及意识形态根源[J]. 政治学研究，2018(5)：54-66.

③ 张庆彬. 诽谤话语、道歉声明与精神救济分析：系统功能语言学视角[J]. 语言学研究，2018(2)：32-41.

人工智能、语音识别、信息识别等。网络的技术管控主要是利用大数据、人工智能等网络技术平台对舆论进行引导，对不利于社会稳定的言论、谣言、谎言、舆论进行删帖、销号、屏蔽等。网络舆论救济的技术策略，在于对不利于网络舆论救济的言论、谣言、谎言、舆论进行删帖、销号、屏蔽。其目的是甄别网络救济信息的真伪，防止有人制造虚假救济信息形成错误的网络舆论救济，避免导致网络救济的爱心被扭曲滥用和物质救济的欺诈违法行为。

网络舆论救济是全过程人民民主的组成部分，重点在于网络救济信息形成网络舆论救济的同时，要加强对网络公共权力的监督，尤其是对政府参与救济的全过程监督，防止政府在救济过程中的权力滥用。公共权力掌握的主流媒体也是网络舆论监督的主要对象，要防止主流媒体发布失真的信息和舆论。理想的选择是，自媒体发出求助信息并形成网络舆论救济与公共权力掌握的主流媒体舆论互相推进，形成网络舆论救济的良好生态体系，使网络救济的客体精准化，通过客体精准化体现人民生命价值的至上性。

第七章　全过程人民民主的对外实践体系

第一节　全过程人民民主与国家民主形象建构

全过程人民民主是国家民主形象建构的基本内容，国家民主形象是全过程人民民主成功实践的基本标志。党的十九届六中全会将发展全过程人民民主列为习近平新时代中国特色社会主义思想的重要内容之一，通过全过程人民民主建构的国家形象，有利于提高民族自豪感、个人价值尊严感和幸福感。全过程人民民主的价值、制度和权利可以全方位提升国家的民主形象。深入研究全过程人民民主与国家民主形象的关系，具有重大的理论意义和现实意义。

一、国家形象是合力建构的结果

经济学家博尔丁较早就提出了"国家形象"的概念，认为国家形象"是一个国家对自己的认知，以及国际体系中其他行为体对它的认知的结合，是一系列信息输入和输出产生的结果"①。学术界普遍认为，国家形象是自塑、他塑和合塑合力建构的结果②。具体体现在以下几个方面：

第一，国家形象是自塑的结果。国家形象的自塑也可以称为国家认同，即"如何看待自己、对国家历史的感知、关于国家意图和利益的观念，以及关于国家权力及其局限性的观点"③，这一概念的基本要素组成是自己、历史感知、观念和国家权力。强调认识自己是前提，有了自己才会有感知、观念、权力。也就是说，国家形象是自己的国家形象，国家形象是自己建构的。国家形象的自塑首先从生活于国家之中的个体和群体开始。处于不同社会地位的个体接触和选择的信息不同，其内在生成的国家形象就有所不同。

第二，国家形象是他塑的结果。他塑的核心元素是身份认同。在身份认同

---

① BOULDING K E. National Images and International System[J]. Journal of Conflict Resolution, 1959(3).

② 刘小燕. 关于传媒塑造国家形象的思考[J]. 国际新闻界，2002(2)：61-66.

③ 王海洲. "国家形象"研究的知识图谱及其政治学转向[J]. 政治学研究，2013(3)：3-16.

的视域下，个人和群体对他国的印象，缺少个人感知，基本上是通过接触或选择的信息完成对他国形象的建构，易于形成对他国的刻板印象。身份表现和身份认同往往是基于对个体与群体尊严的承认，世界各国人民都具有国家公民的身份，但身份认同既与国家形象有关，也可能与国家形象无关。

第三，国家形象是合塑的结果。“国家形象应为外部公众及内部公众对某国的总体判断和社会评价。”[①]这一概念对国内外民众的认知进行了理想化、专业化的前提预设，把每一个公众都视为具有通识性的专家。实际上每一个具体的人都有可能只通过信息偏好就建构出一个国家的形象，比如通过苹果手机就可以建构起美国科技形象，然而通过一件事对一个国家进行总体判断难免会失之偏颇。

同时，国家形象是一个结构性系统。国家形象的系统观点主要是从心理学视角来定义的，心理学把国家形象视为态度、观点、情感三个要素构成的系统，强调了心理学对国家形象建构的重要作用。国家形象的构建要素概括为：公众心理偏好、信息选择、感性认知、理性认知、身份认同等五个方面，国家形象是这五个方面共同作用的结果。然而，国家形象不但具有主观性，还具有客观性，即国家形象还具有不以人的意志为转移的特性。国家形象建构的实质是人的建构，人有具体性、历史性、国别性的特点，因此建构国家形象具有具体性、历史性和国别性，国家形象的构建虽然是构建在人的基础之上，但是一个国家的历史文化和认知传统一旦形成就不以人的主观意志为转移，也就是说国家形象的构建是主观见之于客观的物质实践活动，是基于历史文化演进逻辑和文化秩序的特殊性积淀而形成的。国家形象是通过人的主观认知而形成的表征，具有主观性，国家形象又是主观作用于客观而生成的结果，是客观在主观上的反映，具有交互性。国家形象是通过媒介传播的信息得以塑造的，具有媒介性。建构国家形象，首先是如何看待自己的国家，形成对自己的情感认知和理性认知表征。

全过程人民民主为建构国家民主形象提供了新的契机。发展全过程人民民主的内容与形式是人民民主对国家形象构建的基础。国家民主形象是基于国家内部与外部的信息选择、感性认知、理性认知、身份认同、公众心理偏好所建构的。国家价值形象是个体与群体的信息选择、感性认知、理性认知、身份认同、公众心理偏好综合作用的结果，也可以是某一元素单一作用的结果，甚至可以通过个体的信息偏好建构国家民主形象，也可以通过群体的心理偏好建构国家民主形象。从一般的意义上来说，建构全过程人民民主国家形象的逻辑链

① 汤光鸿. 论国家形象[J]. 国际问题研究，2004(4)：18-23.

条是：个体与群体对全过程人民民主的信息先进行选择，对人民民主的全过程实践形成感性认知，进而形成对全过程人民民主的理性认知，产生对全过程人民民主共同体的身份认同和全过程人民民主的心理偏好，以建构起对国家形象的民主认知。但从特殊的意义上来说，逻辑链条的任何一个环节都会生成国家民主形象。国家民主形象是自塑、他塑、合塑共同作用的结果，一方面，全过程人民民主自塑国家的民主价值形象、国家民主制度形象、国家民主权利形象；另一方面，国家民主形象充满着动态性、丰富性和多维性。

二、全过程人民民主有助于建构国家民主价值形象

全过程人民民主的价值形象是通过信息选择、感性认知、理性认知、身份认同、公众心理偏好等要素的一体综合完成建构。在全过程人民民主发展的过程中，主流话语在建构国家民主价值形象的过程中起着主导作用，理性认知成为国家民主价值建构的核心要素，通过民主价值的理性认知带动全过程人民民主的信息传递、形成大众的感性认知、身份认同和公众心理偏好。

全过程人民民主的理性认知具有价值理性和工具理性，是应然与实然、理想与现实的统一。只有价值理性没有工具价值，理性价值难以实现；只有应然没有实然，就会陷入至善论和乌托邦。没有实然的理想，就会陷入理想主义，价值理性与工具理性共同构建国家的民主价值形象。全过程人民民主是人类共同价值的组成部分，全过程人民民主价值构建了具有普遍性的国家民主形象。全过程人民民主价值又是中国特色社会主义价值体系的组成部分，通过中国特色社会主义特殊价值建构特色的中国国家民主形象。国家民主形象是普遍性与特殊性的关系，国家民主形象的普遍性寓于国家民主特殊形象之中，国家民主的特殊形象是国家民主普遍性新形态的升华。

第一，折射国家民主普遍的价值形象。国家民主形象是民主价值理性和工具理性共同建构的结果，只有人类共同的民主价值理性认知才能建构国家民主形象，只有通过人类共同的民主工具理性才能完成国家民主形象的建构。只有民主的价值理性，只能建构国家民主形象想象中的民主政治共同体，只有民主的工具理性，没有民主的价值理性，建构国家的民主价值形象，就会适得其反。任何国家的民主价值形象都是合塑的结果，国家民主形象符合本国人民的认知想象，也符合他国人民的认知想象。如果国家民主价值形象是自塑的结果，而不是合塑的结果，那么国家民主形象在他国就有可能变成非民主的国家形象。与此同时，全过程人民民主也是自塑的结果，自塑的基本目的就是获得他国对中国的民主价值形象的承认，中国的民主价值形象并没有离开人类民主政治文明发展的轨道，而是人类民主政治文明的组成部分。

人类的政治发展史和政治实践表明，人天生是政治动物，政治社会迫切需要通过政治价值来规范人类的政治活动，民主社会需要民主价值来规范。政治价值是“建立在对现实政治社会的价值追问和应然性判断的基础之上，建立在对现实政治生活正当性与否 的学理解析和理性评判的基础之上”[①]。在现代文明社会，民主价值是人类政治价值的核心组成部分，全过程人民民主作为人类共同价值的组成部分，都是为了追求政治之善、民主之善，使人类不但要过上优良的政治生活，而且要过上优良的民主政治生活，“如果在我们活动的目的中有的是因其自身之故而被当作目的，我们以别的事物为目的都是为了它，如果我们并非选择所有的事物都为着某一别的事物，那么显然就存在着善或最高善”[②]。民主之善的核心就是对民主的信仰，“在民主观念的基础上，经过长时期的酝酿，人们便产生对民主的信仰。这种信仰作为一种非理性的东西，实际上是对民主的理论和观念在起着巩固作用的，使之更加深入人心，并在社会生活中深深地扎下根来”[③]。在现代社会，民主的价值并不是单一的，而是复合的，且具有相互吸纳的典型特征，即“民主的基本价值就是体现和实现民主本质要求的内在规定性和普遍认可的原则，如主权在民、人民统治、多数决定、平等权利等”[④]。民主价值就是人类追求的方向，就是国家民主形象建构的基础。没有人类的民主共同价值，就不能建构国家的民主价值形象。

第二，彰显国家民主特色的价值形象。任何国家形象都具有其自身的典型特征，没有自身典型特征的国家形象是不存在的。完全建立在普遍性基础之上的国家形象失去了本国的根基，就会成为无源之水、无本之木。中国特色的国家民主价值形象，就是全过程人民民主的国家形象。中国特色的民主价值形象就是旗帜引领，“人民民主是中国共产党始终高举的旗帜”[⑤]。中国特色民主国家形象是中国共产党领导人民共同塑造的国家形象，“既有鲜明的中国特色，也体现全人类共同价值，为丰富和发展人类政治文明贡献了中国智慧、中国方案”[⑥]。全过程人民民主的中国特色价值，一方面体现在目的、应然和理想层面；另一方面体现在手段、实然和现实层面。从目的、应然和理想层面来说，全过程人民民主本身就是目的，要不断确立、巩固全过程人民民主的信仰和信念。全过程人民民主价值对全过程人民民主发展现状进行评估和校正，避免全

① 王岩. 政治哲学论纲[J]. 哲学研究，2006(1)：77-84.
② 亚里士多德. 尼各马可伦理学[M]. 廖申白，译. 北京：商务印书馆，2003：5-6.
③ 李景鹏. 民主的逻辑与民主的建设[J]. 天津社会科学，2011(5)：68-73.
④ 张献生. 试论我国多党合作制度的民主价值[J]. 政治学研究，2008(4)：20-27.
⑤ 习近平谈治国理政：第二卷[M]. 北京：外文出版社，2020：285.
⑥ 中华人民共和国国务院新闻办公室. 中国的民主[N]. 人民日报，2021-12-05(5).

过程人民民主在发展的过程中走向反面。从工具价值来说，全过程人民民主能够推动政治发展进程。全过程人民民主的国家民主价值形象，既体现了国家的民主价值理性，又体现了国家的民主工具理性。

第三，捍卫民主价值的国家形象。全过程人民民主既捍卫人类的共同价值，也捍卫中国特色社会主义的特殊价值。全过程人民民主价值既需要人类共同体的共同捍卫，也需要中国对全过程人民民主主体的自我捍卫。人类的共同民主价值、全过程人民民主价值经常会受到挑战。人类的共同民主价值会受到来自民主价值之内和民主价值之外的挑战。民主价值之内的挑战从西方来说主要是来自民族主义、民粹主义、族群主义、女权主义等方面的挑战，导致西方民主价值出现危机甚至衰败。民主价值之外的挑战主要来自发展中国家的其他非民主价值观的挑战，即所谓的"文明冲突"，表现为军人政治和威权政治、宗教政治等。对人类民主共同价值的挑战不仅意味着对全过程人民民主价值的挑战，同时也意味着发展中国家、发达国家对全过程人民民主的挑战，这就使中国全过程人民民主的价值构建受阻，"这就是中国的困境：它越努力示好，看起来就越可疑；它越努力和世界接触、想给世界留下深刻印象，它看起来就越具威胁性"①。捍卫人类民主的价值，能够维护中国在国际上的民主价值形象，捍卫全过程人民民主的价值，彰显中国全过程人民民主的独特形象。

三、全过程人民民主有助于建构国家的民主制度形象

建构全过程人民民主的国家民主制度形象同样也是由理性认知带动的。从制度主义的视角来说，制度具有决定性，决定着人们的信息选择、感性认知、身份认同，造就人们的心理偏好。通过理性认知带动和传输全过程人民民主的制度信息，形成人民群众对全过程人民民主的感性认知、民主制度之下的身份认同和心理偏好。

民主首先是一种国家制度，也是一种国家民主形象的基本标志。民主制度稳定，就会形成稳定的国家民主制度形象。2021 年 10 月 13 日至 14 日，中央人大工作会议在北京召开，习近平总书记明确提出："当今世界正经历百年未有之大变局，制度竞争是综合国力竞争的重要方面，制度优势是一个国家赢得战略主动的重要优势。历史和现实都表明，制度稳则国家稳，制度强则国家强。"民主作为一种制度形象，在每一个国家都能体现出来。普选制、代议制和政党制是西方民主的普遍形象，各个国家制度的特点不同，因此也显示出不同国家的特殊民主形象。比如议会制是英国民主形象，总统制是美国民主形象，半总

① JOHN L. Soft power, hard choices[N]. Sydney Morning Herald, 2009-04-04.

统制是法国民主形象。在中国，人民代表大会制度、中国共产党领导的多党合作制和政治协商制度、民族区域自治制度和基层群众自治制度等都代表着中国民主的复合制度形象。

全过程人民民主一方面是“民主价值和理念进一步转化为科学有效的制度安排和具体现实的民主实践”①；另一方面是“我国社会主义民主是维护人民根本利益的最广泛、最真实、最管用的民主。发展社会主义民主政治就是要体现人民意志、保障人民利益、激发人民创造活力，用制度体系保证人民当家作主”②。全过程人民民主既体现了国家民主的静态形象，也体现了国家民主的动态形象。国家民主形象是静态和动态相统一的形象。只有制度自信，才能形成全过程人民民主国家形象的稳定性，没有制度自信，全过程人民民主的国家形象就会摇摆不定。

第一，人民代表大会制度形象。如果西方民主体现的是议会制形象，那么中国体现的就是人民代表大会制度形象。这是因为人民代表大会制度不仅具有不同于议会制的特征，还具有不同于议会制的功能，人民代表大会制度具有特有的工具属性，“人民代表大会制度是符合中国国情和实际、体现社会主义国家性质、保证人民当家作主、保障实现中华民族伟大复兴的好制度”③。个人与群体对人民代表大会的情感认知、理性认知确立了人民代表大会的国家民主的核心形象。国家民主形象对内来说就是国家民主认同，人民群众通过人民代表大会的制度实践，形成了对人民代表大会良好的民主态度、民主情感、民主感知，就会生成对人民代表大会制度的高度认同。因为人民代表大会制度在立法、决策、审议等方面都充分吸取了人民群众的意见，人民群众提出的各种具体诉求都在人民代表大会制度得到回应和解决，满足了人民群众的民主参与感和心理偏好期待。

第二，协商民主制度形象。如果说西方的民主体现的是选举民主形象，那么中国全过程人民民主就是协商民主形象。协商民主形象在国体、政体的制度设计当中都有所体现，即“在中国不同层面的政治制度和政治过程中，都体现着协商政治或者协商民主的制度属性”④。协商民主制度是国家民主形象的基本标志，中国全过程人民民主的协商民主形象，获得了人民群众的高度认同。高度认同必然是符合人们传统习惯的认同，因为传统形成了人民群众的思维习惯和

---

① 中华人民共和国国务院新闻办公室. 中国的民主[N]. 人民日报，2021-12-05(5).

② 习近平. 决胜全面建成小康社会　夺取新时代中国特色社会主义伟大胜利[N]. 人民日报，2017-10-28(1).

③ 中华人民共和国国务院新闻办公室. 中国的民主[N]. 人民日报，2021-12-05(5).

④ 杨光斌. 初步成型的中国民主话语体系与制度化吸纳[J]. 东方学刊，2018(1)：8-14.

心理依赖，形成了情感认知的文化源头以及文化身份认同。因此，“中国共产党领导的多党合作和政治协商制度是中国的一项基本政治制度。这一制度植根于中国土壤、彰显中国智慧，又积极借鉴和吸收人类政治文明优秀成果，是中国新型政党制度”①。中国共产党在协商民主制度方面不断强调协商制度的地位与作用，强调政党协商和人民政治协商的地位和作用，强调社会在各个领域的协商。“有事好商量，众人的事情由众人商量，找到全社会意愿和要求的最大公约数，是人民民主的真谛。”这些都凸显了协商民主的全过程和特色优势，“从票决民主走向协商民主，表明人们在持续关注民主的真实性，关注公民对政治过程的真实参与”②。协商民主根植于传统，转换于传统，创造于传统，建构起真实的国家协商民主形象。

第三，基层群众自治制度形象。西方的民主具有精英民主形象，中国全过程人民民主是人民群众民主形象。西方普通大众选举形象从选举开始至选举结束便终结，大众选举也进入了休眠期。西方民主选举形象是周期性的，而不是全过程的。西方的精英民主理论一直强调精英的重要性，普选的目的就是产生政治精英，“普选的方式产生最高决策者是民主的实质”③。精英民主理论的特点是普选产生精英之后，就由精英做决策，“民主方法就是那种为做出政治决定而实行的制度安排，在这种安排中，某些人通过争取人民选票取得做决定的权力”④。也正因为如此，在马克思时代，资本主义选举民主就具有虚伪性和欺骗性。习近平总书记在参加中央人大工作会议时就对西方民主形象的虚伪性进行了批判，认为如果人民只有在投票时被唤醒、投票后就进入休眠期，只有竞选时聆听天花乱坠的口号、竞选后就毫无发言权，只有拉票时受宠、选举后就被冷落，这样的民主不是真正的民主。全过程人民民主的真实性体现在人民群众的广泛参与上，具体落实在基层群众自治制度上，通过人民群众自治展示了大众参与的真实民主形象。基层群众自治制度形象是国家民主形象的重要标志。也正因为如此，才有“党坚持巩固基层政权，完善基层民主制度，完善办事公开制度，保障人民知情权、参与权、表达权、监督权”⑤。通过基层群众自治制度“实现自我管理、自我服务、自我教育、自我监督，有效防止了人民形式上有权、实际上无权的现象”⑥。群众自治使人民群众具有了经验感知、理性认知和

---

① 中华人民共和国国务院新闻办公室. 中国的民主[N]. 人民日报，2021-12-05(5).

② 陈家刚. 中国协商民主的比较优势[J]. 新视野，2014(1)：20-26.

③ 亨廷顿. 第三波：20世纪后期的民主化浪潮[M]. 欧阳景根，译. 北京：中国人民大学出版社，2012：11-12.

④ 熊彼特. 资本主义、社会主义与民主[M]. 吴良健，译. 北京：商务印书馆，2004.

⑤ 中共中央关于党的百年奋斗重大成就和历史经验的决议[N]. 人民日报，2021-11-17(1).

⑥ 中华人民共和国国务院新闻办公室. 中国的民主[N]. 人民日报，2021-12-05(5).

价值认同，从基层和社会培养人民群众对民主政治的高度认同，自觉建构了国家民主形象。

第四，民族区域自治制度形象。民族国家有单一民族国家和多民族国家。民族问题是一个极端重要的问题。一个国家的民族制度同样体现着国家形象，民族区域自治制度是国家形象的重要标志。只有建立民族区域自治的全过程人民民主，才能使各个民族对国家高度认同，生成国家民族区域自治的国家民主形象，这需要在各民族内部生成民族区域的情感认知、理性认知和价值认知，并自觉认同和遵循。民族区域自治制度“从制度和政策层面保障了少数民族公民享有平等自由权利以及经济、社会、文化权利”①，保障了各个民族的全过程人民民主，使各个民族成为国家政治共同体的组成部分。国家形象的重要内容就是外部国家民主形象的确立，以及对内部国家的民主认同，“中华各民族也正是在深度认同中华文明的基础上才形成了一个统一的中华民族共同体和国家政治共同体”②。在民族区域自治制度下，实行少数民族的全过程人民民主，从而形成了国家民族区域的民主自治形象。

全过程人民民主自塑国家制度形象，是人民群众充分感知的形象，是不断形塑人民群众心理偏好的形象。国家民主制度形象既向国际社会展示了中国特色社会主义的全过程人民民主制度形象，也是使人民群众具有幸福感、获得感和尊严感的国内民主形象。

四、全过程人民民主有助于建构国家民主权利形象

实现全过程人民民主的过程就是不断落实和实现公民民主权利的过程。国家民主权利形象就是在落实和实现民主权利的过程中不断确立的。只有落实和实现公民民主权利，才会形成良好的国际民主形象，也才会强化公民对国家民主形象的认同。全过程人民民主中人民群众的权利是真实的，具有充分的个体性，国家民主权利形象是对全过程人民民主价值、制度落实到个体的真实形象。全过程人民民主的制度价值可以内化为每一个人的具体权利，保障每一个人的具体权利。人民群众具体权利的保障，使全过程人民民主的信息选择、情感认知、身份认同以及心理偏好落到实处。全过程人民民主的国家权力形象使国家民主形象真实而又具体。

第一，捍卫共同权利形象。民主是共同权利，捍卫人类共同的权利，就会

① 中华人民共和国国务院新闻办公室. 中国的民主[N]. 人民日报，2021-12-05(5).

② 张会龙，朱碧波. 中华国家范式：民族国家理论的省思与突破[J]. 政治学研究，2021(2)：43-52.

形成国家民主权利形象。“民主是各国人民的权利，而不是少数国家的专利。”①捍卫民主权利，就是捍卫国家民主权利形象，破坏民主权利，就是破坏国家民主权利形象，现代文明国家，都以捍卫民主权利为己任，不能以任何理由破坏民主权利。《世界人权宣言》是世界各国必须遵守的承诺，也是世界各国必须遵守的准则。中华人民共和国宪法通过《公民权利和政治权利国际公约》和《经济、社会及文化权利国际公约》将人权和民主权利具体化，是中国捍卫宪法并落实民主权利的表现。

第二，保障民主人权形象。全过程人民民主的全过程是保障人权的全过程，保障人权的全过程是不断发展和完善国家形象的全过程。人权形象是国家民主形象的组成部分，国家人权的好坏，直接关系到国家民主形象的好坏。国家充分保障人权，就会充分确立国家人权形象。中国特色的人权保障，具有价值理性，从目标确立上保障人权。“建设社会主义法治国家，形成中国特色社会主义法律体系，尊重和保障人权。”②中国特色的工具理性，确立了宪法是手段，要通过宪法和法治保障人权。“公民的基本权利和义务是宪法的核心内容，宪法是每个公民享有权利、履行义务的根本保证。”③宪法的功能是保障人权，使人权不受任何权力、组织和社会的侵犯。全过程保障人权的过程，也是不断落实宪法保障人民权益的全过程，“全面贯彻实施宪法，必须切实维护公民的基本权利，努力实现最广大人民的根本利益”④。唯有保障人权的全过程，才能不断确立国家人权形象。可见，全过程的国家人权形象，是通过中国人民自塑来完成，并通过自塑的国家人权形象得到国际社会的认可。

第三，国权大于人权形象。人权是一个国家内的人权，任何国家和组织都不能干涉他国的人权，干涉人权即干涉内政。不能通过指责别国破坏人权进而破坏他国国家民主形象。令人失望的是，西方一些国家往往用抽象人权标准来评价中国的现实人权，尤其将自由视为人权的核心标准，进而指责中国没有人权，通过自由的标准要求评价中国，诋毁中国的人权形象。消除西方国家对中国人权形象的错误认知，要不断强调生存权与发展权依然是中国的首要人权，而且是国内的个人特权。没有生存权与发展权，就不可能实现人的其他权利和人的基本自由。而人权是世界各国人民的人权，任何国家发展人权都有一个过程。人权随着经济发展、政治改革、文化教育发展和社会稳定才能逐渐实现。国权大于人权的形象是一个国家内部发展的必然要求，也是国家内部发展的必

---

① 中华人民共和国国务院新闻办公室．中国的民主[N]．人民日报，2021-12-05(5).

② 中共中央关于党的百年奋斗重大成就和历史经验的决议[N]．人民日报，2021-11-17(1).

③ 习近平谈治国理政：第一卷[M]．北京：外文出版社，2014：140.

④ 习近平．全面贯彻实施宪法　促进社会主义政治文明建设[J]．浙江人大，2002(12)：8-10.

然结果，但这并不排斥人权的普遍性，而是强调人权在任何一个国家的发展都有一个过程，都有其必然性和合理性。

五、全过程人民民主有助于建构国家民主鲜活形象

国家民主形象是静态和动态的统一。没有静态的国家民主形象，动态的国家民主形象就会失去根基；没有动态的国家民主形象，静态的国家民主形象就会失去活力。世界上任何国家的民主形象都在随着实践的变化而进行调整，以增加国家民主形象的适应性。发展全过程人民民主的国家民主形象，是伴随中国实践发展而发展的国家民主形象。发展全过程人民民主的内容和形式，建构了鲜活的国家民主动态形象。

第一，全过程人民民主与国家民主形象建构的动态性。全过程人民民主建设的动态性决定了国家形象建构的动态性。无论是全过程人民民主的价值，还是全过程人民民主的制度都体现了广泛的参与。广泛参与的全链条、全方位、全覆盖的动态性，不断建构国家形象的过程性、阶段性、动态性，以全面确立民族国家形象、中国特色社会主义的整体形象、社会主义现代化国家形象、社会主义法治国家形象、社会主义国家全过程人民民主形象。全过程人民民主的发展内容、重点不同，国家民主形象建构的重点和内容也不同。如独立自主大国、改革开放大国、负责任大国、东方大国等。在全过程人民民主话语塑造下，又提升和加强民主大国的形象。

第二，全过程人民民主与国家民主形象建构的丰富性。全过程人民民主的丰富性决定国家形态建构的丰富性。从价值理性来说，实现全过程人民民主的过程是不断吸收人类共同民主价值的过程，而人类共同民主价值不是单一人民的权利这一价值，而是具有自由、平等、公正和法治的价值，全过程人民民主的价值随着观念和实际的需要，将不断吸取新的价值，社会主义核心价值体系就具有高度的复合性。从工具理性来说，全过程人民民主具有推进社会全面进步的功能。国家形象因此会随着价值理性和工具理性的生成与推进丰富国家民主价值形象。从全过程人民民主制度与广泛参与形式来说，任何制度的发展与完善以及参与形式的不断丰富和创新，都会推进国家民主制度形象的建构。

第三，全过程人民民主与国家民主形象建构的多维性。全过程人民民主从价值、制度、权利三个基本层面和宏观、中观、微观三个视域以及经济、政治、文化、社会四个场域建构了国家民主形象的多维性。由于个体和群体选择以及接受民主信息的不同，通过民主信息建构国家民主的维度也有一定的差异，这导致对国家的认同度不同，以及建构国家民主的形象维度不同。“中国有着悠久

的政治文化传统，儒家思想的影响延续至今；新中国成立后，官方的社会主义民主话语占据主导；改革开放以来中国对西方自由民主话语的了解也越来越多。”①人民群众都是个体化的人，都是处于不同政治文化情境的个体，接触了多样化情境文化的个体情感认知、理性认知和价值认知不同，也因此形成了国家民主形象的多维度。

全过程人民民主使个体与群体具备了新的信息选择，加强了民众的情感认知、理性认知、价值认知和身份认知，形成了新的全过程人民民主的心理偏好，重新建构了中国的民主价值形象、民主制度形象、民主人权形象。三个维度的国家民主形象具有交融和互构的特点。全过程人民民主这一国家民主形象是中国迫切需要建构的形象，也是迫切需要向世界各国展示的形象。国家民主形象的建构及世界各国的逐渐认可，是中国走向世界的基本标志。

第二节　全过程人民民主与国家治理关系建构

民主与治理具有合流的大趋势。围绕着民主与治理的关系，取得了诸多研究成果，并在实践中得到检验，集中体现在民主与国家治理、协商民主与国家治理、民主与基层治理、民主与社会治理等方面。在中国共产党提出全过程人民民主之际，需要进一步研究全过程人民民主与国家治理的关系，进而明晰全过程人民民主与国家治理的理论逻辑、价值逻辑、实践逻辑。全过程人民民主与国家治理的理论逻辑是全过程人民民主带动提升国家治理水平，并通过国家治理展开。价值逻辑是全过程人民民主的价值规范国家治理，防止因缺失全过程人民民主价值而导致国家治理失之偏颇。实践逻辑是全过程人民民主与国家治理从分流到合流，到互嵌，再到互相推进，共同推动国家政治现代化的步伐。但也不可否认，实践过程远比理论推导更为复杂。

一、民主与治理从分流到合流

民主与治理的关系大致分为四个阶段，分别是民主与治理的分流化、民主与治理的合流化、民主与治理的互嵌化及民主与治理的共进化。民主治理的历程是从民主与治理分流到合流，从合流到互嵌，从互嵌到共进，最后融为一体，形成了民主治理的大趋势。

① 胡鹏. 引入政治文化情境：民主认知测量的新思路[J]. 社会科学战线，2021(12)：212-219.

（一）民主与治理的分流化

民主与治理，无论从理性到经验、从理想到现实、从应然到实然、从规范到运作，都是分属于两个不同的话语体系。民主要解决的是权力的来源、权力的正当性、权力的合法性、权力的归宿性问题。治理要解决的是权力的秩序性、权力的安全性、权力的权威性、权力的支配性、权力的有效性、权力的效率性等问题。民主的主体是人民，民主即人民的权力，民主的形式包括直接民主与间接民主。治理的主体是统治阶级。马克思主义认为，人类社会分为五个阶段，除了原始社会，奴隶社会的统治阶级是奴隶主，封建社会的统治阶级是封建主，资本主义社会的统治阶级是资产阶级，社会主义社会的统治阶级是无产阶级。也就是说，传统治理都是统治阶级的治理。传统社会是没有民主治理的社会，是把大众排斥在外的治理社会。按照马克思的逻辑，只有到现代的社会主义社会，无产阶级才成为治理的主体之一。无产阶级成为治理主体的第一步，就是争得民主。没有民主，无产阶级参与治理就会成为一句空话。

（二）民主与治理的合流化

从人类政治发展史来看，自古希腊之后，民主沉寂了两千多年才再次兴起，并经历了民主化的三次浪潮。治理自古至今一直存在，治理的权力及程序不管如何更迭和转型，都与民主缺少内在的联系，二者处于互不干扰的状态。只有“知识社会的出现提高了民主兴起的可能性”①。民主与治理相结合，则是近现代的事情。从现代治理的发展来看，传统治理让位于现代治理，现代治理与民主治理相结合成为不可避免的大趋势。

从国家政治现代化的角度来看，民主与治理必然从分流走向合流，民主与治理由外在联系变成内在联系，但内在的联结点究竟在哪里，学者也对此感到困惑，因此才有“‘没有民主的治理’和‘没有治理的民主’。没有民主的治理缺乏民意基础，其合法性经常受到挑战；没有治理的民主意味着民主空转，其效益性受到挑战”②。很显然，民主需要治理，治理也同样需要民主。多数人的民主决策机制如果没有与国家的法治联姻，就有演变为多数人暴政的可能性。国家治理如果没有边界，没有“民主的剃刀”，国家就会越界到社会，压缩社会自主和社会自我治理的空间。国家政治现代化，必然是民主与治理合流的现代化。

---

① 燕继荣. 现代国家建设与现代国家治理[J]. 中国治理评论，2015(1)：40-68.

② 燕继荣. 民主化的含义及拓展空间[J]. 国际政治研究，2016，37(2)：36-50.

（三）民主与治理的互嵌化

民主与治理既不同源也不同本，把民主与治理结合起来，需要建立协商民主治理机制。哈贝马斯认为协商民主的关键“取决于相应的交往程序和交往预设的建制化，以及建制化商议过程与非正式地形成的公共舆论之间的共同作用”①。但这种协商民主并不是单独意义上的民主治理，而是“议会制民主的超越和代议制的补充”②。既然是代议制的补充，协商民主治理的范围就会受到严格的限制。“可以借助何种机制将民主嵌入治理并实现治理对民主的吸纳。”③这种吸纳是通过参与过程的民主化与社会化来完成的。卡罗尔·佩特曼认为，民主需要“社会中所有领域的政治体系通过参与过程得到民主化和社会化”④。民主治理“在最大限度地促进公共利益”⑤。由此可见，西方的协商民主治理是建立在西方意义民主政体的前提下，为代议制提供补充式治理，通过交往程序和交往预设的建制化机制完成，其协商的内容是商议过程与公共舆论互相作用的过程。西方民主与治理的互嵌只是机制的互嵌，而不是广泛参与的互嵌，具有局限性。民主与治理的互嵌即是民主中有治理，治理中有民主，民主离不开治理，治理离不开民主，民主的内容和过程就是治理的内容和过程，而治理的内容和过程也是民主的内容和过程。协商民主机制主要是打破了二者互相隔离的局面，使民主与治理相互结合。

（四）民主与治理的共进化

民主与治理的共进化，指民主与治理共同推动国家政治现代化和文明化。民主是人类共同的价值，是世界各国人民的基本权利。民主是政治现代化和政治文明的基本标志。国家治理现代化，需要人人参与治理，需要国家、社会、市场、精英、大众的协同治理，国家是治理的主体，也是社会、市场、精英、大众治理的引领者。任何一种治理都离不开民主，离开民主的治理只能是传统式治理。传统治理往往只强调政治精英的治理，而政治精英的治理如果失去了民众，抛弃了民主，国家治理易于导致失效的风险。传统治理走向现代国家治理，必须使民主治理与国家治理相结合，才能避免国家治理的风险和危机，才

---

① 哈贝马斯. 在事实与规范之间[M]. 童世骏，译. 北京：生活·读书·新知三联书店，2011：370.

② 陆聂海. 从官僚制行政到民主治理：公共管理范式转换的再思考[J]. 行政论坛，2016，23(2)：43-47.

③ 曹海军，黄徐强. 民主治理的复合变奏[J]. 新视野，2016(5)：27-32.

④ 佩特曼. 参与和民主理论[M]. 陈尧，译. 上海：上海人民出版社，2006：39.

⑤ 陆聂海. 从官僚制行政到民主治理：公共管理范式转换的再思考[J]. 行政论坛，2016，23(2)：43-47.

能使民主治理最优化、国家治理实效化。国家治理的文明化，就是现代民主价值对国家治理的全覆盖。

二、全过程人民民主与国家治理的内在契合

全过程人民民主与国家治理的内在契合，是对民主与治理关系的继承与超越。民主与国家治理具有内在契合性表明，离开民主的国家治理与离开国家治理的民主都不利于社会主义政治现代化建设。国家治理需要与全过程人民民主互动。全过程人民民主与国家治理的关系在各个层面都具有不可分性。“民主与国家治理紧密相关，民主的发展与国家治理的现代化相伴相生，相互作用，相互促进。”[①]民主是国家善治的前提和基础，也是社会主义优越性的体现，“好的民主一定是实现良政善治的，一定是推动国家发展的”[②]。民主质量决定了国家治理的效能，“中国民主的高质量，促进了国家治理的高效能，提升了国家治理体系和治理能力现代化水平”[③]。由此可见，民主与国家治理密不可分，民主之重是国家治理之重。全过程人民民主与国家治理的关系是互相促进的关系，全过程人民民主提升国家治理的价值、效能、水平、质量。

全过程人民民主与国家行为的内在契合表现在制度契合、价值契合、行为契合三个方面。全过程人民民主的制度与国家治理的制度是一致的。全过程人民民主的行为就是国家治理行为的组成部分，聚焦于广泛参与。全过程人民民主与国家治理共同贯穿着以人民为中心的核心价值，二者的话语体系具有高度重叠性。

（一）广泛参与的制度契合

制度具有根本性、长远性、稳定性，全过程人民民主的广泛参与因为有了制度，才有了稳定的预期。没有制度，全过程人民民主的广泛参与就会失去稳定的预期且难以持久，甚至变成可有可无的参与，也实现不了全过程人民民主的目的。制度是决定性因素，直接关系到参与的范围、广度、深度和过程。因此，制度决定了全过程人民民主广泛参与的质量和效能。广泛参与是制度化的广泛参与、规范化的广泛参与、程序化的广泛参与、管理的广泛参与。制度化的参与主要是在中国特色社会主义政治制度内的参与，这些制度包括人民代表大会的根本政治制度以及中国共产党领导的多党合作和政治协商制度、民族区

---

① 中华人民共和国国务院新闻办公室. 中国的民主[N]. 人民日报，2021-12-05(5).

② 中华人民共和国国务院新闻办公室. 中国的民主[N]. 人民日报，2021-12-05(5).

③ 中华人民共和国国务院新闻办公室. 中国的民主[N]. 人民日报，2021-12-05(5).

域自治制度和基层群众自治制度等基本政治制度。“对坚持和完善中国特色社会主义制度、推进国家治理体系和治理能力现代化作出总体擘画，重点部署坚持和完善支撑中国特色社会主义制度的根本制度、基本制度、重要制度。”①《中共中央关于中国共产党的百年奋斗重大成就和历史经验的决议》表明，广泛参与的制度也是国家治理的制度，国家治理的制度与全过程人民民主广泛参与的制度都是基于中国特色社会主义的政治制度。没有中国特色社会主义制度，就没有全过程人民民主，也没有民主与国家治理的契合。民主是中国特色社会主义政治制度的民主，国家治理是中国特色社会主义政治制度的治理，二者共同内嵌于中国特色社会主义政治制度之中。

全过程人民民主与国家治理都通过广泛参与来实现。任何参与都需按程序进行，任何程序都需具有正当合法性。离开合法程序的参与，其后果可能破坏制度本身或者降低参与的效能。广泛参与重点在制度参与，制度设定了参与的基本框架。广泛参与是聚焦国家政治事务、经济事务、文化事务、社会事务四个范围的参与。无论是强调以国家为中心的国家与社会互动，还是以社会为中心的社会与国家互动，都具有广泛的互动程序。全过程人民民主是程序化的广泛参与，中国特色的社会主义政治制度都具有广泛参与的程序，比如立法程序的参与、协商民主程序的参与、少数服从多数的程序参与等。全过程人民民主体现程序正义、过程正义和结果正义，并贯穿到国家治理的各个环节。

（二）广泛参与的价值契合

全过程人民民主与国家治理都贯穿着人民至上的价值。人民至上是全过程人民民主的核心价值，也是国家治理的核心价值，全过程人民民主与国家治理共享人民至上的价值。《中共中央关于中国共产党的百年奋斗重大成就和历史经验的决议》从党的领导、人民民主、依法治国、国家治理、社会治理、法治治理等多层面多角度强调以人民为中心，坚持人民至上的价值。“坚持以人民为中心”“最深厚的基础是人民”“民心是最大的政治”“使各方面制度和国家治理更好体现人民意志、保障人民权益、激发人民创造”“建设人人有责、人人尽责、人人享有的社会治理共同体”②，无论是全过程人民民主还是国家治理，都要“及时回答时代之问、人民之问”。也正因为不断强调人民至上的价值，才能说“民主不

---

① 中共中央关于党的百年奋斗重大成就和历史经验的决议（2021 年 11 月 11 日中国共产党第十九届中央委员会第六次全体会议通过）[J]. 山东人大工作，2021(11)：12-33.

② 中共中央关于党的百年奋斗重大成就和历史经验的决议（2021 年 11 月 11 日中国共产党第十九届中央委员会第六次全体会议通过）[J]. 山东人大工作，2021(11)：12-33.

是装饰品，不是用来做摆设的，而是要用来解决人民需要解决的问题的”①。“‘善治’就是公众利益最大化的管理过程或者说是治理过程。”②协商民主更能体现全过程人民民主的价值，并通过政治沟通来实现民主的价值，“协商民主就是官民共同来参加国家治理，必须考虑如何改善政府与公民的沟通，或者说如何实现政治沟通的现代化”③。全过程人民民主的价值在于实现权责统一，全过程人民民主权利与全过程人民民主责任密不可分，不存在没有全过程人民民主权利的责任，也不存在没有全过程人民民主责任的权利。公开性、公共性、透明性是全过程人民民主与国家治理的共同规范，人民广泛参与与国家治理都需要公开性，防止暗箱操作。全过程人民民主与国家治理都具有公共性，而“公共性需要这些受影响者有机会获取相关信息，偶然它也与透明性或开放性通用”④。全过程人民民主与国家治理的前提是信息透明，只有信息透明，国家与人民才具有可获得性，才能真实有效地参与到公共治理中来。

（三）广泛协商的行为契合

协商民主是全过程人民民主的特色。制度协商、政治协商、政党协商、决策协商、立法协商、人事协商、社会协商、全过程协商都是协商民主治理体系的基本内容。全过程人民民主在某种意义上就是全过程协商民主。全过程协商民主与西方协商民主的不同之处在于，协商贯穿于人民民主的全过程，体现着全过程协商民主的过程性、动态性、互动性、回应性、即时性。协商民主无论在制度层面还是在非制度层面，无论在国家层面还是在社会层面都是全过程协商。“民主政治有两个最关键的环节，一个是授权环节，一个是限权环节。前者主要通过选举民主得以实现，后者主要通过协商民主得以实现。”⑤广泛协商不仅具有理论底蕴、历史底蕴和现实基础，而且具有高度实践性。协商民主的限权，不但能实现国家与社会、社会与社会之间行为互动，而且还能通过互动限制国家治理的权力越界。全过程人民民主协商，主要体现在行为上，使全过程

① 习近平在中央人大工作会议上发表重要讲话[EB/OL].（2021-10-14）[2021-12-19]. http://www.news.cn/politics/2021-10/14/c_1127956955.htm.

② 俞可平. 政治传播、政治沟通与民主治理[J]. 现代传播（中国传媒大学学报），2015，37(9)：73-74.

③ 俞可平. 政治传播、政治沟通与民主治理[J]. 现代传播（中国传媒大学学报），2015，37(9)：73-74.

④ ESMARKA.Democratic Accountability and Network Governance[G]//SORENSENE，TORF-INGJ. Theories of Democratic Network Gover-nance.NewYork：PalgraveMacmillan，2007：276.

⑤ 俞可平. 政治传播、政治沟通与民主治理[J]. 现代传播（中国传媒大学学报），2015，37(9)：73-74.

人民民主建立在现实的基础上。

三、全过程人民民主为国家治理提供内在价值

全过程人民民主与国家治理都具有价值性，但国家治理的工具理性，要服务和服从于全过程人民民主的价值理性。全过程人民民主的价值理性优先于国家治理的工具理性，将国家治理作为推进社会主义全过程人民民主建设的主要手段，把践行和实现全过程人民民主作为社会主义民主和国家治理的重要目的。

（一）国家治理需要全过程人民民主的价值规范

民主是国家治理的内在价值。现代国家的发展在于确立、践行和维护民主价值，使之成为实现政治现代化的主要维度。把国家治理与民主联结在一起，就需要民主价值规范国家治理。“治理毕竟是工具理性，最后的价值理性还是政治发展。”①政治发展的价值理性包括诸多内容，民主、法治、公平、正义、人权、平等、自由等。国家治理包括国家制度体系和国家能力体系。国家制度体系如果没有现代价值规范，即便再完美，也不是良政制度体系，并具有导致恶政体系的潜在风险和现实风险。国家制度体系如果是良政制度体系，但治理主体素质低下，再好的良政制度体系也会遭到破坏，会具有走向恶政治理体系的可能性与现实性。国家治理体系现代化，不但要求以人民民主对国家治理体系进行价值规范，还要求对治理能力主体进行价值规范。因此，对国家治理体系和治理能力进行价值规范就显得尤其重要。

（二）国家治理需要全过程人民民主的价值引导

规范化的参与是政治道德性的参与，国家治理的过程，是人民民主价值引领的过程，否则国家治理或者是为治理而治理，或者如脱缰的野马而横冲直撞，最后导致国家治理的失控与危机，甚至会导致国家治理的失败。一些发展中国家之所以治理失败，其原因是多方面的，如经济停滞、国家建构没有完成，但与没有价值引领具有密切的关系。中国国家治理在取得经济方面巨大成就的同时，政治也不断走向现代化，这与社会主义民主的引领具有重大关系。党的十一届三中全会以来，党和政府不断强调社会主义的引领性，强调民主是中国共产党一直追求的目标，并在各个层面，从宏观到微观，从抽象到具体强调民主价值的引领作用。没有民主就没有社会主义，就没有社会主义现代化。民主是社会主义的本质属性和内在要求，习近平总书记在庆祝全国人民代表大会成立

---

① 俞可平. 探寻中国治理之谜：俞可平教授访谈录[J]. 公共管理与政策评论，2021，10(1)：22-29.

六十周年大会上的讲话中指出，“人民民主是中国共产党始终高举的旗帜”，特别强调了人民民主价值的引领作用。“国家治理主体开始把一定社会的伦理特性从自在状态向自为状态转化的时候，伦理系统就处在有意识地被构造和发展过程之中。”①“道德赋能产生的就是‘下沉效应’。‘下沉’意味着伦理系统将赋予子系统或个体不断提高自主性的权能。”②民主治理才能实现道德赋能，才能使个体提高自主性，才能参与国家治理。而现代化的治理意味着善治，“善治意味着官民对社会事务的合作共治”③。国家治理无论从应然状态还是实然状态都是合作共治，合作共治不仅是善治，而且是良政。良政就是全过程人民民主价值引导的良政，没有全过程人民民主的引导作用，善治会变成国家善于治理，民众成为国家善于治理的对象。只有良政才有善治，无良政则无善治。

（三）国家治理需要全过程人民民主的价值约束

国家治理靠权力来实现，靠权力来完成，更要靠全过程人民民主的价值来约束。这是因为国家治理的权力需要正当性、合法性、合宪性。国家治理权力的正当性来源于人民，回归于人民。国家治理的权力必须具有合法性，“现代社会治理的核心问题是要让所有治理权力受到合法性原则的约束”④。国家权力如果没有全过程人民民主价值的约束，失去了合法性约束的国家治理权力就会变成“裸奔”的权力。中华人民共和国宪法强调国家一切权力属于人民，国家治理权力来自人民，也受合宪性的约束。通过宪法和法律约束国家治理的权力，维护宪法尊严、树立宪法尊严就是维护全过程人民民主的权威和尊严。

（四）国家复合治理体系需要全过程人民民主价值的复合内嵌

全过程人民民主与国家治理都是复合体系。复合体系包括价值复合体系、制度复合体系、主体复合体系。价值复合体系包括民主、法治、自由、平等复合体系，主要体现在社会主义核心价值体系中。制度复合体系包括党的领导制度、人民代表大会制度、中国共产党领导的多党合作和政治协商制度、基层群众自治制度和民族区域自治制度等。主体复合体系包括多元主体，即“治理主体的多元性使得治理体系表现为庞大的复合体系，这种包括了国家、公民、社会组织，甚至是私营部门在内的复合体系蔚为壮观，组成了一支前所未有的‘国家

① 张霄．国家治理的伦理系统：概念、功能、构架与运维[J]．中国治理评论，2020(1)：14-31.
② 张霄．国家治理的伦理系统：概念、功能、构架与运维[J]．中国治理评论，2020(1)：14-31.
③ 俞可平．中国的治理改革(1978—2018)[J]．武汉大学学报(哲学社会科学版)，2018，71(3)：48-59.
④ 张乾友．权力、损害与合法性：民主治理的实践悖论[J]．理论与改革，2016(2)：74-80.

治理合唱团'"①。国家、公民、社会组织都需要全过程人民民主价值的全部内嵌，使国家治理民主化、公民参与民主化、社会组织民主化。如果复合体系中任何一个子系统没有嵌入全过程人民民主的价值，都会使其他的复合体系受到严重影响。

四、国家治理是实现全过程人民民主的手段

全过程人民民主是目的，国家治理是手段。国家治理的工具理性要为全过程人民民主的价值理性服务，从这个意义上说，国家治理自始至终都是实现全过程人民民主的手段。

（一）国家治理是实现经济民主的手段

全过程人民民主包括经济民主，经济民主是政治民主的基础。经济民主的核心是平等，没有国家治理，经济平等只会停留在形式意义上，而不能实现实质意义上的平等。只有实现国家治理体系和治理能力的现代化，社会才会更加平等。全过程人民民主在经济民主上体现的特色有两个方面：一是要解决社会主义的主要矛盾，让人民群众在经济发展过程中具有获得感、幸福感、安全感；二是解决共同富裕，实现公平正义，防止两极分化。这两个方面都离不开国家治理，没有国家治理体系和治理能力的现代化，仅靠市场主体或者社会主体是难以完成实现公平分配和共同富裕这一艰巨任务的。

国家治理通过经济绩效来推进全过程人民民主。经济基础决定上层建筑，上层建筑具有反作用。国家治理根源于经济基础，国家治理通过促进经济发展，提升经济绩效，进而推进经济民主。民主与治理通过经济绩效发生内在关联。从世界政治发展过程来看，民主与治理并无必然关系之说就在于没有促进经济发展，取得经济绩效。公共政策能否取得经济绩效，无疑是衡量民主与治理的根本标准。当治理不能取得经济绩效时，就会不断引入民主的内容，通过民主促进经济发展，实行经济民主。这是"不得不实行不同程度的决策开放，引入民主选举、民主协商、民主监督、民主评议的方法。我们把这样的理论称之为'以问题为导向的民主理论'"②。中国改革开放的四十多年，是国家治理推动经济发展的四十多年，也是及时有效地推进人民民主发展的四十多年。

---

① 张乾友．权力、损害与合法性：民主治理的实践悖论[J]．理论与改革，2016(2)：74-80．

② 燕继荣．民主化的含义及拓展空间[J]．国际政治研究，2016，37(2)：36-50．

（二）国家治理对全过程人民民主具有保障功能

国家治理是保障全过程人民民主的手段。国家治理能够保障全过程人民民主的民主权利、价值、有序参与和制度参与等。“治理是实现一定社会政治目标的手段，相对于国家的统治体制而言，治理体制是一种工具理性。”①全过程人民民主是目的，目的决定和规范手段；国家治理是手段，手段只有服务于目的，才具有合法性、正当性。离开了全过程人民民主这一根本目的，国家治理就失去了合法性和正当性。只讲国家治理，不讲全过程人民民主，国家治理就会失去基本的方向和目标。党和政府一直强调人民至上的价值，坚持人民的主体地位，就是党和政府通过国家治理来实现人民至上的价值，坚持人民群众的主体地位。“现代国家治理通常又称为民主治理，离开民主，国家治理的现代化就无从谈起。”②全过程人民民主以制度为中心，以管理设定民主的范围，目的在于通过国家治理体系和国家治理能力来保证全过程人民民主。

（三）国家治理具有复合全过程人民民主的功能

全过程人民民主强调民主的全过程性，国家治理能力也强调治理的全过程性，全过程人民民主的全过程就是国家治理能力的全过程，国家治理能力的全过程就是人民民主的全过程。全过程人民民主因为问题导向而呈现出不同类型的治理模式。从治理模式来讲，民主分为选举治理、协商治理、多中心治理、参与治理、回应性治理、应急性治理、政策性治理。但无论何种治理，治理都是手段，治理的目的是实现民主的价值。“以复合的治理体系来实现民主治理的合力，这在国家治理的现代化过程中表现为一般规律。”③“要提高民主治理的能力，不仅需要提高民主治理体系各个组成部分的能力，还应该注意整合各个组成部分，使其发挥合力效应。正是围绕着合力效应的发挥，民主治理形成了复合体系和复合机制。”④国家治理能力就是民主治理能力，国家复合功能就是民主复合功能。国家治理更具有复合全过程人民民主的功能，这是因为国家具有支配性、权威性，并垄断国家的暴力权力，因此更具有整合能力。

---

① 俞可平．中国的治理改革(1978—2018)[J]．武汉大学学报(哲学社会科学版)，2018，71(3)：48-59.

② 俞可平．国家治理的中国特色和普遍趋势[J]．公共管理评论，2019，1(3)：25-32.

③ 佟德志．当代世界民主治理的主体复合体系[J]．政治学研究，2020(6)：14-23.

④ 佟德志．治理吸纳民主：当代世界民主治理的困境、逻辑与趋势[J]．政治学研究，2019(2)：39-48.

（四）国家治理解决了选举民主的难题

国家治理是全过程人民民主的治理，全过程人民民主就是人民参与全过程国家治理，国家治理体系为全过程人民民主提供了有效保障。在西方的学者看来，没有选举就没有民主，选举民主成本低效率高。在选举的意义上，民主本身成了手段，民主通过选举实现了民主的价值。民主选举体现的是制度安排，其中以熊彼特、达尔、萨托利的观点最为典型。熊彼特认为，民主方法就是那种为“作出政治决定而实行的制度安排，在这种安排中，人通过争取人民选票取得做决定的权力”①。达尔认为：“一个独立于国家的多元的、自我管理的公民社会，是民主社会的必不可少的条件。”②萨托利认为：“大规模民主是一种程序或机制，它(1)带来开放的多头统治，这种统治在选举市场上的竞争(2)把权力带给人民，并且(3)具体地加强了领导者对被领导者的责任。”③西方选举式治理很显然是精英式治理，在民众选举出政治委托人之后，民众就进入了“休眠期”，精英开始了治理期，精英治理的过程也就是民众失去广泛参与的过程。熊彼特的所谓民主也仅仅是政治精英通过民主选举获得了作出决定的权力，达尔认为公民社会要实现自我管理，但他没有认识到民众还应有作出决策的参与权力，萨托利也只是让精英对被领导者负有责任。

（五）国家治理维护民主的秩序

国家治理具有维护秩序与安全的功能，没有国家治理，秩序与安全就会受到严重破坏。改革开放前的历史充分证明了国家治理在维护秩序与安全方面的重要性，没有秩序与安全的全过程人民民主会陷入一盘散沙的状态，会导致多数人的暴政和公共权力的滥用。“国家治理有赖于强有力的政府来维护自由和秩序，政府滥用权力同样也可能危及自由。”④国家治理的全过程是维护全过程人民民主秩序与安全的全过程。在广泛参与的全过程人民民主下，如果不通过国家治理维护其秩序与安全，全过程人民民主就会变成无序混乱的、处于恐惧状态下的民主。没有稳定，没有秩序与安全，就会走向民主的反面。

总之，全过程人民民主的全过程涵盖国家治理的全过程，国家治理的全过程是全过程人民民主体现的过程。全过程人民民主的质量是国家治理能力的基本标志。同时需要注意的是，任何民主都具有成本与收益、公平与效率的关系。

---

① 熊彼特. 资本主义、社会主义与民主[M]. 吴良健，译. 北京：商务印书馆，1979：396.

② 达尔. 民主理论的前言[M]. 顾昕，译. 北京：东方出版社，2009：221.

③ 萨托利. 民主新论[M]. 冯克利，阎克文，译. 北京：东方出版社，1998：175.

④ 杨宏山. 自由、秩序与更好的国家治理[J]. 理论视野，2015(4)：55-57.

全过程人民民主与国家治理同样需要考虑成本与收益、公平与效率的关系。理想的状态是只有全过程人民民主与国家治理在收益大于成本的时候，全过程人民民主与国家治理才能成为优选项。现实的状态是全过程人民民主与国家治理的成本与收益关系极为复杂。全过程人民民主强调的是公平性，国家治理强调的是效率因素。这就需要建构全过程人民民主与国家治理的内在契合机制，兼顾公平与效率，进而实现全过程人民民主与国家治理的平衡。

第三节　全过程人民民主与全体人民共同富裕

全过程人民民主与全体人民共同富裕是相辅相成、相互推进、互相渗透、互为表里的关系。全过程人民民主是推进全体人民共同富裕的保障，只有发展全过程人民民主，才能保障全体人民共同富裕逐步实现。全体人民共同富裕是发展全过程人民民主的物质基础，只有实现全体人民共同富裕，才能使全过程人民民主落到实处。“在制度意义上，共同富裕指全体人民共享社会公正和制度文明；人民当家作主，共享民主荣光，依法参与民主选举、民主协商、民主决策、民主管理、民主监督等全过程人民民主……”[①]中国共产党第二十次全国代表大会不仅从不同角度强调了发展全过程人民民主的地位、作用、意义和完善的措施，也从不同角度强调了全体人民共同富裕的地位、作用、意义和改进的措施，并把发展全过程人民民主与推进全体人民共同富裕提升到中国式现代化本质的高度[②]。

一、发展全过程人民民主与推进全体人民共同富裕在时间上的同步性

二者在时间上的同步性，体现了对中国共产党执政规律、社会主义建设规律、人类社会发展规律的深刻认识。历史发展如果由少数社会精英决定，他们就会忽略民众的基本生活状况，从而导致政治失序、经济失衡、社会失常，甚至导致社会动荡和社会溃败，终局是革命、政权更替。从社会发展规律来说，公平、正义与效率是现代社会的共同追求，但因政体与体制性原因，或者是政治精英背离了公平正义，政党没有以人民为中心，造成民主与富裕的背离：或

① 张文显. 法治是共同富裕的制度资源[J]. 法治社会，2022(3)：1-9.

② 张爱军. 全过程人民民主与全体人民共同富裕：同步性·互动性·合力性[J]. 理论建设，2023，39(2)：9-17.

是发展民主的同时没有改善人民的生活；或是人民的生活虽有改善但未及时推进民主，最终既失去了民主又失去了富裕。中国共产党走出了一条超越西方政治与经济非协调性发展模式的现代化道路，在发展全过程人民民主的同时同步推进全体人民共同富裕。

第一，发展全过程人民民主与推进全体人民共同富裕在时间上的同步性，彰显了马克思主义基本原理在中国的具体运用。“坚持运用辩证唯物主义和历史唯物主义，才能正确回答时代和实践提出的重大问题，才能始终保持马克思主义的蓬勃生机和旺盛活力。”[①]将马克思主义辩证唯物主义具体运用在发展全过程人民民主与推进全体人民共同富裕的关系上，体现了二者的辩证统一。全过程人民民主与全体人民共同富裕相互促进，实现全过程人民民主离不开全体人民共同富裕这一物质基础，全体人民共同富裕的实现同样需要以发展全过程人民民主为动力。马克思主义历史唯物主义认为，经济是基础，经济基础决定上层建筑，上层建筑具有反作用，表现为对经济基础的积极作用和消极作用。上层建筑积极作用的发挥，需要不断进行政治改革得以实现。改革开放的过程是实践并发展马克思主义理论的过程，把政治与经济的共同发展与进步紧密地结合起来，即经济上发展生产力，政治上发展民主。经济能否发展与进步，取决于政治改革是否成功。发展全过程人民民主与推进全体人民共同富裕在时间上的同步性是经济与政治共同发展的具体体现。这就要求，一方面要发展全过程人民民主；另一方面要“着力促进全体人民共同富裕”，要“扎实推进共同富裕”[②]，通过发展全过程人民民主推进高质量的全体人民共同富裕。离开了全过程人民民主，共同富裕的高质化就会受到严重影响。同样，离开了共同富裕的高质化，全过程人民民主体现出来的参与感、自豪感、获得感、尊严感也会相应受损。

第二，发展全过程人民民主与推进全体人民共同富裕在时间上的同步性，体现了中国式现代化在实践上的必然要求。现代化既具有共同性，也具有特殊性，一个国家走向现代，既要遵循现代化一般规律，又要符合本国实际，走特殊性现代化发展道路，体现了现代化的普遍性与特殊性的统一。西方发达国家已经实现了现代化，发展中国家也在向实现现代化的目标努力。发展中国家走向现代化的过程并非一帆风顺，甚至有些国家在走向现代化的过程

---

① 习近平. 高举中国特色社会主义伟大旗帜　为全面建设社会主义现代化国家而团结奋斗：在中国共产党第二十次全国代表大会上的报告[M]. 北京：人民出版社，2022：17.

② 习近平. 高举中国特色社会主义伟大旗帜　为全面建设社会主义现代化国家而团结奋斗：在中国共产党第二十次全国代表大会上的报告[M]. 北京：人民出版社，2022：46.

中充满着动荡，原因之一就是没有将民主与富裕紧密结合起来，有些国家甚至走上民主与富裕相分离的道路。这或者表现为政治“萎缩”而经济“膨大”，或者是政治“膨大”而经济“萎缩”。政治“萎缩”经济“膨大”表现为政治无能，少数富裕群体支配政治，形成财阀政治、财团政治、财富政治；政治“膨大”经济“萎缩”表现为权力支配一切，经济失去基本活力。“我国不走一些国家通过战争、殖民、掠夺等方式实现现代化的老路，那种损人利己、充满血腥罪恶的老路给广大发展中国家人民带来深重苦难。”[①]中国式现代化是充分吸取西方教训的现代化，是发展全过程人民民主与推进全体人民共同富裕同步进行的现代化。

中国充分吸取了西方社会和一些发展中国家的经验教训，跳出了“跛足”经济或“跛足”政治的发展道路和发展模式，坚持走经济与政治并行不悖的发展道路。改革开放以来，中国共产党一直强调并积极发展社会主义民主。没有民主就没有社会主义、就没有社会主义的现代化论，民主是社会主义的生命论，民主是社会主义本质属性和内在要求论，发展全过程人民民主是社会主义民主政治的本质属性论等都是社会主义民主理论与实践的创新成果，并在实践中不断得到发展和完善。没有民主就没有社会主义的现代化，其中就包括没有民主就没有中国式现代化的全体人民共同富裕，因为发展全过程人民民主需要人民广泛参与，发挥人民群众的聪明才智。全体人民共同富裕会使全过程人民民主的主体——人民群众更具有参与主动性、自豪感、主人翁责任感。

第三，发展全过程人民民主与推进全体人民共同富裕在时间上的同步性，体现了社会主义本质的必然要求。改革开放四十多年，政治上发展民主就是发展全过程人民民主，经济上实现共同富裕就是实现高质量的全体人民共同富裕。发展全过程人民民主与实现全体人民共同富裕都是社会主义本质的内在要求。党的二十大报告再次强调指出，“全面发展全过程人民民主”[②]，一方面强调全过程人民民主的社会主义民主本质属性，即“全过程人民民主是社会主义民主政治的本质属性，是最广泛、最真实、最管用的民主”[③]；另一方面把民主与现代化密切结合起来，“人民民主是社会主义的生命，是全面建设社会主义现代化国

① 习近平．高举中国特色社会主义伟大旗帜　为全面建设社会主义现代化国家而团结奋斗：在中国共产党第二十次全国代表大会上的报告[M]．北京：人民出版社，2022：23.

② 习近平．高举中国特色社会主义伟大旗帜　为全面建设社会主义现代化国家而团结奋斗：在中国共产党第二十次全国代表大会上的报告[M]．北京：人民出版社，2022：9.

③ 习近平．高举中国特色社会主义伟大旗帜　为全面建设社会主义现代化国家而团结奋斗：在中国共产党第二十次全国代表大会上的报告[M]．北京：人民出版社，2022：37.

家的应有之义”①。全过程人民民主是社会主义的生命和社会主义现代化的应有之义，共同富裕是“全面建设社会主义现代化国家应有之义”的组成部分，也就必然成为高质量的全体人民共同富裕。实现高质量的共同富裕，人民在政治、经济、社会、文化、生态等方面的参与感、自豪感、幸福感、获得感、尊严感、自信感都会得到显著提升。

共同富裕始终是全体人民的共同追求。改革开放以来，中国共产党一直强调“共同富裕”。从贫穷不是社会主义到小康型的共同富裕，再到全体人民共同富裕，共同富裕的每一个发展阶段既有量的要求又有质的规定，“质”与“量”都在共同富裕的实践过程中不断提升，都不断强调并防止出现“哑铃型”社会、防止平均主义以新的方式泛滥、防止形成两极分化格局。“哑铃型”社会是两头大中间小的社会，这一社会形态破坏了社会公平与正义，进而破坏共同富裕；平均主义是民粹主义的底色，追求绝对的平等，与按劳分配原则相背；两极分化本质上是资本主义生产关系的反映，背离了社会主义发展道路。“社会主义最大的优越性就是共同富裕，这是体现社会主义本质的一个东西。”②党的二十大报告强调，中国式现代化的本质要求之一是“实现全体人民共同富裕”，“中国式现代化是全体人民共同富裕的现代化”，“共同富裕是中国特色社会主义的本质要求”，并提出到2035年“全体人民共同富裕取得更为明显的实质性进展”③。社会主义本质一方面要求发展全过程人民民主；另一方面要求实现全体人民共同富裕，只有二者共同推进，才能充分体现社会主义的本质和中国特色社会主义的优越性。

第四，发展全过程人民民主与推进全体人民共同富裕在时间上的同步性，体现了中国式现代化与西方现代化的本质区别。效率与公平，是一个世界性的难题。检视西方的历史发展，西方国家选择的是效率优先，忽略了社会公平问题，结果导致两极分化，这是自由主义支配下的市场经济带来的必然结果，也是西方民主模式带来的必然结果。西方的民主，主要是强调政治上的民主，而不是经济的民主，政治上的民主与经济上的民主相脱离，其结果就是政治民主难以及时纠正西方市场经济社会形成的两极分化。尽管西方政治民主采取了一系列经济发展措施，但因效率优先的选择，使得社会公平问题无法从根本上得

① 习近平. 高举中国特色社会主义伟大旗帜　为全面建设社会主义现代化国家而团结奋斗：在中国共产党第二十次全国代表大会上的报告[M]. 北京：人民出版社，2022：37.

② 邓小平文选：第三卷[M]. 北京：人民出版社，1994：364.

③ 习近平. 高举中国特色社会主义伟大旗帜　为全面建设社会主义现代化国家而团结奋斗：在中国共产党第二十次全国代表大会上的报告[M]. 北京：人民出版社，2022：24.

以解决。中国发展全过程人民民主与推进全体人民共同富裕的同步性，使政治与经济同步进行，体现了效率与公平的统一。中国式的现代化，就是发展全过程人民民主与推进全体人民共同富裕在时间上同步性的现代化。

发展全过程人民民主与推进全体人民共同富裕在时间上的同步性，要求全过程人民民主必须及时跟进共同富裕的步伐，使二者共同推进、共同发展、共同进步，否则就会影响中国式现代化的步伐。

二、发展全过程人民民主与推进全体人民共同富裕在内容上的同步性

发展全过程人民民主与推进全体人民共同富裕是在中国共产党领导这一理论与事实逻辑下展开的。没有中国共产党的领导，就不能实现全过程人民民主，也就没有全体人民共同富裕。发展全过程人民民主与推进全体人民共同富裕具有内在联系，全过程人民民主是推进全体人民共同富裕的制度保障，全体人民共同富裕是发展全过程人民民主的物质基础。不但如此，全过程人民民主与全体人民共同富裕不可分割，全过程人民民主是全体人民共同富裕的民主，全体人民共同富裕是全过程人民民主下的全体人民共同富裕。全过程人民民主与全体人民共同富裕都是以坚持中国共产党的领导为前提的，都以中国共产党坚持的人民性和平等为价值主线。

第一，全过程人民民主与全体人民共同富裕都必须在中国共产党领导下才能实现。党的二十大报告明确指出："为民造福是立党为公、执政为民的本质要求。"①中国特色社会主义最本质的特征是中国共产党领导。中国共产党领导是发展全过程人民民主和推进全体人民共同富裕的前提和保障，并通过全过程人民民主和共同富裕让人民充分感知幸福与尊严。一方面，中国共产党强调"幸福生活都是奋斗出来的，共同富裕要靠勤劳智慧来创造"②；另一方面，中国共产党强调只有发展全过程人民民主和实现全体人民共同富裕，才能充分发扬奋斗精神，并为幸福生活提供保障，这样不但使人民物质富足，而且精神富有，实现物质文明与精神文明双丰收。

第二，发展全过程人民民主与推进全体人民共同富裕在人民性上是内在统一的。人民性贯穿于中国式现代化的各个领域。经济繁荣、政治发展、社会进

---

① 习近平. 高举中国特色社会主义伟大旗帜　为全面建设社会主义现代化国家而团结奋斗：在中国共产党第二十次全国代表大会上的报告[M]. 北京：人民出版社，2022：46.

② 习近平. 扎实推动共同富裕[J]. 求是，2021(20)：4-8.

步、文化建设、生态建设都要以人民为核心，坚持人民至上。坚持人民至上是马克思主义的本质属性，“人民性是马克思主义的本质属性，党的理论是来自人民、为了人民、造福人民的理论”①。“中国共产党的根基在人民、血脉在人民、力量在人民，人民是中国共产党执政兴国的最大底气。”②中国共产党的领导就是坚持人民性价值的领导，“坚持一切为了人民、一切依靠人民，坚持为人民执政、靠人民执政”③。坚持人民至上是因为中国共产党来自人民，服务于人民，只有为人民服务才具有合法性，才能不断提升和拓展合法性基础。“我们党来自人民、植根人民、服务人民……”④坚持人民性价值，不但要强调和实践宏观上的人民性，还要体现微观个体的人民性，比如在法治上，要突出人民至上的内在价值，让人民至上的价值体现在法治的每一个环节当中。“全面依法治国最广泛、最深厚的基础是人民，必须把体现人民利益、反映人民愿望、维护人民权益、增进人民福祉落实到全面依法治国各领域全过程，保障和促进社会公平正义，努力让人民群众在每一项法律制度、每一个执法决定、每一宗司法案件中都感受到公平正义。”⑤坚持人民性就要“尊重人民首创精神，坚持一切为了人民、一切依靠人民，从群众中来、到群众中去，始终保持同人民群众的血肉联系，始终接受人民批评和监督”⑥。坚持人民性就要大兴调查研究之风，急人民所急，想人民所想，把人民对于发展全过程人民民主和推进全体人民共同富裕的具体要求集中起来，形成民主集中的决策机制，使全体人民共同富裕落到实处。

发展全过程人民民主与推进全体人民共同富裕中所包含的人民性要求，具体来说，就是要人民群众广泛参与到全体人民共同富裕的现代化建设中来。乡村振兴、消灭贫困、城乡协同发展、教育医疗等都需要人民群众的主动参与。发展全过程人民民主是高质量的，融于推进全体人民共同富裕之中；推进全体人民共同富裕同样是高质量的，融于发展全过程人民民主之中。共同富裕是具有鲜明中国特色的全面富裕，即包括物质、精神、制度等方面的共同富裕在内

---

① 习近平. 高举中国特色社会主义伟大旗帜　为全面建设社会主义现代化国家而团结奋斗：在中国共产党第二十次全国代表大会上的报告[M]. 北京：人民出版社，2022：19.

② 中共中央关于党的百年奋斗重大成就和历史经验的决议[N]. 人民日报，2021-11-17(1).

③ 中共中央关于党的百年奋斗重大成就和历史经验的决议[N]. 人民日报，2021-11-17(1).

④ 中共中央关于党的百年奋斗重大成就和历史经验的决议[N]. 人民日报，2021-11-17(1).

⑤ 中共中央关于党的百年奋斗重大成就和历史经验的决议[N]. 人民日报，2021-11-17(1).

⑥ 习近平. 高举中国特色社会主义伟大旗帜　为全面建设社会主义现代化国家而团结奋斗：在中国共产党第二十次全国代表大会上的报告[M]. 北京：人民出版社，2022：70.

的中国式共同富裕[①]。发展全过程人民民主与推进全体人民共同富裕，是坚持人民性价值的内容和标志。从这个意义上说，全过程人民民主不但具有制度上的要求，还有精神上的要求。共同富裕也不仅仅是物质上富裕，也是精神上的共同富裕。发展全过程人民民主与推进全体人民共同富裕在精神上的要求，更需要坚持中国共产党的领导。只有把发展全过程人民民主与推进全体人民共同富裕提升到精神的层面，才能形成凝聚力、向心力。

第三，发展全过程人民民主与推进全体人民共同富裕在平等价值上具有内在统一性。平等是社会主义核心价值观的重要组成部分，各个领域都要体现平等的价值取向和内在要求。新时代的民主，是人民广泛而又平等参与的全过程人民民主，新时代的共同富裕是广泛平等的全体人民共同富裕。“不论处在什么发展水平上，制度都是社会公平正义的重要保证。我们要通过创新制度安排，努力克服人为因素造成的有违公平正义的现象，保证人民平等参与、平等发展权利。”[②]平等包括政治平等、经济平等、社会平等。其中，发展全过程人民民主的重点是实现政治平等，以政治平等统摄经济平等和社会平等。推进全体人民共同富裕注重的是实现经济平等。建立在市场经济上的平等主要是机会平等，但过程与结果却往往具有不平等特点，而实现全体人民共同富裕遵循的是经济平等与社会平等协调发展的逻辑与价值。发展全过程人民民主是所有人都参与的民主，所有人都参与的民主就是参与形式与参与内容平等的民主。全体人民共同富裕体现的是公平正义的全体人民共同富裕，没有通过发展全过程人民民主实现全体人民共同参与，只有少数精英参与的全体人民共同富裕，只会走向全体人民共同富裕的反面，即少数人的富裕，进而破坏公平正义。

三、发展全过程人民民主与推进全体人民共同富裕在实践上的互动性

发展全过程人民民主与推进全体人民共同富裕是互动的，这种互动性体现在政治、经济和社会诸领域。政治上的互动推动政治进步，经济上的互动推动经济繁荣，社会上的互动推动社会稳定。

第一，发展全过程人民民主与推进全体人民共同富裕在政治上的互动性。一方面，共同富裕需要参与民主决策，没有民主决策就没有共同富裕的落实，

---

① 张文显. 法治是共同富裕的制度资源[J]. 法治社会，2022(3)：1-9.

② 习近平谈治国理政：第一卷[M]. 北京：外文出版社，2014：74.

“我们生活在一个权力分享的世界里，在这个世界中，政府组织、准政府组织、非营利组织、私人组织共同参与政策的制定和政策的执行”①。实现民主决策就必须听取民众的意见，回应民众的诉求，把民众的合理诉求体现在公共决策中。“公共政策的理性价值并不意味着要求官员以简洁的、充满秩序的、无情感色彩的或预先规定的方式来思考和行动。理性观念是要人们认识到公共政策是一项重要的事业，它需要时间、审慎的思考，需要公民有表达自己意见及使自己的意见被听取的机会，以及尊重他人观点的态度。”②另一方面，全过程人民民主首先是政治上的民主，而政治上的民主需要经济上的支撑。贫穷不是社会主义，贫穷往往弱化民主诉求。“共同富裕是马克思列宁主义、毛泽东思想、邓小平理论、‘三个代表’重要思想、科学发展观、习近平新时代中国特色社会主义思想一以贯之又接续升级的根本原则。”③全过程人民民主与全体人民共同富裕在政治上的互动体现在：全体人民共同富裕为发展全过程人民民主打下良好的基础，全体人民共同富裕持续升级，促使全过程人民民主持续升级，高质量的共同富裕与高质量的全过程人民民主匹配，使全过程人民民主发展更全面。

第二，发展全过程人民民主与推进全体人民共同富裕在经济上具有互动性。发展生产力、以经济建设为中心、发展市场经济、改革开放、农村改革、城市改革、国家治理体系和治理能力的现代化等都突出了发展经济这条主线。发展经济的目的就是为了实现共同富裕，而发展经济就要充分调动人民群众的积极性、主动性、参与性，这需要以人民民主为前提、基础和保障。

作为全过程人民民主重要载体的人民代表大会制度，在经济发展中起决定性的作用。“60 多年来特别是改革开放 40 多年来，人民代表大会制度为党领导人民创造经济快速发展奇迹和社会长期稳定奇迹提供了重要制度保障。”④各级人民代表大会制定的法律和决策，都必须以经济发展作为着力点，“各级人大及其常委会要聚焦党中央重大决策部署，聚焦人民群众所思所盼所愿，推动解决制约经济社会发展的突出矛盾和问题”⑤。是否把经济发展作为着力点，是评价

---

① 弗雷德里克森. 公共行政的精神[M]. 张成福，译. 北京：中国人民大学出版社，2003：3.

② 博克斯. 公民治理：引领 21 世纪的美国社区[M]. 孙柏瑛，译. 北京：中国人民大学出版社，2013：14.

③ 张文显. 法治是共同富裕的制度资源[J]. 法治社会，2022(3)：1-9.

④ 习近平在中央人大工作会议上发表重要讲话强调　坚持和完善人民代表大会制度　不断发展全过程人民民主　李克强汪洋王沪宁赵乐际韩正王岐山出席　栗战书讲话[J]. 中国人大，2021(20)：6-11.

⑤ 习近平在中央人大工作会议上发表重要讲话强调　坚持和完善人民代表大会制度　不断发展全过程人民民主　李克强汪洋王沪宁赵乐际韩正王岐山出席　栗战书讲话[J]. 中国人大，2021(20)：6-11.

民主好坏的重要标准，“评价一个国家政治制度是不是民主的、有效的，主要看国家领导层能否依法有序更替，全体人民能否依法管理国家事务和社会事务、管理经济和文化事业，人民群众能否畅通表达利益要求，社会各方面能否有效参与国家政治生活，国家决策能否实现科学化、民主化，各方面人才能否通过公平竞争进入国家领导和管理体系，执政党能否依照宪法法律规定实现对国家事务的领导，权利运用能否得到有效制约和监督”①。

发展全过程人民民主的目的之一就是要解决经济发展问题。在实践中要以问题为导向，以共同富裕为目标，以人民为核心，否则民主就成了摆设，也正是在这个意义上，习近平总书记强调：“民主不是装饰品，不是用来做摆设的，而是要用来解决人民要解决的问题的。”②这需要在经济决策上体现民众的利益，不断调整不合理的收入差距，使经济政策不断向共同富裕的目标迈进。“我国大部分群众生活水平有了很大提高，出现了中等收入群体，也出现了高收入群体，但还存在大量低收入群众。真正要帮助的，还是低收入群众。平均数会掩盖差距。”③“我们要实现好、维护好、发展好最广大人民根本利益，紧紧抓住人民最关心最直接最现实的利益问题。”④习近平总书记在中央财经委员会第十次会议上指出：“总的思路是，坚持以人民为中心的发展思想，在高质量发展中促进共同富裕，正确处理效率和公平的关系，构建初次分配、再分配、三次分配协调配套的基础性制度安排，加大税收、社保、转移支付等调节力度并提高精准性，扩大中等收入群体比重，增加低收入群体收入，合理调节高收入，取缔非法收入，形成中间大、两头小的橄榄型分配结构，促进社会公平正义，促进人的全面发展，使全体人民朝着共同富裕目标扎实迈进。”⑤发展全过程人民民主通过规范资本、规范财富积累、保障合法收入、调整不合理不合法收入，让全体人民共同富裕成为可能。全面发展全过程人民民主的全面性之一就是通过民主反映人民群众的利益诉求、权利诉求、财产诉求、工作收入诉求，不断调整政策使之不偏离共同富裕的轨道。因此，党的二十大报告一再强调“扎实推进全过程人民民主”“社会主义民主政治制度化、规范化、程序化全面推进”，到 2035 年，

---

① 习近平在中央人大工作会议上发表重要讲话强调　坚持和完善人民代表大会制度　不断发展全过程人民民主　李克强汪洋王沪宁赵乐际韩正王岐山出席　栗战书讲话[J]. 中国人大，2021(20)：6-11.

② 习近平谈治国理政：第二卷[M]. 北京：外文出版社，2017：283.

③ 习近平. 在河北省阜平县考察扶贫开发工作时的讲话[J]. 求是，2021(4)：4-9.

④ 习近平. 高举中国特色社会主义伟大旗帜　为全面建设社会主义现代化国家而团结奋斗：在中国共产党第二十次全国代表大会上的报告[M]. 北京：人民出版社，2022：46.

⑤ 习近平. 扎实推动共同富裕[J]. 求是，2021(20)：4-8.

“全过程人民民主制度更加健全”[①]，中国共产党在践行全过程人民民主的过程中，“始终接受人民批评和监督”[②]。

第三，发展全过程人民民主与推进全体人民共同富裕在社会层面的互动性。社会民主是全过程人民民主的基础，对全过程人民民主具有支撑作用。社会民主是高质量全过程人民民主的重要标志，因此要不断“完善社会治理体系”“健全共建共治共享的社会治理制度，提升社会治理效能……畅通和规范群众诉求表达、利益协调、权益保障通道……建设人人有责、人人尽责、人人享有的社会治理共同体”[③]。社会民主是共同富裕的基础性保障，没有社会民主，共同富裕就难以落到实处，就有可能变成少数基层政权的权贵富裕，甚至变成少数能人的巧取豪夺。全面发展高质量的社会民主，实现社会上的共治、共管、共享，将更有效地推进全体人民共同富裕，积极发展基层民主，夯实全过程人民民主的基础，使人民在全面发展全过程人民民主中提升幸福感、获得感和参与感。

四、发展全过程人民民主与推进全体人民共同富裕在共同发展上的合力性

发展全过程人民民主与实现全体人民共同富裕具有共避风险的优势。发展全过程人民民主与推进全体人民共同富裕在时间上、内容上的同步及实践上的互动，可以使政治与社会共同发展与进步，同时也避免了若干政治、经济和社会风险，保证了政治安全、经济繁荣和社会稳定。

第一，既发展全过程人民民主又推进全体人民共同富裕可以避免政治风险，实现政治稳定与安全。对于中国共产党来说，发展全过程人民民主，既是一场自我革命，也是一场社会其他领域的全面性变革，为中华民族伟大复兴铺平道路。这表明，“党找到了自我革命这一跳出治乱兴衰历史周期率的第二个答案”“确保党永远不变质、不变色、不变味”[④]。自我革命取得重大成果的一个重要

① 习近平. 高举中国特色社会主义伟大旗帜　为全面建设社会主义现代化国家而团结奋斗：在中国共产党第二十次全国代表大会上的报告[M]. 北京：人民出版社，2022：24.

② 习近平. 高举中国特色社会主义伟大旗帜　为全面建设社会主义现代化国家而团结奋斗：在中国共产党第二十次全国代表大会上的报告[M]. 北京：人民出版社，2022：70.

③ 习近平. 高举中国特色社会主义伟大旗帜　为全面建设社会主义现代化国家而团结奋斗：在中国共产党第二十次全国代表大会上的报告[M]. 北京：人民出版社，2022：54.

④ 习近平. 高举中国特色社会主义伟大旗帜　为全面建设社会主义现代化国家而团结奋斗：在中国共产党第二十次全国代表大会上的报告[M]. 北京：人民出版社，2022：14.

标志就是"反腐败斗争取得压倒性胜利并全面巩固，消除了党、国家、军队内部存在的严重隐患"①。也正因为如此，中国共产党"经受住了来自政治、经济、意识形态、自然界等方面的风险挑战考验"②。中国共产党"坚持人民安全、政治安全、国家利益至上的有机统一，人民安全是国家安全的宗旨，政治安全是国家安全的根本，国家利益至上是国家安全的准则，实现人民安居乐业、党的长期执政、国家长治久安"③，其中的政治性原因就是"扩大人民有序政治参与，保证人民依法实行民主选举、民主协商、民主决策、民主管理、民主监督，发挥人民群众积极性、主动性、创造性，巩固和发展生动活泼、安定团结的政治局面"④。改革开放以来，发展全过程人民民主与不断推动共同富裕同时发力，才能在政治发展和社会发展中保持动态平衡，进而实现政治稳定。国家治理体系与治理能力的现代化，包括国家民主治理体系和民主治理能力的现代化。民主治理体系和民主治理能力的不断提升，也为共同富裕提供了强有力的支持。

发展全过程人民民主、实现高质量的全体人民共同富裕，是实现国家总体安全的重要保证。"必须坚定不移贯彻总体国家安全观，把维护国家安全贯穿党和国家工作各方面全过程，确保国家安全和社会稳定。我们要坚持以人民安全为宗旨、以政治安全为根本、以经济安全为基础、以军事科技文化社会安全为保障、以促进国际安全为依托，统筹外部安全和内部安全、国土安全和国民安全、传统安全和非传统安全、自身安全和共同安全，统筹维护和塑造国家安全，夯实国家安全和社会稳定基层基础，完善参与全球安全治理机制，建设更高水平的平安中国，以新安全格局保障新发展格局。"⑤在这种情况下，不断加强共同富裕的建设，就成了重中之重。不注重发展全过程人民民主，不注重推进共同富裕，国家总体安全就会受到严重影响。改革开放四十多年来的成功经验之一就是发展全过程人民民主与推进全体人民共同富裕同步，从而实现了经济稳定与发展。

---

① 习近平. 高举中国特色社会主义伟大旗帜　为全面建设社会主义现代化国家而团结奋斗：在中国共产党第二十次全国代表大会上的报告[M]. 北京：人民出版社，2022：14.

② 习近平. 高举中国特色社会主义伟大旗帜　为全面建设社会主义现代化国家而团结奋斗：在中国共产党第二十次全国代表大会上的报告[M]. 北京：人民出版社，2022：6.

③ 习近平谈总体国家安全金句：人民安全是国家安全的宗旨[EB/OL].（2019-04-15）[2023-02-10]. http://cpc.people.com.cn/xuexi/n1/2019/0415/c385474-31030462.html.

④ 习近平. 高举中国特色社会主义伟大旗帜　为全面建设社会主义现代化国家而团结奋斗：在中国共产党第二十次全国代表大会上的报告[M]. 北京：人民出版社，2022：37.

⑤ 习近平. 高举中国特色社会主义伟大旗帜　为全面建设社会主义现代化国家而团结奋斗：在中国共产党第二十次全国代表大会上的报告[M]. 北京：人民出版社，2022：52-53.

第二，既发展全过程人民民主又推进全体人民共同富裕可以避免经济风险，实现经济稳定与繁荣。全球化与逆全球化并存，和平与局部战争并存，西方发达国家经济不平等带来政治极化，西方国家对中国经济上尤其是高科技方面的封锁，这些都给中国的经济发展带来不确定的风险。在中国共产党的领导下，不断有效地发展全过程人民民主和推进全体人民共同富裕，既防范化解了来自国际上的风险，也有效地化解了国内经济发展本身存在的风险，并在化解风险过程中实现经济稳定与繁荣。全体人民通过全过程人民民主的参与和创新、出主意想办法、群策群力，同时发挥政府作用，主要利用市场力量化解经济风险，发展实体经济，扩大就业，实现共同富裕。发挥全过程人民民主的舆论监督和制约的作用，规范市场竞争，防止资本无序扩张带来的两极分化，平衡效率与公平的关系，为全过程人民民主打牢经济基础，保障全过程人民民主参与是独立且有尊严的参与。

第三，既发展全过程人民民主又推进全体人民共同富裕，可以有效避免社会风险，实现社会稳定与和谐。在机遇与风险并存的当下，国内经济受到冲击，网络社会充满着不确定预期，国家安全也受到了前所未有的挑战。全过程人民民主中的全员参与，使人们在参与中得到沟通，变得理性，形成协商民主的素养，增进人与人之间的理解，并在此基础上形成宽容和包容的心态，化解了社会戾气、怨气等不良情绪，形成安定团结的健康社会心态。全体人民共同富裕则使社会失去了攀比、嫉妒、怨恨、平均主义心态，促进社会和谐稳定。因此，发展全过程人民民主、实现全体人民共同富裕是中国式现代化的本质要求。

发展全过程人民民主与推进全体人民共同富裕具有内在的必然联系。全过程人民民主与全体人民共同富裕互相依赖、互相促进、不可分割。全过程人民民主是全体人民共同富裕的保障，全体人民共同富裕是全过程人民民主的物质基础和精神基础。如果割裂了全过程人民民主与共同富裕的关系，就会带来相应的政治风险、经济风险和社会风险。只有二者同步推进，才能体现社会主义的优越性。

第八章　网络：全过程人民民主实践新形态

第一节　网络全过程人民民主的实践机制

全过程人民民主是在理论与实践层面形成的关于社会主义民主新理念、新机制、新特征、新形态的最新概括，是对马克思主义民主观的发展与运用。党的十八大以来，我们深化对民主政治发展规律的认识，提出全过程人民民主的重大理念。“我国全过程人民民主不仅有完整的制度程序，而且有完整的参与实践。”[①]我国全过程人民民主实现了过程民主和成果民主、程序民主和实质民主、直接民主和间接民主、人民民主和国家意志相统一，是全链条、全方位、全覆盖的民主，是最广泛、最真实、最管用的社会主义民主。因此，应“积极发展全过程人民民主，健全全面、广泛、有机衔接的人民当家作主制度体系，构建多样、畅通、有序的民主渠道，丰富民主形式，从各层次各领域扩大人民有序政治参与”[②]。通过学术梳理，发现现有关于全过程人民民主的研究成果主要集中在三个方面：一是全过程人民民主的价值形态，主要包括全过程人民民主的概念与本质、全过程人民民主的价值与体现、全过程人民民主的比较优势与模式类型；二是全过程人民民主的具体实现机制，主要包括全过程人民民主的责任机制、全过程人民民主的公共政策机制、全过程人民民主的智能化机制、全过程人民民主的传统文化转化机制、全过程人民民主的回应机制，全过程人民民主的国家与社会运行机制等；三是全过程人民民主的逻辑研究，主要包括全过程人民民主的理论逻辑、全过程人民民主的实践逻辑、全过程人民民主的理论与实践相统一的逻辑。同时，学界亦从平等参与公共治理以实现个人利益的民主形式、以网络社区方式推动民主进程的新兴民主形式、网络民主的回应性关注等方面对网络民主进行了研究。

从上述研究回顾可见，学界对网络全过程人民民主的概念、运行机制及其特性缺少研究。网络全过程人民民主是以网络技术为基础和支撑的全过程人民

---

① 李睿宸. 为推进政府依宪依法履行职责提供坚实法治保障[N]. 光明日报，2024-03-06(7).

② 中共中央关于党的百年奋斗重大成就和历史经验的决议[N]. 人民日报，2021-11-17(1).

民主，是全过程人民民主的组成部分，是全过程人民民主的重要链条之一。全过程人民民主的全方位包括网络全过程人民民主的全方位，全过程人民民主的全覆盖必然覆盖网络全过程人民民主。网络以及网络技术为网络全过程人民民主理论的实践操作提供了平台与技术支撑，体现了网络全过程人民民主的实践运用，是网络全过程人民民主的重要内容和运行方式。网络全过程人民民主具有技术赋权与赋能、网络自组织动员性、网络传播共情性、网络问政即刻回应性、网络传播媒介性等优势。同时，网络全过程人民民主除了具有网络民主的功能优势之外，还具有人民性、动态性、过程性、延续性、参与性和协同性等特性。因此，深入研究网络全过程人民民主，对于推动全过程人民民主进程具有重要的理论与实践意义。

一、网络全过程人民民主的运行机制

网络全过程人民民主是由网络技术驱动的，网络技术是网络全过程人民民主的前提和基础，亦是网络全过程人民民主运行的重要支撑。网络全过程人民民主是技术化、智能化的民主，这一方面体现为全过程人民民主制度、规范、程序的技术化与智能化，另一方面体现为网络全过程人民民主自身的技术化与智能化。网络全过程人民民主有着多样化的实现机制。

（一）网络全过程人民民主的技术机制

网络技术是网络全过程人民民主得以实现的载体，也是对全过程人民民主的赋能与赋权。网络技术包括人工智能、大数据、算法、区块链等类型，从各个维度与层面推进网络全过程人民民主的运行，并形成不同的技术机制。网络技术增强了网民参与政治的广泛性与过程性。

一是大数据呈现的网络全过程人民民主是具有客观性、相关性的民主。大数据治理使国家政治治理具有人民民主的互动性和全面性。西方民主国家利用大数据为党派竞选服务，而不是为全民民主服务，选举过后的“休眠期”也导致大数据失去作用。与西方不同的是，中国大数据民主具有的客观性、相关性展示了人民群众参与的广泛性、动态性和全过程性。二是算法呈现的网络全过程人民民主是算法输入与算法输出保持平衡的过程性民主。算法过程性人民民主充分体现了人民民主的价值，具有全方位、全链条、全覆盖的特征，真正实现了网民的广泛参与，并体现了参与的持续性和深刻性。算法技术突破了广泛参与的时间性、空间性的限制，实现了智能化参与。算法不仅呈现出网民之间横向互动的沟通性人民民主，而且还呈现出政府与公民纵向互动的回应性人民民主，算法民主既扩展了广泛政治参与的规模，也体现了广泛政治参与的效度与规模的统一。现代民主社会，广泛参与效度与广泛参与价值具有某种程度上的张力关系，广泛参与的规模往往会对参与效度以及个人参与的政治效能感带来负面影响。在参与规模无限扩大的情况下，算法对民主信息、政策、决策的精准推送，赋予每一位网民参与的尊严感和价值感。三是区块链呈现的网络全过程人民民主是社会化的民主。区块链的大部分研究集中于区块链对民主政治的影响方面。西方学者研究区块链民主主要集中在选票和决策模型上，并与算法结合在一起。中国学界关于区块链民主的研究主要集中在网络全过程人民民主的社会自治层面上，是以社会为中心主义的。区块链所呈现的人民民主的社会化，在突发公共卫生事件的应对上得到了集中体现，这增加了网络全过程人民民主的公开性与科学性。

（二）网络全过程人民民主的动员机制

网络政治动员是网络全过程人民民主的基本标志。网络全过程人民民主是动员型全过程人民民主，“国内外学者在政治动员的研究过程中，普遍认为政治动员的发起者为上层政治集团，是政治需要自上而下传递和实现的过程，具有较强的目的导向”①，是“统治精英获取资源尤其是人力资源为政治权威服务的过程”②。政治动员是政党主导下的一种政治参与过程，它通过这种方式来扩大群众基础，从而获得更多认同和支持③，网络政治动员是动员网民参与政治的过程。当前关于网络组织、“帝吧出征”、中美贸易战、疫情等主题的研究，往往只偏重关注动员的外部性，即依靠外部动员参与网络政治活动，却忽略网络政治动员的全过程人民民主的内部性，即网民自主参与网络政治活动。网络政治动员的人民民主内部性蕴含于网络群体政治活动过程中，一定规模的网民广泛深入有效的网络政治参与，构成了网络全过程人民民主的组成部分。

（三）网络全过程人民民主的共情机制

网络情感是网络全过程人民民主实践的根本动力，甚至可以说，没有情感，尤其是没有政治情感就没有网络全过程人民民主。网络政治情感包括积极的政治情感和消极的政治情感。积极的政治情感主要体现为热爱网络全过程人民民主，对网络全过程人民民主持有恒久性的政治热情甚至激情；消极的政治情感

① 钟爽，朱侃，王清. 公共危机中政治动员运行机制研究：基于2015年以来38个重大公共危机案例的分析[J]. 政治学研究，2021(2)：79-96.

② 汤森，沃马克. 中国政治[M]. 顾速，董方，译. 南京：江苏人民出版社，1996：102.

③ 塞缪尔·亨廷顿. 变化社会中的政治秩序[M]. 王冠华，刘为，译. 北京：生活·读书·新知三联书店，1989：159.

包括愤怒、怨恨、憎恶等政治情感。在特定的情境下，情感的道德往往超越理性，并直接驱动网络政治集体参与行为。传统文化、政策、利益、价值、意识形态、事件等都能同时引发网民积极或者消极的政治情感，进而形成共情机制，不断激发网民的政治参与热情。网络政治情感往往形成于网络全过程人民民主。网络全过程人民民主实践往往体现为网络政治参与过程，在这一过程中，网民就某一话题尤其是重要的政治话题形成一定的政治情感倾向，并形成某种程度上的政治共情机制，从而推动网络政治参与行动。积极的情感机制会赋予网络全过程人民民主实践以积极的推动力量，网络全过程人民民主实践的有力引导亦有利于形成积极的网络情感共情机制。

（四）网络全过程人民民主的问政机制

网络问政是网络全过程人民民主的重要组成部分。民主过程是政府与民众互动的过程，也是群众路线和民主集中制的实践过程。中国共产党“最基本的一条经验是一刻也不能脱离人民群众”①，人民群众参与政治决策过程，并在该过程中坚持人民当家作主的地位，是人民问政的根本体现。事实上，“集中民意民智办大事强调经过听证、函询、座谈、网络问政等多种方式，将基层民意民智广泛纳入决策程序中，共同汇成推动社会主义现代化建设的强大合力”②，这是网络问政的重要方式，亦是网络问政的目的之一。习近平总书记在庆祝中国共产党成立100周年大会上的讲话中指出：“中国共产党的根基在人民、血脉在人民、力量在人民。中国共产党始终代表最广大人民根本利益，与人民休戚与共、生死相依，没有任何自己特殊的利益，从来不代表任何利益集团、任何权势团体、任何特权阶层的利益。”③这体现了以人民为中心的根本价值，亦是网络问政的价值所在。同时，网络问政全过程人民民主也体现为网络协商民主全过程。习近平总书记指出：“实行人民民主，保证人民当家作主，要求我们在治国理政时在人民内部各方面进行广泛商量。……协商民主是中国社会主义民主政治中独特的、独有的、独到的民主形式，……深深嵌入了中国社会主义民主政治全过程。……中国社会主义协商民主丰富了民主的形式、拓展了民主的渠道、加深了民主的内涵。”④因此，协商民主作为嵌入中国社会主义民主政治全过程的民主形式，网络协商民主全过程构成了网络全过程人民民主的重要面向。网络

① 习近平. 之江新语[M]. 杭州：浙江人民出版社，2007：146.
② 张君. 全过程人民民主：新时代人民民主的新形态[J]. 政治学研究，2021(4)：11-17.
③ 习近平. 必须坚持人民至上[J]. 共产党员(河北)，2024(7)：1-10.
④ 习近平. 在庆祝中国人民政治协商会议成立65周年大会上的讲话[N]. 人民日报，2014-09-22(2).

协商民主全过程内涵的公共性、多元性、回应性、互动性以及即时性价值丰富了网络全过程人民民主价值内涵，增强了网络全过程人民民主的动态性，更推动建构并强化了网络全过程人民民主的问政机制。

（五）网络全过程人民民主的媒介机制

网络全过程人民民主是实现媒介民主的过程。以人为媒、人媒互融、万物皆媒，既是以媒介为传播的过程，也是以媒介推动民主的过程，即媒介传播的过程也是媒介民主形成的过程。因此，“在研究内容时，不应只关注其信息价值，还需要关注其承载的意义，特别是对个体的意义。在此基础上理解私人性内容与公共性内容的互动，理解媒介内容对现实生活与虚拟生活的‘粘连’作用”①。在媒介赋能、媒介赋权的语境下，网络全过程人民民主的媒介功能发挥以及网络媒介人民民主化是网络全过程人民民主的基本趋势。网络全过程人民民主通过媒介民主的生产、传播、沟通、互动过程，不断养成网民的自觉民主意识、民主思维方式、民主行为习惯，从而提升网络全过程人民民主质量。总之，推动网络全过程人民民主运行的网络技术机制、网络动员机制、网络共情机制、网络问政机制、网络媒介机制间具有相互联动的逻辑关系。网络技术机制在网络全过程人民民主运行机制中居于基础性的决定地位。网络动员机制通过网络共情机制得到具体实现。网络共情机制启动网络问政机制，使得网络问政得到迅速回应并提出解决问题的对策。网络问政机制中对所涉问题的解决，则会受到网络媒介机制的全过程监督。同时，网络全过程人民民主的诸多运行机制是一个相互关联的体系，共同发挥推动网络全过程人民民主实践的整体性功能。

二、网络全过程人民民主的人民至上性

网络全过程人民民主与网络民主具有共性特征，即两者皆以网络技术为平台载体，以网络民主为基本内容。两者的不同之处在于，网络全过程人民民主具有自身特性，更强调全过程参与性，全链条地体现坚持以人民为中心的动态特性，并在数据化、智能化、身份化等维度彰显民主过程的人民至上性。

（一）网络全过程人民民主是数据化的人民至上性民主

网络全过程人民民主的动态性，决定了网络全过程人民民主运行中的数据化动态性。数据化是对网络全过程人民民主舆论的素描，也是对全过程人民民

---

① 彭兰．算法对共同体的强化与促成[J]．青年记者，2021(9)：4．

主的网民主体的隐私保护。"'数字化生存'时代，公众的政治参与方式发生了根本性转变，带来新型民主方式的同时，也给传统的舆论引导造成了极大的挑战。"①如前所述，在数据时代，数字民主、大数据民主、算法民主、区块链民主等网络技术民主，往往会通过网络技术生成数据。因此，网络全过程人民民主是数据化的人民民主过程，也是舆论数据化的人民民主过程。网络舆论数据化的人民民主过程体现了主观性与客观性的统一。从网络舆论形成过程的主体来说，网络舆论人民民主过程具有一定的主观性。网络舆论人民民主过程是网络全过程人民民主的基本标志，网络全过程人民民主主要体现为网络个体意见、网络群体意见、网络大V意见的数据化总和，并通过集合不同网络意见形成公意性舆论、共识性舆论。从网络舆论人民民主过程的客体来说，网络技术是分析网络全过程人民民主舆论，生成相应数据化人民民主过程的图表、图像，分析网络全过程人民民主的舆论走向与趋势，并提出数据化解决方案的载体，具有客观性。网络全过程人民民主的数据化过程体现了对网络全过程人民民主参与主体的个人隐私保护，体现了对网络政治参与主体的个体意愿真实表达的技术考虑，体现了个体意愿表达与集体民意综合的人民至上性民主价值。

（二）网络全过程人民民主是智能化的人民至上性民主

网络全过程人民民主具有全过程动态性的智能化特征。网络技术的智能化决定了网络全过程人民民主运行的智能化。多样化的智能硬件与软件构成了网络全过程人民民主运行的重要载体与手段，网络政治信息的生成、存储、传输、反馈过程皆具有智能化特征。不同的网络技术都受到智能化引导，并在不同程度、不同层级、不同维度生成智能化民主。智能化民主过程是网络全过程人民民主的重要面向，是政府与人民间实现无阻隔良性互动的网络人民民主过程，也是网络群众路线的民主践行过程，具有即时性与精准性。新时代，网络全过程人民民主的智能化运行过程，体现了智能化过程作为网络全过程人民民主运行的工具和手段，始终服务并服从于网络全过程人民民主的人民至上性。

（三）网络全过程人民民主是坚持平等价值的人民至上性民主

在网络全过程人民民主运行过程中，每位网络参与个体都是虚拟性与现实性身份相结合的网民个体，有着某种程度的网络社区共同体身份。代表人民统一性的网民身份是平等自由价值的彰显，亦是网络全过程人民民主共同体价值的追求。网络差异性身份则更加强调身份认同，在去中心化、回归中心化的过

① 郭小安．舆论引导中情感资源的利用及反思[J]．新闻界，2019(12)：27-37．

程中都具有身份性参与。身份认同、身份参与的核心是追求主体身份的承认与尊重，并构成社会主义核心价值体系的组成部分。部分网民自认为的边缘化身份在政治参与过程中也具有反中心化身份的诉求，其诉求的目标和渠道亦是通过中华人民共和国宪法强调其公民身份。基于不同的情感与利益诉求，网络全过程人民民主的政治参与主体具有不同的政治主张。然而，网络全过程人民民主运行中始终坚持平等价值，即参与主体拥有人民共同体中一员的统一的人民身份，对网络政治议题有着平等的意见表达权利，因而体现了每位网络参与主体身份上的平等性，以及参与内容和参与过程的平等性，从而在身份平等与言论自由维度上彰显网络全过程人民民主的人民至上性。

第二节　网络全过程人民民主的实践障碍与疏通

一、网络全过程人民民主的实践障碍

网络全过程人民民主的运行过程往往受到某种因素的限制，其中，规模、时间构成了网络全过程人民民主运行中的客观障碍，圈层、节点则往往构成了网络全过程人民民主运行中的主观障碍。

（一）网络全过程人民民主运行中的规模性障碍

民主包括直接民主与间接民主。网络全过程人民民主的直接性表现为网络舆论的情感诉求与利益诉求的直接表达，这与传统意义上的直接民主在言论与行动层面上的直接具有一致性。网络全过程人民民主的间接性主要体现在网络公共权力对网络直接民主舆论的引导和控制上。在民主参与的规模上，萨托利曾表示全民公决式民主使民主过载，并认为“科学地组织人类已不仅是令人惬意的观念，而且还是一个似乎触手可掬的理想”①，基于权利与责任共生，有权无责的民主是不存在的，“严格的公决式民主将使公共舆论肩负起一副重担，比起它在代议制民主中所承担的不知要沉重多少”。然而，公民决策需要专业水平、智力水平、政治素养、专业判断等能力。因此，决策应由一定规模的具有代表性且具备相应能力的选民作出，“如果选民成了决定者，理性的担子就要完全由他来承担”②。基于网络全过程人民民主运行中坚持参与主体身份平等与言论自

① 萨托利. 民主新论[M]. 冯克利，阎克文，译. 上海：上海人民出版社，2009：473.
② 萨托利. 民主新论[M]. 冯克利，阎克文，译. 上海：上海人民出版社，2009：473.

由的人民至上性价值，网络全过程人民民主运行中有着包容更大规模网络政治参与以及更多元意愿表达的技术支撑的优势。然而，在民意回应全面性、民意汲取综合性以及决策形成的专业性与普遍性维度上，亦存在着一定程度的高成本性以及挑战性。因而，中国的人民代表大会制度和协商民主制度是有效释放民意、吸纳民意并作出科学民主决策的重要制度。

（二）网络全过程人民民主运行中的时间性障碍

网络全过程人民民主是全过程民主得到充分彰显的重要形式，在运行进程中往往呈现为个体之间、群体之间、热点之间的民主过程，具有某种程度上的节点性、即时性甚至消费性。在网络全过程人民民主运行中，个体与群体的全员全程的政治参与往往受到时间的限制。实践表明，网络全过程人民民主的参与效度与参与时间成反比，即全过程参与时间越长，就越容易形成全过程人民民主参与的"疲倦期"，从而导致网络全过程人民民主运行中的间歇性；网络全过程人民民主主体参与时间越短，其参与质量和效率往往越高。

（三）网络全过程人民民主运行中的圈层性障碍

网络技术往往会导致全过程人民民主的分流化与信息蚕房化，这使得网络全过程人民民主呈现出圈层化现象，即网络全过程人民民主难以实现全员参与，导致难以形成网络空间的共同体民主共识。比如，网络技术中"算法的运用，也可能使得'同温层'更容易形成。在网络中，人们更愿意向与自己价值观、立场、态度等相似的人靠近，以此获得抱团取暖、相互支持的可能，人们就像气态分子一样在不断运动，直到寻找到适合自己的位置，而相似的气态分子向同一'高度'聚集，形成同温层效应"①，可见，算法技术有利于共同意见倾向的聚合，亦往往导致民主意见的圈层化。

（四）网络全过程人民民主运行中的节点式障碍

热点事件往往是网络全过程人民民主运行的导火索。网络全过程人民民主运行中往往面临节点式障碍，即随着热点事件的升温而带来网络全过程人民民主参与热情的高涨，随着热点事件的消退而带来网络全过程参与热情的消退。网络全过程人民民主往往具有热点事件的看客性、消费性、评论性。同时，网络参与问题讨论具有非现实在场性特征，一些网络参与主体提供的意见或建议往往会偏离事实真相而导致舆论失真传播或后真相舆论传播。总之，网络全过

① 彭兰．算法对共同体的强化与促成[J]．青年记者，2021(9)：4.

程人民民主运行中存在多维张力关系。比如，个体性与整体性的矛盾，即网络全过程人民民主是一个系统化的整体，然而运行中传播的信息、言论、诉求往往具有多元性与复杂性，这与全过程人民民主内涵的整体性民意价值追求有一定的张力。网络全过程人民民主的运行技术是客观的，其逻辑推导的网络全过程人民民主也应该是客观的，然而网民的情感和情绪又是主观的，这导致了网络全过程人民民主运行中的客观性与主观性的张力。现实全过程人民民主运行中的边界性与网络全过程人民民主运行中超越时空的无边界性亦形成了张力关系。

二、网络全过程人民民主的实践疏通

网络全过程人民民主运行中存在的规模性障碍、时间性障碍、圈层性障碍以及节点式障碍，需要从制度、规范、程序等方面进行疏通，以实现网络全过程人民民主的有序发展。

（一）网络全过程人民民主的制度化疏通

习近平总书记指出："历史和现实都表明，制度稳则国家稳，制度强则国家强。"①网络全过程人民民主亦需要制度的保障。《中共中央关于全面深化改革若干重大问题的决定》指出："发展社会主义民主政治，必须以保证人民当家作主为根本，坚持和完善人民代表大会制度、中国共产党领导的多党合作和政治协商制度、民族区域自治制度以及基层群众自治制度，更加注重健全民主制度、丰富民主形式，从各层次各领域扩大公民有序政治参与，充分发挥我国社会主义政治制度优越性。"②因此，加强制度化疏通是有效防范网络全过程人民民主运行中风险的重要路径。协商民主制度有利于吸纳网络全过程人民民主运行中的多元意见。网络全过程人民民主包含着网络全过程协商民主，网络全过程人民民主运行中的多元意见，需要全过程协商民主的疏通与吸纳。

（二）网络全过程人民民主的规范化疏通

网络全过程人民民主的规范化运行主要通过政治价值和政治伦理规范的贯彻落实得以实现。内涵社会主义民主价值体系、社会主义政治伦理体系的社会主义核心价值体系对网络全过程人民民主起到规范作用。社会主义核心价值体

① 习近平在中央人大工作会议上发表重要讲话强调　坚持和完善人民代表大会制度　不断发展全过程人民民主　李克强汪洋王沪宁赵乐际韩正王岐山出席　栗战书讲话[J]. 中国人大，2021(20)：6-11.

② 中共中央关于全面深化改革若干重大问题的决定[N]. 人民日报，2013-11-16(1).

系全方位规范网络全过程人民民主。社会主义民主价值体系直接规范网络全过程人民民主。习近平总书记强调："民主是全人类的共同价值，是中国共产党和中国人民始终不渝坚持的重要理念。"①民主价值规范使网络全过程人民民主受到民主价值的引领和规制，为网络全过程人民民主的健康有序运行奠定积极正确的价值导向。全心全意为人民服务是党的宗旨，党领导人民群众当家作主，实现全过程人民民主是党的宗旨的体现，是实现网络群众路线的重要内容，也是党的政治伦理的重要组成部分，因此网络全过程人民民主必须始终坚持党的领导。制度规范和程序规范受价值规范和政治伦理规范的约束，是价值规范和政治伦理规范的外化与显现，网络全过程人民民主必须实现规范化运行。

（三）网络全过程人民民主的程序化疏通

民主价值通过民主程序得以实现，民主价值规范民主程序。没有民主程序，民主价值就无法得到落实，从这个意义上来说，"民主所指涉的乃是确定政府决策的一种方法或一种程序"②。哈耶克因此认为，"它既不指称某种实质性的善或政府的某个目的，也不是一种能够被确当地适用于非政府组织的方法"③，可见，哈耶克注重程序的应用性，却忽视了民主价值，因而具有片面性。习近平总书记指出："要看制度和法律规定了什么样的政治程序和政治规则，更要看这些制度和法律是不是真正得到了执行；要看权力运行规则和程序是否民主，更要看权力是否真正受到人民监督和制约。"④中国共产党领导人民建设了民主集中制、议行合一制、少数服从多数的制度和程序，这为网络全过程人民民主的有序运行提供了制度保障和程序规范。民主价值通过民主程序得以实现，以人民代表大会制度的不断完善为例，全国人大常委会组成人员的人数、委员长会议的性质与职权、会期制度、提出议案制度、会议公开制度、审议工作报告制度、出席会议人数和表决制度、全国人大常委会议事规则中合宪性审查相关规则、扩大议事规则调整范围制度、明确专门委员会的管辖权、提升常委会议事的开放度和可及性、建立负责议事规则运行决策的专门组织等制度与程序皆在全过程民主政治实践中得到不断完善。

全过程人民民主程序对网络全过程人民民主起着规范与引领作用。全过程

---

① 习近平在中央人大工作会议上发表重要讲话强调 坚持和完善人民代表大会制度 不断发展全过程人民民主 李克强汪洋王沪宁赵乐际韩正王岐山出席 栗战书讲话[J]. 中国人大，2021(20)：6-11.

② 哈耶克. 法律、立法与自由[M]. 邓正来，等译. 北京：中国大百科全书出版社，2000：273.

③ 哈耶克. 法律、立法与自由[M]. 邓正来，等译. 北京：中国大百科全书出版社，2000：273.

④ 习近平在中央人大工作会议上发表重要讲话强调 坚持和完善人民代表大会制度 不断发展全过程人民民主 李克强汪洋王沪宁赵乐际韩正王岐山出席 栗战书讲话[J]. 中国人大，2021(20)：6-11.

人民民主运行中形成的程序认知，可以内化为网民的言行，使网民形成全过程人民民主的程序意识和程序行为，自觉实践网络全过程人民民主。网络全过程人民民主的重要内容之一便是网民就全过程人民民主程序表达情感、态度、诉求。网民也会逐渐认识到网络全过程人民民主不是漫无边际的全过程人民民主，也必须通过相应程序得到实现与规制。同时，通过全过程人民民主的议程设置可以强化网络全过程人民民主意识，形成思维习惯和行为习惯。网络议程设置形成规范的网络全过程人民民主程序，并内化为网络全过程人民民主的内容，推进网络全过程人民民主保质保量运行。

（四）网络全过程人民民主的法治化疏通

法治的核心内容是限制公共权力和保障公民权利，限制公共权力的目的是保障公民权利。中华人民共和国宪法把公民权利条款放在公共权力之前，凸显了公民权利的重要性，系统地体现了人民民主和以人民为中心的价值理念。习近平总书记强调："要全面贯彻实施宪法，维护宪法权威和尊严。全国人大及其常委会要完善宪法相关法律制度，保证宪法确立的制度、原则、规则得到全面实施，要加强对宪法法律实施情况的监督检查。"①宪法原则主要包括人民民主原则、权力制约原则、人权保障原则和党的领导原则②，核心是坚持党的领导。法治化疏通在网络全过程人民民主运行中体现为两方面，一方面对网络公共权力的运行进行法治化约束；另一方面保障公民权利的健康行使，并确保网络公民权利在法治范围中行使，从而保障网络全过程人民民主运行的健康有序。同时，网络全过程人民民主亦是情感化的全过程人民民主，网民的情感诉求、言论诉求、利益诉求、信仰诉求往往受到情感因素的支配，这就需要加强网络全过程人民民主运行的法治化疏通与建设，确保网络全过程人民民主运行中的情感诉求与利益诉求得到法治化表达与实现。

（五）网络全过程人民民主的智能化疏通

智能化疏通是科技向善的疏通，以加强网络技术伦理建设为内容。智能化疏通有利于网络全过程人民民主的正常运行。具体来说，应加强人工智能技术、大数据技术、算法技术、区块链技术的向善伦理建设，使得人工智能技术成为赋能政治主体行动的有力工具，并在形式与内容上丰富网络全过程人民民主；

---

① 习近平在中央人大工作会议上发表重要讲话强调　坚持和完善人民代表大会制度　不断发展全过程人民民主　李克强汪洋王沪宁赵乐际韩正王岐山出席　栗战书讲话[J]. 中国人大，2021(20)：6-11.

② 江必新，蒋清华. 习近平法治思想之宪法理论研究论纲[J]. 中国政法大学学报，2021(2)：5-25.

使得大数据技术在充分保护网络政治个体隐私与尊严的基础上，营造良好的网络全过程人民民主运行环境，并夯实网络全过程人民民主的社会基础；使得算法技术在信息推送过程中坚持精准化与多样化并重的价值，并在赋能赋权层面上服务于网络参与主体并推动网络全过程人民民主的有序运行；使得区块链技术能充分赋能于建构坚持以人民为中心价值、以理性共识为目标的网络全过程人民民主。

网络全过程人民民主是全过程人民民主的新形式和新内容，是全过程人民民主的组成部分，对于全过程人民民主既具有推动作用，亦可能带来不良影响。网络全过程人民民主具有恒久的动态性，是全过程人民民主的晴雨表，全过程人民民主运行的形式和内容，都会在网络全过程人民民主中得到不同程度的体现。网络全过程人民民主的运行状态，也是衡量全过程人民民主的重要标志。因此，完善网络全过程人民民主的理论与制度建设，增强网络全过程人民民主的风险防范，充分发挥网络全过程人民民主的优势特性，降低其对全过程人民民主可能带来的风险，具有重要的理论价值和现实意义。

第三节　全过程人民民主话语传播与自媒体功能定位

全过程人民民主话语包括价值话语、理论话语、实践话语。价值话语包括平等、自由、法治、民主，集中体现在社会主义核心价值体系；理论话语包括形态、特征、类型等，集中体现在全过程人民民主是人类民主的新形态；实践话语包括参与、协商、选举、决策、监督、管理、治理等，集中体现在广泛的政治参与实践。全过程人民民主话语既与主流媒体密切相关，也与自媒体有着重要关联，自媒体在传播全过程人民民主话语过程中具有重要地位，并发挥了重要作用。本研究从自媒体传播与全过程人民民主话语的关系视角出发，辨析自媒体传播在全过程人民民主话语构建过程中的角色定位、生成过程和主要功能。

一、自媒体传播全过程人民民主话语的角色定位

主流媒体传播全过程人民民主话语具有主动地位和引领作用，与此同时，自媒体传播全过程人民民主话语扮演着其物质载体、意义诠释的对话场域以及政治影响的放大器和扩音器等重要角色。自媒体传播全过程人民民主话语是自媒体政治属性的内在要求，全过程人民民主话语的自媒体传播是民主政治建设

的实践需要，自媒体传播将全过程人民民主话语从价值形态、理论形态转化为经验形态和生活形态。

（一）全过程人民民主话语的物质载体

基于传播的物质属性，全过程人民民主话语必须将自媒体平台作为其物质载体之一。自媒体依赖其自身存在的社会结构，因嵌入社会经济结构的基础设施而发挥作用，其本身便是一种物质性的存在。正如马克思所说："经济生活的物质条件构成了社会存在的真正基础。文化和政治结构只有通过物质条件和接踵而来的阶级斗争才可以被理解。因为物质基础是首要的，所有的观念都要通过它与物质基础的联系来进行解释。"①传播政治经济学派以马克思提出的"经济基础决定上层建筑"为基本的理论出发点，将整个传播系统视为整个社会经济、文化与政治资源再生产过程中不可分割的一部分②。

自媒体作为物质载体的另一存在形式在于其在现实社会与网络社会之间所扮演的中介性角色。公众的全过程人民民主身份、实践及认同的塑造与自媒体传播的中介性传递有着密切关联。自媒体传播在网络空间对全过程人民民主话语进行了自上而下的建构与重构，其通过将现实物理空间和社会经济生活映射在网络空间，对客观物质实体和日常生活事件进行虚拟还原性表征，揭示出现实社会中存在的权力关系及其表现形态，延伸且反映着公众的政治心理、政治行为和政治诉求，公众将现实社会经验带入虚拟网络空间用以认知政治事件，将虚拟网络空间的政治诉求嵌入现实社会生活用以衡量权利得失，公众在现实社会与虚拟网络之间的互动行为与自媒体所赋予的个体话语权，促进了公众对全过程人民民主话语具体内涵及共识意义的认同。

（二）意义诠释的对话场域

自媒体传播成为全过程人民民主话语构建过程中意义诠释的交互场域的角色定位，是基于传播的对话属性。传播的对话属性最初起源于巴赫金基于交往精神、话语理论基础上提出的对话理论，在自媒体传播过程中的"对话"，强调的是对话主体之间在对事物共同意义理解基础上，对其进行共识性诠释。主体之间通过"对话"，实现对全过程人民民主话语共同意义的诠释和共识，在泛对话的双向叙事中获得精神补给、思想生成及对抽象意义的具体认知。自媒体传

① 文森特．政治理论的本质[M]．罗宇维，译．天津：天津人民出版社，2016：84.

② 戴宇辰．传播研究的"物质性"取径：对若干核心议题的澄清[J]．福建师范大学学报(哲学社会科学版)，2021(5)：142-152.

播的对话路径分别是通过呈现全过程人民民主话语时间向度的历史性和空间向度的结构性，建立代际对话和层级对话，达成对全过程人民民主话语意义的共识性理解。

一方面，偏向时间向度的自媒体传播侧重诠释全过程人民民主历史演变过程和现代意义的话语内涵。自媒体使全过程人民民主话语在代际之间的“对话”成为可能。全过程人民民主话语作为一种政治文化，存在着代际差异。代际差异既受到社会发展过程中代际转换导致的代际价值观转型的影响，又源于网络虚拟空间中由于数字鸿沟所岔分出的数字土著、数字移民、数字难民三类群体对信息感知和媒介使用的能力差异。代际价值观差异导致不同历史时代背景下的公众对民主内涵有着不同的价值取向，影响公众对全过程人民民主话语的政治认知；代际能力差异主要影响公众对全过程人民民主话语的政治讨论和政治参与，处于不同时代的网络群体，其网络接入能力在一定程度上限制了自身进入政治参与活动的频率和深度。自媒体传播的跨时空记录具有史料价值，通过声音、图像、影像等传播符号全方位还原全过程人民民主的历史演变过程，唤醒不同时代公众对人民民主的历史媒介记忆，同时以全过程人民民主话语为基本内容设置民主认知议程，驱动不同代与代之间的思想碰撞交汇，通过诠释共同意义弥补代际隔阂。

另一方面，偏向空间向度的自媒体传播侧重诠释全过程人民民主结构内部多层次多领域的话语内涵。自媒体使全过程人民民主话语在不同领域和层级之间的“对话”成为可能。全过程人民民主话语包含了政治、经济、文化、社会建设等不同领域，以及中央、地方、基层组织、社区之间的利益诉求和复杂关系，政治权力、公共利益和个体利益在各传播平台汇聚呈现，通过对话寻找解决现实利益冲突的平衡点。首先，在内容层面扩展对话空间，实现政治话语下沉。各领域和层级话语之间存在水平的互文性关系，它们的联结扩展了全过程人民民主话语的讨论空间，不同类型的文本要素构建起公众对全过程人民民主话语的重新加工和解读，补充其对全过程人民民主话语的主观认知。其次，在形式层面扩展对话空间，实现民间话语上升。自媒体传播将全过程人民民主话语中权威性和正式性的国家政策、政治制度、地方法规重新置于开放多元的自媒体语境，使之以轻松日常、个性简易的话语形态呈现，严肃的政治话语在自媒体情境中通过民间话语转换再造和网络形式扩散，打破现实话语互动场域中公众的政治话语沉默和政治情感态度隐藏，实现民间话语的正向显现。最后，在心理层面扩展对话空间，实现上下关系互动。全过程人民民主话语在自媒体传播中的语境转变，拉近了政治话语和公众主观预设的严肃阅读感之间的距离，在自媒体语境中，政治话语的生产者和接受者之间的权力关系接近平等状态，同时自媒体互动过程中的匿名性、群体性在自由表达驱动下降低了个体的群体孤立恐惧和跨阶沟通成本，在主观、客观层面均有助于拉近二者之间的心理距离。自媒体传播的对话性培养公众在互动过程中的参与性思维，进而衍生出作为对话主体的责任感，对话所衍生的自我“主人翁”意识，奠定了公众在自媒体政治参与过程中积极的心理和行为基础。

（三）政治影响的放大器和扩音器

基于传播的共享属性，全过程人民民主话语在自媒体传播过程中具有放大器和扩音器效应，主要表现为：自媒体传播全过程人民民主形成的广场效应，使得全过程人民民主话语形成巨大反响，引起公众的广泛共鸣和共识，进而形成全过程人民民主话语构建的引导力、凝聚力、向心力和宣传力；自媒体传播全过程人民民主话语形成的涟漪效应，使全过程人民民主话语表现出由点到面、由浅入深、由表及里、由广度至深度的过程特点，这同样是不断深入人心、从思想到思维、从思维到行为的民主实践的过程，体现了全过程人民民主广泛参与的话语内涵；自媒体传播全过程人民民主具有滚雪球效应，从影响小众到影响大众，从形成舆论到舆论转化进而达至舆论高潮，由此扩大全过程人民民主话语的影响力；自媒体传播全过程人民民主话语具有叠加效应，全过程人民民主话语在自媒体传播的过程中，不同定位的自媒体基于个人知识结构、认知结构、价值结构、意识形态结构等形成不同的传播视角和重点取向，进而形成自媒体传播全过程人民民主的话语叠加，推动全过程人民民主向其不同维度展开；自媒体传播全过程人民民主具有热点事件的共情效应，自媒体传播以情感传播为主，公众情感易受社会热点事件发酵，自媒体传播全过程人民民主话语被热点事件激发之后，其引发公众情绪传播能力更强。

二、自媒体传播全过程人民民主话语的生成过程

全过程人民民主框架规范自媒体传播框架结构。全过程人民民主框架是由价值、制度、程序、规则构成的系统性的话语体系，为自媒体传播全过程人民民主话语提供定位、边界和标识。使用不同自媒体的公众所处生活环境、社会地位、教育水平和政治立场不同，形成、构建、传播全过程人民民主话语的心理、认知和诠释框架也不同。自媒体传播全过程人民民主话语的过程是公众对全过程人民民主话语的理解过程，接受过程和多样化生成过程。

（一）自媒体传播培养全过程人民民主话语的政治心理

自媒体传播是公众逐渐理解和接受全过程人民民主话语并形成相应政治心理的基础，自媒体通过培育公众的全过程人民民主意识和全过程人民民主人格，凝聚其对全过程人民民主话语的共识。现代社会系统日益复杂，随着媒介基础设施的完善和政治社会化程度的逐渐扩展，公众对公共性事务的关注范围早已不限于政治领域而延伸至经济、社会、文化等各领域。对全过程人民民主事务的讨论、参与和决策已成为人们生活领域的重要内容。培养公众健全的全过程人民民主政治心理、政治意识、政治人格，是保证其理解全过程人民民主话语内容整体性的前提基础，也是全过程人民民主话语内在政治价值、政治理念在公众端正确解码的关键。乔治·格伯纳认为意识形态的主流化要经历混合、模糊、转向的过程[①]，全过程人民民主话语所形塑的政治心理必然也会经历从含混到清晰的转化过程，在这个转化的过程当中，自媒体传播起到了重要作用。自媒体传播全过程人民民主话语的内容和形式从政治领域拓展到经济、社会、文化等领域，经济、社会、文化等领域的全过程人民民主话语生成后又不断回归到政治领域，比如自由、平等、法治、尊严等话语已经成为整个社会的共同话语。

一方面，自媒体传播的叙事过程是全过程人民民主话语被内化接受的过程。自媒体内容之所以能传播并为人们所接受，在于通过热点叙事和讲故事的方式回归日常生活，引起公众情感共鸣。自媒体传播中叙事的累积性与持续性，潜移默化地将人们传统落后的意识观念更新为现代化全过程人民民主思想。在网络虚拟空间和现实社会生活的跨时空流动中，具体物理空间的政治行为与政治活动被挤压，取而代之的是依靠自媒体传播叙事所构建的虚拟空间中心理活动对公众政治认知产生影响。自媒体传播中的图像、语言、文字等连贯为叙事文本形式，并以人们熟悉的生活场景和共同回忆为叙事起点，在引起公众共鸣的政治情感驱动下构建起人们全过程人民民主的经验感知和判断。基于主流价值观的意义框架，自媒体调动其知觉、信念等心理要素对政治信息进行整合，建立与全过程人民民主相联系并彼此融洽的关系，并对全过程人民民主信息进行编码、解码、意义转化、信息提取，并由此逐渐形成全过程人民民主的政治认知图式。

另一方面，自媒体隐喻性传播过程是形成全过程人民民主话语的情感过程。

---

① 格里芬. 初识传播学[M]. 展江，译. 北京：北京联合出版社，2016：318.

自媒体传播通过重复或叠加设置政治隐喻使公众产生积极的政治情感。视频、段子、表情包、金句等都具有政治隐喻的核心元素。政治心理及其基础之上形成的价值观与政治隐喻相关联，由于个体的生长环境、教育背景、社会地位的不同，对整个社会价值系统的选择和认同都会有优先选项，但“个人价值体系和主流文化的主要方位隐喻是一致的”①，全过程人民民主话语中的“以人民为中心”的“中心”即表征了人民当家作主的主体地位，给予公众对全过程人民民主政治心理上的归属感。政治隐喻型构了人们的政治感知和政治思维方式，设置了人们判断自身与他人、社会之间关系的心理衡量标准，从而对政治行为产生影响。全过程人民民主话语中“民心就是最大的政治”这一政治隐喻建构了公众的主人翁意识以及积极的主观能动性，使其主动参与民主选举、民主监督、民主决策等民主实践过程。

（二）自媒体传播形塑全过程人民民主话语的价值秩序

自媒体传播对价值秩序的引领和形塑是全过程人民民主话语权力增量的过程，其经过价值激活、价值关联、价值整合引领全过程人民民主话语的价值秩序。

一方面，自媒体传播激活并关联全过程人民民主话语价值。价值激活，即自媒体传播将全过程人民民主话语内容结合正能量短视频、先进个人事迹、素人生活呈现等形式进行表层话语架构，同时在主流媒体引导下，公众基于自身价值立场、价值体系激活政治话语的深层架构，如文明、法治、诚信、友善等主流价值观。这种“激活”在一定程度上源于个体的潜意识。个体的生存发展都嵌于特定历史社会背景，受道德体系、传统文化、宗教信仰、历史习俗的熏陶形成个体社会潜意识成为价值观的雏形。潜意识是个体精神心理的深层基础，受到外界环境的刺激时会以适应现实环境为原则进行意识调节。价值关联，即对于不同立场的价值取向在自媒体传播中均加以呈现，多元价值的碰撞融合以及对异质观点的包容并蓄为寻找共同政治生活状态提供了参考指标，同时对不同利益的关照促进了共识，“在结构发生分化的生活世界中形成的话语意志建构程序，必须通过同等关注每个人的利益而确保所有人的社会关联。这就意味着，作为话语参与者，个体提出了不可替代的肯定立场或否定立场，但他只有在如下前提下才能保持自主：通过对真理的共同追求而与共同体保持联系”②。自媒体传播通过与主流媒体价值观的共同追求连接个性话语意志和社会话语意志，

① 莱考夫，约翰逊．我们赖以生存的隐喻[M]．何文忠，译．杭州：浙江大学出版社，2015：22.
② 哈贝马斯．现代性的哲学话语[M]．曹卫东，等译．南京：译林出版社，2011：390.

从而维护共同体的稳定和发展。

另一方面，自媒体传播整合全过程人民民主话语价值。在自媒体传播过程中，以全过程人民民主话语的核心价值为圆心，对个体间和群体间的利益价值、文化价值、经济价值进行整合，建立统一价值诉求取向，进而获得公众对全过程人民民主话语的普遍认同。在具有价值冲突性的传播事件中，为避免被群体孤立或成为网络水军批判焦点，公众会以主流价值观为根据对自身价值立场和需求进行互动调适和修正。皮尔斯的世界化沟通理论认为，来自不同文化背景有着异质性价值观的人们进行对话式沟通，是与维持自己观点和排斥他人观点之间残余的不安有关①。自媒体作为全过程人民民主话语的传播介质，化解冲突的过程就成为寻求全过程人民民主共同价值的过程。

（三）自媒体传播协调全过程人民民主话语的平衡秩序

自媒体传播全过程人民民主话语的过程是建立并协调全过程人民民主话语平衡秩序的过程，这种平衡是一种动态平衡，主要方式是通过公众概括社会热点事件并形成关键词。因为，"一个文本的生产或解释，通常被描述为一个多层次的过程，并且是一个'由下到上、由上到下'的过程"，"由下到上"即高层次的意义部分地是通过适合于"低的"层次的意义而建立，"由上而下"即低层次的意义是部分地通过对高层次意义做出早期预见而得到②。在此过程中，低层次的分析注重话语文本浅层次的含义，高层次的分析注重话语文本深层次的意义。在自媒体传播全过程人民民主话语的过程中，官方全过程人民民主话语文本生产属于"高层次"，网民的全过程人民民主话语文本解释属于"低层次"，而社会热点事件形成的关键词在双方之间建立了解释性与共识性联系，连接着全过程人民民主话语共同的社会认识(sociocognitive)方向，促进民间话语场域与官方话语场域的互动共振，起到了多方关系平衡、塑造稳定秩序的作用。

关系平衡的目的在于使全过程人民民主话语有效作用于社会秩序的建构。全过程人民民主话语内容反映政治权力主体的政治思想和政治理想，又对政治权利主体进行现实关照与诉求回应。全过程的突出优势在于强调参与主体之间的关系耦合和共融发展，耦合与发展的条件之一便是通过自媒体传播的调节。阿尔蒙德将政治沟通比喻成"政府的血液"，将政治沟通的功能"与血液循环联系起来。它不是血液，但它拥有的就是滋养这个系统的东西。血液就是经由心脏静脉输送要求、抗议和需求的中间媒介；反映这些要求和需要的法规、规章和

① 格里芬. 初识传播学[M]. 展江，译. 北京：北京联合出版社，2016：86.
② 费尔克拉夫. 话语与社会变迁[M]. 殷晓蓉，译. 北京：华夏出版社，2003：75.

调节等输出从心脏经由动脉而流出”①。人民主体范围的扩大，为最广泛人民群众广泛参与国家公共事务的政治诉求奠定了群众基础，自媒体传播形式的扩展为国家收集民意、凝聚民族向心力奠定了基础，也为社会意见市场的形成提供了聚合介质。

一方面，自媒体传播全过程人民民主话语形成信息反馈平衡机制。信息反馈机制是平衡国家、社会、个体之间关系的基础，对于整体社会系统及政治体系的稳定性具有调控作用。信息的反馈起到了政治管理协调和政治社会整合的作用，政府机构及机关公务人员作为国家的实体代言人对民意进行收集，反馈效果双向作用于政治系统的协调，即向上监督政府的责任性和政府处理公共事务的回应性，向下监督公众政治行为和政治参与的合法性以及获取利益的正当性，“这种政治沟通可以节约民主的交易成本，通过识别、集中和转达政治要求，使其脱离蛰伏状态而进入民主的流通过程。实际上，它已经起着一种制度化的效应”②。在自媒体传播过程中，设置公共议程是平衡国家社会、个体之间的关系的关键，社会活动的有序展开、民主政治的有效实践在一定程度上取决于权力结构的合理配置，“当遵从——即在制度框架中行动——构成了所有相关政治力量实行的分权策略的均衡状态时，民主就得到了巩固”③。公共议程设置在自媒体传播中起到了制度框架的作用，由于国家、社会和个体之间的互动是多面向、多领域、多元性、多层级的，自媒体传播通过设置公共议题的方式统筹不同主体之间的异质目标诉求，成为共同协商和意见缓冲的中间地带。国家、社会和个体的互动，只有通过全过程人民民主才能彻底真正实现，只有通过传播全过程人民民主话语才能实现沟通。

另一方面，自媒体传播全过程人民民主话语形成公共议程平衡机制。自媒体传播所嵌入的公共议程成为一种资源和权力，规定着公共伦理的标准边界、社会行为的道德准则，从而对国家、社会、个人之间的关系边界进行调控。公共议程吸纳民间议程进入国家政策制定、国家现代化治理的视野。个体逐渐将个人权利的维护置于与生存、安全同等重要的位置，个体权利话语和公共权力话语交叉碰撞融合的过程中，自媒体传播的政治逻辑主导个体认知的效果更为凸显，吸纳民间议程的过程也是提升政府效能、促进社会整合的过程。当公共议程进入官方议程达至社会组织、团体和个体日常生活领域，通过自媒体传播

① 俞可平. 权利政治与公益政治[M]. 北京：社会科学文献出版社，2000：53.

② 庞金友. 现代西方国家与社会关系理论[M]. 北京：中国政法大学出版社，2006：235.

③ 庞金友. 现代西方国家与社会关系理论[M]. 北京：中国政法大学出版社，2006：236.

中公开的表达互动，显化并纠正上游议程的遮蔽和错位，在正确理解的前提下达成话语共识。

三、自媒体传播全过程人民民主话语的功能导向

全过程人民民主话语具有三个方面的建构属性，即身份功能、关系功能、观念功能①。自媒体传播重构了政治话语秩序，在权力意志的介入下完成全过程人民民主话语媒介化，使之适应网络传播规律发挥其建构属性，以表征全过程人民民主的政治目标、政治愿景与政治期待。自媒体传播具有公共传播面向，“在价值底色方面，公共传播主张在公众至上的基础上，通过自由言说与表达，实现公共利益与共同体之善。在实践品格方面，公共传播强调通过公民积极行动构建公共领域、参与民主商议”②。在构建全过程人民民主话语的过程中，实现着强化国内民主认同、维护政治社会稳定、塑造维护国家政治安全的功能。

（一）强化国内全过程人民民主认同

全过程人民民主具有科学有效的制度安排③，全过程人民民主话语是全过程人民民主完整制度程序的组成要素，自媒体传播为全过程人民民主话语衔接公众与国家关系提供了民主表达渠道，成为人民代表大会制度、多党合作和政治协商制度、民族区域制度、基层群众自治制度实现的有效载体。多样、畅通、有序的全过程人民民主表达渠道是强化全过程人民民主认同建构的质料。自媒体传播通过身份认同、情感聚合和政治仪式作为完善表达渠道的基础，发挥其在构建全过程人民民主话语过程中强化民主认同的功能。

第一，自媒体身份认同强化全过程人民民主认同。身份认同是在公民个体内群之于外群的自我身份认同以及中国之于世界的国家身份认同，即自我和他者的互动联系中共同建构起来的，身份认同的确立是民主认同的前提和基础。作为人们日常生活组成部分的自媒体，穿插其中的政治信息、视频图像、互动形式、政治话语等成为人们身份建构确立的依据，全过程人民民主话语是公众建构自身中华人民共和国公民身份以及中华民族共同体成员身份的话语基础。作为中华人民共和国公民的身份认同确立是基于政治话语在社会语言学中具有

---

① 费尔克拉夫. 话语与社会变迁[M]. 殷晓蓉，译. 北京：华夏出版社，2003：75.

② 刘杰. 公共传播的价值底色与实践品格[J]. 华中师范大学学报(人文社会科学版)，2021，60(3)：83-90.

③ 中华人民共和国国务院新闻办公室. 中国的民主[N]. 人民日报，2021-12-05(5).

的“故土指示功能”①，全过程人民民主话语自媒体传播体现指示功能，在身份认同确立过程中强化着全过程人民民主认同。

第二，自媒体通过“爱”的传播提升身份认同。作为中华民族共同体成员的身份确立基于“爱”的传播建立身份承认。阿克塞尔·霍耐特和阿兰·德波顿都将“爱”作为承认的一种存在形式，“衣食一旦无忧，累积的财物、掌控的权力就不再是我们在社会等级中追求成功的关键要素，我们开始在意的其实是显耀的身份为我们赢得的‘爱’”②，意即“爱”是人们获得身份的一种承认。在自媒体传播过程中，“爱”的获取路径开始从私人领域转向公共领域，“爱”的来源从关注个体自身转向群体认可，此时“爱”更表现为一种关注，对民心的关注是对公众身份的承认，是人们获得身份确立和认同的关键。

第三，自媒体身份传播缩短权力距离。党和国家领导人在自媒体传播中，将诉诸宏观的国家、民族、组织的集体情感以倾诉、倾听、对话的个人情感互动的方式，展示其亲切亲民的政治形象，传播了全过程人民民主话语中平等、和谐、商量的话语内涵；国家机构、党政机关以“拟人化”的身份在自媒体平台开设账号，严肃的政策性政治话语在自媒体传播过程中转化为媒介化政治话语，以官方身份的权威性结合幽默风趣的政治表达，理性的政治身份借助情感化倾诉拉近了“我和你”及“我们”，而非“你们和我们”的权力距离，在亲近的身份感中获得了身份认同。

第四，自媒体情感聚合是全过程人民民主认同的动力。情感聚合以自媒体传播为中介使个体与国家产生情感关联，实现全过程人民民主认同。亚里士多德认为说服性交流取决于三个要素，即理由、情感和性格，诉诸情感直接作用于人的心理层面。“情感的存在并不完全是个人的事情，它的存在方式是社会性的，也就是说，它在何时、何处和以何种频率而得到满足、宣泄和释放，不同的年代、阶层、文化和社会有不同的接受标准和接受方式。”③自媒体传播的流动性和交互性决定了情感存在的聚合性。情感聚合的自媒体传播实现路径取决于两个方面：一是话语嫁接产生情感共鸣。自媒体传播将宏观政治话语中的重要文本要素进行拆分，化解为与人们日常经验相关联的微观话语单元，将“民主”“人民”“经济发展”“社会建设”等宏观话语概念嵌入人们的生命体验、群体情感与个体生活，这种情感性的话语符号的可解释性和象征性将其意义生产的意

① 亓光. 政治话语分析的基础理论阐释：理论前提、问题域与实践性诠释[J]. 政治学研究，2020(1)：77-86.

② 德波顿. 身份的焦虑[M]. 陈光兴，南治国，译. 上海：上海译文出版社，2020：3.

③ 王宁. 略论情感的社会方式：情感社会学研究笔记[J]. 社会学研究，2000(4)：122-125.

旨聚焦在“民族”“国家”“认同”等集体主义意识形态框架中而产生政治情感共鸣，以此作为连接个人和国家的精神纽带以及个体政治认知参考和政治行为依据。二是媒介记忆衍生情感能量。即“从高端的热情、信息与主动性，到低端的被动性与消沉的连续统。情感能量在经验上存在于人们的意识流和身体感受之中：它是人们日常生活体验中最重要的部分”①，情感能量在人们的情感知觉中属于经验变量，自媒体传播对媒介记忆的形塑和构建可以在不同程度不同层面激活人们的情感能量，在各主体的互动关系中推动情感的互动聚合。

第五，自媒体通过政治仪式呈现全过程人民民主认同。这一认同的主要方式是通过对公众共同体成员的身份认同和政治信息吸纳，塑造政治情境强化民主认同。“仪式作为一种有力的象征表达形式，是我们构想政治现实的重要工具”“对人们有关政治事件、政策、政治制度和政治领袖的想法具有重要影响力”②。政治仪式在自媒体空间表现为一种互动仪式，《人民日报》推出的以国歌为背景旋律的视频、建党一百周年之际腾讯微信头像附着的国旗标识、微博空间以动态时间轴展现的重要历史事件回顾、各级人民代表大会现场直播、重大节日庆祝晚会、承载历史文化内涵的动漫形象等政治符号系统在自媒体网络空间传播以展示和传递其特殊意义和情绪氛围。公众以共同的身份在同一政治情境的经验空间中对自媒体传播中呈现的政治表征进行解码，催化公众政治价值、政治信念的形成进而强化民主认同。

（二）维护全过程人民民主的政治社会稳定

全过程人民民主具有具体现实的民主实践③，全过程人民民主话语是全过程人民民主完整的参与实践的重要手段，自媒体传播为全过程人民民主话语贯通民主选举、民主协商、民主决策、民主管理、民主监督全过程，提供了网络民主参与渠道，保证了人民发挥主体作用有效参与国家建设、重大决策和政治生活、社会生活的管理。自媒体传播通过共同在场、公共领域和有效参与保障公众融入政治生活的广泛性和持续性，发挥其在构建全过程人民民主话语过程中维护政治社会稳定的功能。

首先，共同在场为维护全过程人民民主提供了稳定的心理状态。“共同在场是以身体在感知和沟通方面的各种手段为基础的。一旦行动者‘感到他们是如此接近，以至于自己正在做的一切，包括对他人的体验，都足以被他人感知到，

① 柯林斯. 互动仪式链[M]. 林聚任，王鹏，宋丽君，译. 北京：商务印书馆，2012：159.

② 科泽. 仪式、政治与权力[M]. 王海洲，译. 南京：江苏人民出版社，2015：90.

③ 中华人民共和国国务院新闻办公室. 中国的民主[N]. 人民日报，2021-12-05(5).

他人也足以感知到自己这种被感知的感觉’，就具备了戈夫曼所谓的‘共同在场的充足条件’。”①自媒体传播对时空场域的整合勾连人与人的动态感知，建构共同在场情境，其中发生的互动关系深刻影响了社会的整合和稳定。一方面，创造共情。在虚拟空间的沟通达形成个体、群体之间的意志默契，弥合认知偏见和代际经验差异，从而衍生了中介性接触的共情力和亲密感。另一方面，联动现实。自媒体的交互性与感知延伸性创造了共同在场的空间，引导并影响着虚拟共同体或社会成员在其现实日常生活中的思维和行为。自媒体传播共同在场的情境塑造了一种认知环境，情境中的特定议题作为人们互动的专注点聚焦公众注意力和认知力，成为主流价值观共识与对全过程人民民主话语理解的基石。

其次，公共领域为维护政治社会稳定提供了稳定的交互场域。哈贝马斯主张公共领域的自主性，这是守护民主社会生活的重要因素和民主共同体形成的必要条件。公共领域的构建对应其所主张的话语民主，话语民主强调自由平等的话语参与者通过沟通和辩论，在同意基础上形成的行为规范促成共识。公共领域中交往理性形成的“制度性秩序”对公民权利和公共权力的平衡以及国家和社会之间良性互动关系的建立，“相对于哈贝马斯所讨论的‘政治公共领域’，‘中国式’的公共领域的存在是‘以实现中国社会的良性运行和现代化目标为最根本的使命’”②。自媒体传播为公众的公共交往行为提供了开放性领域，多主题社群和多样化圈层，为多元异质观点提供了讨论空间，对话贯穿着自上而下传递公共政策事务和自下而上促成公共议程设置的双向内容，在“推理、讨论和批判”的过程中连接个人话题和公共议题的契合点。

最后，有效参与为维护政治社会稳定提供了稳定的行动指向。“政治作为一个过程，其中互相冲突的利益能够公开表达，并由此可以做出调整从而使各派利益都能得到最大程度的实现。而若要如此，就必须存在一个公开的过程，使利益能够得到表达并综合成为公共政策。”③政治参与作为公民的基础政治权利是民主政治制度是否完善的重要标志，积极的政治参与是对民主价值的履行和认同。全过程人民民主话语为公民进行政治参与提供了话语样本，经由自媒体传播平台的话语输入和话语输出，政治参与实现了其维护公共利益主张及合理化政治行为的功能，影响着政治体系的运行方式和政策制定过程，在推进全过

① 吉登斯. 社会的构成：结构化理论纲要[M]. 李康，李猛，译. 北京：中国人民大学出版社，2016：63.

② 刘中起. 公共商谈与政治话语：哈贝马斯的交往理性世界[J]. 甘肃理论学刊，2012(3)：5-9.

③ 派伊. 政治发展面面观[M]. 任晓，王元，译. 天津：天津人民出版社，2009：99.

程人民民主建设过程中只有“全面推进民主选举、民主协商、民主决策、民主管理、民主监督，协同推进选举民主与协商民主，人民依法有序政治参与不断扩大”才能“使人民当家做主更好体现在国家政治生活和社会生活之中”①。

（三）塑造和维护国家政治安全

全过程人民民主是广泛真实管用的民主②，全过程人民民主话语是塑造维护国家政治安全的安全化修辞。自媒体传播通过舆论净化、环境调适和建立信任提升民主认知，发挥其在构建全过程人民民主话语过程中塑造维护国家政治安全的功能。

第一，自媒体传播中的“安全修辞”维护全过程人民民主话语稳定。习近平在民主生活会上强调要“善于从政治上看问题，善于把握政治大局，不断提高政治判断力、政治领悟力、政治执行力……增强政治判断力，就要以国家政治安全为大、以人民为重、以坚持和发展中国特色社会主义为本，增强科学把握形势变化、精准识别现象本质、清醒明辨行为是非、有效抵御风险挑战的能力”③。全过程人民民主话语作为政治话语是塑造和维护国家政治安全的“安全修辞”，是“我们必须积极主动阐释好中国道路、中国特色”“有效维护我国政治安全和文化安全”④的政治话语要素，自媒体传播全过程人民民主话语在潜移默化中培养公众的政治安全意识。“使讲政治的要求从外部要求转化为内在主动。”⑤也是“建立健全关键信息基础设施保护体系，提升安全防护和维护政治安全能力”⑥的重要体现，使其塑造成为更高层次、更具前瞻性的维护，增强国家政治安全风险防范能力。

第二，自媒体传播中的“自我净化”保证全过程人民民主话语的纯洁性。自媒体传播作为一种大众自我传播模式，其政治舆论的自净化有两种途径，即过程自净化和人内自净化。过程自净化基于自媒体传播去中心化、多中心结构的传播模式，自媒体应用程序中评论、留言、互动讨论等政治舆论表达受到异质观点的调节和平衡，对多元政治舆论起到了互补和纠错的作用，“大众传媒的分

① 中华人民共和国国务院新闻办公室. 中国的民主[N]. 人民日报，2021-12-05(5).

② 中华人民共和国国务院新闻办公室. 中国的民主[N]. 人民日报，2021-12-05(5).

③ 中共中央政治局召开民主生活会强调 加强政治建设提高政治能力坚守人民情怀 不断提高政治判断力政治领悟力政治执行力 中共中央总书记习近平主持会议并发表重要讲话[J]. 旗帜，2021(1)：5-7.

④ 习近平. 习近平谈治国理政：第三卷[M]. 北京：外文出版社，2020：275.

⑤ 中共中央政治局召开民主生活会强调 加强政治建设提高政治能力坚守人民情怀 不断提高政治判断力政治领悟力政治执行力 中共中央总书记习近平主持会议并发表重要讲话[J]. 旗帜，2021(1)：5-7.

⑥ 中华人民共和国国民经济和社会发展第十四个五年规划和2035年远景目标纲要[M]. 北京：人民出版社，2021：53.

散和竞争的好处——由这一论点推断——主要是机制上的，它有两点好处——首先，众多的劝说者本身反映公众的多元状态，这进而又创造了一个多元社会。其次，市场式的信息系统是一个自我检查的看家狗系统，因为每一个渠道都受着另一个渠道的防范”①。在多层次、多层级、多主题、多社群、多圈层的自媒体传播平台中信息的相互流动，以及公众处理信息和形成政治舆论观点的自主性使得政治舆论在传播过程中得到自净化。人内自净化基于自我反思性，这种反思性随着个体在自媒体互动平台中他人对自身观点的质疑和评价而建立，逐渐勾勒出完整的客观事实图景和科学价值取向，“每一个人都能在各自的活动范围内对自己头脑中的那幅关于不可见世界的现实图景做出越来越多的反应；而且随着社会的进步，也将会有越来越多的人获得以现实的眼光去看待自己头脑中的图景的能力”②。主客观的结合过程净化保证了全过程人民民主话语不被污染。

第三，自媒体传播对虚拟空间环境的调适形塑全过程人民民主制度共识。帕森斯认为维持社会进化和系统安全的先决条件在于调适，“我们不应该将调适理解为一定的物种或社会系统类型对环境条件的被动调整适应，而应该在调适概念中纳入更为积极主动的求生因素。一个‘有生命的系统’的调适可能蕴含‘主动关注各种能力的把握，不仅包括面对环境中那些不可变更的特性得以幸存的能力，也包括改变环境来满足系统需求的能力’”③。自媒体传播通过利益调适达成公众对全过程人民民主政治制度的共识，以满足政治系统的安全需求：一方面，合理想象的利益期待是制度共识的基础。自媒体传播所形塑的虚拟环境和政治愿景赋予人们一种对现实政治社会和自我存在的希望感，即与他人和政治社会产生关联的期待，政治信息的传输和政治价值认同形成了公众的政治认知基础，政治参与互动和政治效能感积累提供了公众的政治行为动力。在政治认知和政治行为的相互作用下，期待转化为对政治社会的合理想象，即“我们对他人的一种正常的相互期待感，是那种可以让我们履行构建社会生活的集体实践的共识。这也包含了对我们如何与他人协作，从而去履行公共实践的某种认识”④。另一方面，弥合利益冲突是制度共识的必要条件。全过程人民民主制度以“人民为主体”为根本价值导向，自媒体作为全过程人民民主的重要制度载体

---

① 萨托利. 民主新论[M]. 冯克利，阎克文，译. 上海：上海人民出版社，2009：99.

② 李普曼. 舆论[M]. 常江，肖寒，译. 北京：北京大学出版社，2018：243.

③ 吉登斯. 社会的构成：结构化理论纲要[M]. 李康，李猛，译. 北京：中国人民大学出版社，2016：264.

④ 泰勒. 现代社会想象[M]. 林曼红，译. 南京：译林出版社，2014：19.

为网络民主商议提供了公共空间。在自媒体传播过程中，通过制度叙事勾连社会公共生活和公众共同利益、个体利益适配场景，使公众感受到政治制度运行是其实现利益的重要途径。网络政治活动参与与网络民主渠道反馈的双向关联互动，使全过程人民民主话语连接着个体情感表达、政治诉求和政治系统运行的治理理念，回应公众政治价值偏好和政治价值选择的同时，满足其公共利益诉求进而达成制度共识。

第四，自媒体传播建立政治信任推进全过程的人民回应性民主。“民主的未来取决于信任网络与政权体系的关系”①是政治信任之于政治安全的内在逻辑。自媒体传播提升了人与人、人与群体、群体与群体之间的感知可及性，并且扩展了具身传播的行动空间。公众安全感的获得与政府绩效的提升成为建立政治信任的重要维度。感知可及性消除隔离恐惧。公众对信息接收、社交互动和环境关联的普遍失控感破坏了其构想社会现实的能力，自媒体传播通过对政治信息的筛选、甄别、净化，为公众呈现关于社会景象的新图式，减少公众对未知的恐惧，消除不确定信息对其生活行动的干扰，为建立政治信任提供了安全感基础。政治权力主体通过自媒体完成具身传播，建立了公众和现实社会的联系，实现公共权力向公共权利的转移，在心理上增强了公众对共同体的归属感。

第五，自媒体传播成为公共权力与公民权利沟通的桥梁和纽带。全过程人民民主话语对权力的制衡和对权利的协调内含在整个全过程运作环节和话语传播过程中，是将民主原则通过自媒体传播贯穿于不同领域、层级、群众的政治实践过程。自媒体传播的去中心化和平台性关照到过程性民主的不同领域，私人化和易操作性连接了最广泛的参与主体，普泛化和可追踪性衔接了民主实践链条的完整性，而在传播中的话语交互反馈机制保证了民主从理论落实到实践的运行效率和社会效果。自媒体传播对全过程人民民主话语的构建内在契合了全过程人民民主在作用对象、具体内容和实施领域上的要求，即“扩大人民有序政治参与，保证人民依法实行民主选举、民主协商、民主决策、民主管理、民主监督”②。政治表达作为公众的话语资源，构成自下而上的公共性共权即公众基于公共利益诉求共同形成并行使的权力，公众政治诉求通过自媒体传播纳入公共政策制定，在实现自身权益的同时优化了公共权力。自媒体传播为公众监

---

① 蒂利. 信任与统治[M]. 胡位钧，译. 上海：上海人民出版社，2010：14.

② 习近平. 决胜全面建成小康社会　夺取新时代中国特色社会主义伟大胜利[N]. 人民日报，2017-10-28(1).

督权力提供了象征性权力。“日常生活中，人人都可以创造性地利用象征性权力，帮助个人和群体应对、适应、创造和改变经济政治力量和强迫性影响所构成的环境。”[①]随着国家治理体系和治理能力现代化进程的发展，强调国家、社会与公众之间多主体的协作互动，治理社会公共事务的职能和权力将回归社会和人民，实现政治权力的复归。

全过程人民民主是丰富人类政治文明形态的民主[②]，全过程人民民主话语体现了全过程人民民主的政治追求，渗透着中国共产党“以人民为中心”的执政理念。全过程人民民主话语推动民主发展、政治稳定和社会进步的良性互动，并为不同国别文明交流互鉴提供了交流平台。自媒体传播在全过程人民民主话语传播中具有重要地位和作用，自媒体传播的过程也是负有构建全过程人民民主话语的责任过程。研究自媒体传播与全过程人民民主话语的关系具有重要的理论与现实意义。

第四节　全过程人民民主话语的网络传播风险及其规制

全过程人民民主话语包括价值话语体系、意识形态话语体系、制度话语体系、实践话语体系四个组成部分。从价值体系上来说，“民主是全人类的共同价值，是中国共产党和中国人民始终不渝坚持的重要理念”[③]。习近平建议和主张“世界各国弘扬和平、发展、公平、正义、民主、自由的全人类共同价值，促进各国人民相知相亲，尊重世界文明多样性，以文明交流超越文明隔阂、文明互鉴超越文明冲突、文明共存超越文明优越，共同应对各种全球性挑战”[④]。全过程人民民主话语体系是意识形态话语体系的组成部分，在意识形态话语体系中具有重要的地位和作用，“意识形态工作是为国家立心、为民族立魂的工作”[⑤]。全过程人民民主话语体系同样具有为国家立心、为民族立魂的作用。加强意识形态工作的重要内容之一就是加快构建中国特色话语体系，即“构建中国话语和

① 罗尔．媒介、传播、文化：一个全球性路径[M]．董洪川，译．北京：商务印书馆，2018：186．

② 中华人民共和国国务院新闻办公室．中国的民主[N]．人民日报，2021-12-05(5)．

③ 中华人民共和国国务院新闻办公室．中国的民主[N]．人民日报，2021-12-05(5)．

④ 何民捷，赵渊杰，殷烁．更好认识和把握人类文明新形态[N]．人民日报，2023-05-15(9)．

⑤ 习近平．高举中国特色社会主义伟大旗帜 为全面建设社会主义现代化国家而团结奋斗：在中国共产党第二十次全国代表大会上的报告[M]．北京：人民出版社，2022：43．

中国叙事体系”①。全过程人民民主的制度话语体系是由中国特色社会主义制度话语体系、基本制度话语体系、重要制度话语体系、基层制度话语体系构成。加强全过程人民民主制度话语体系建设，就是要论证中国特色社会主义政治制度的优越性、跳出历史周期率的重要性、中国特色社会主义政治制度对经济发展与繁荣保障的重要性。全过程人民民主是广泛参与的民主，具有充分实践的特点，全过程人民民主的实践话语体系有利于推动全过程人民民主的发展。构成全过程人民民主话语体系的四个部分之间相互促进、共同发展，形成完整的系统性话语体系。

全过程人民民主话语体系围绕人民至上为核心要义展开，是中国特色社会主义政治话语体系的重要组成部分。全过程人民民主话语体系贯穿于国家与社会、政党与社会、政治组织与社会组织、个人与集体互动的全过程，全面体现了党的主张、国家意志、人民意愿的统一性，体现了党的领导、人民当家作主、依法治国的全过程性，并体现在网络社会民众表达的全过程中。但也应看到“意识形态领域存在不少挑战”②，在网络传播过程中存在着西方民主话语体系对全过程人民民主话语体系理解层面的借位传播，现代网络技术对全过程人民民主话语体系的数据干扰等现象。与此同时，全过程人民民主话语体系还受资本、权力、权利的三重影响，造成全过程人民民主话语在网络传播过程中的潜在性风险和现实性风险。

一、西方民主话语的借位传播

西方民主话语的借位传播主要表现在通过借位西方的所谓“普世价值”、网络乱象、消费侵入、混淆时空、嵌入生活交流与沟通等以显性或者隐性的方式取代、扰乱、稀释、解构、重构或消解全过程人民民主话语体系。

（一）借位西方民主话语“普世价值”取代全过程人民民主话语体系

西方话语体系传播往往无视各个国家政体不同、制度不同、政治性质不同、发展阶段和发展水平不同等，将西方民主话语作为所谓“普世价值”，从而导致借位传播。塞缪尔·亨廷顿提出的文明冲突论认为，有三种文明在未来的冲突中将扮演重要角色：东方儒家文明、伊斯兰文明和西方文明。他将东方儒家文

① 习近平. 高举中国特色社会主义伟大旗帜 为全面建设社会主义现代化国家而团结奋斗：在中国共产党第二十次全国代表大会上的报告[M]. 北京：人民出版社，2022：46.

② 习近平. 高举中国特色社会主义伟大旗帜 为全面建设社会主义现代化国家而团结奋斗：在中国共产党第二十次全国代表大会上的报告[M]. 北京：人民出版社，2022：14.

明与伊斯兰文明视作一种区域性文明，认为它们彼此间存在着结构性冲突，唯有西方文明反映了人类普遍的价值观，三种文明将在未来相互对抗和斗争①。在对世界各国无差别传播的互联网时代，这种文明冲突论将西方文明放在优势地位，强调西方民主话语的霸权本质和特征，很显然会威胁到中国的全过程人民民主话语体系。选举式代表制民主、立宪主义民主和自由主义民主始终是西方民主最基本的观念形态与话语模式②。“普世价值”体现在普选制和投票制上，但不总是能够解决实际问题，有可能成为装饰品。习近平指出：“民主不是装饰品，不是用来做摆设的，而是要用来解决人民需要解决的问题的。”③这样的普选制和投票制往往具有形式的真实性和内容的虚伪性，不一定是真实的民主，有可能是假民主。如果“人民只有在投票时被唤醒、投票后就进入了休眠期，只有竞选时聆听天花乱坠的口号、竞选后就毫无发言权，只有拉票时受宠、选举后就被冷落，这样的民主不是真正的民主”④。

（二）借位网络乱象扰乱全过程人民民主话语体系传播走向

网络乱象包括价值乱象、意识形态乱象、舆论乱象。这些乱象表现为“拜金主义、享乐主义、极端个人主义和历史虚无主义等错误思潮不时出现，网络舆论乱象丛生，严重影响人们思想和社会舆论环境”⑤，从而使全过程人民民主话语体系在网络传播过程中被解构、重构、去中心化和边缘化，而拜金主义、享乐主义、极端个人主义则会走向网络传播的中心。历史虚无主义则使全过程人民民主话语的历史形成逻辑和建构逻辑失去基础和前提，通过否定全过程人民民主的历史进而否定全过程人民民主的现实。网络传播的国际化与平面化为西方民主的实践属性民主话语和意识形态属性民主话语提供了重要平台。“全球政治话语几乎完全由西方主导，‘发达国家既是世界话语的主产地，又是传播渠道的主控者，内容与手段双重操控下所形成的话语霸权塑造了媒介世界的现实图景’。”⑥全球政治话语的借位传播直接影响甚至破坏全过程人民民主话语体系。

---

① 亨廷顿. 文明的冲突[M]. 周琪，译. 北京：新华出版社，2013.

② 刘训练. 西方现代民主话语的生成及固化[J]. 政治学研究，2021(5)：119-133.

③ 中华人民共和国国务院新闻办公室. 中国的民主[N]. 人民日报，2021-12-05(5).

④ 中华人民共和国国务院新闻办公室. 中国的民主[N]. 人民日报，2021-12-05(5).

⑤ 习近平. 高举中国特色社会主义伟大旗帜 为全面建设社会主义现代化国家而团结奋斗：在中国共产党第二十次全国代表大会上的报告[M]. 北京：人民出版社，2022：5.

⑥ 陈曙光. 政治话语的西方霸权：生成与解构[J]. 政治学研究，2020(6)：37-45.

（三）借位消费性政治话语稀释全过程人民民主政治话语

消费社会的重要特征之一是消费政治话语。消费社会也同样消费全过程人民民主话语，消费者通过跨平台网购、跨境电商、琳琅满目的消费品选择、便捷的移动支付、沉浸式的购物体验等潜移默化地消费着政治话语、民主话语和全过程人民民主话语，这就必然包括无意识中消费西方民主话语，进而通过消费西方民主话语侵蚀、消解、稀释全过程人民民主话语。西方民主话语在网络传播过程中打擦边球偷换关键词概念，在短视频中用广告画面、标语、电影电视和视觉文学作品等文化消费的方式型构消费者的行为模式，鼓励其追求慵懒、放纵、狂热的生活方式，并以温情脉脉的方式提出所谓“生活忠告”，比如西方民主话语“整合了信息和批判，将新闻形式和心理文学的文学形式整合成以人情味为指导的娱乐和‘生活忠告’”①，公众的注意力被即时性快感充斥，从而“自然而然”地干扰、稀释并逐渐取代全过程人民民主话语。在西方民主实践话语背后所渗透的不仅是单一的民主意识形态，而且包含着自由、平等、人权的普世价值论、西方中心论、意识形态终结论、文明优越论等西方意识形态“暗示意义链”。精英民主主义、自由民主主义、新自由民主主义、多元民主主义等隐藏在无处不在的商品广告和消费物品中，以话语叙事和话语象征符号的方式，渗透消费社会背后的意识形态。

（四）借位历史性政治话语颠覆全过程人民民主政治话语

西方民主话语的历史性借位包括直接借位和间接借位。直接借位即直接抽空了历史发展进程、发展语境、制度环境，通过西方话语的形式来裁剪中国的全过程人民民主话语实践。间接借位即以中国历史民主政治话语偷换全过程人民民主政治话语。中国历史民主政治话语是中国共产党一直倡导的民主话语，其价值旨归在于不断追求和实现无产阶级民主、劳动人民民主、社会主义民主和全过程人民民主。中国历史上资产阶级和剥削阶级宣传的民主话语，强调民主的抽象性和一般性，抹杀民主的具体性和历史性，进而通过与西方民主话语的对接，使全过程人民民主话语背离其基本要义，并将全过程人民民主话语进行扭曲，在解构全过程人民民主政治话语的同时为西方民主话语渗透腾置话语空间。西方民主政治话语用其观念阐释中国的历史与现实的目的是形成话语归属。“这个‘历史事实’更多的是叙述者对客观事实的解释和创造，采用的是西方

① 哈贝马斯．公共领域的结构转型[M]．曹卫东，王晓珏，等译．上海：学林出版社，1999：200．

受众更易接受的历史记叙形式。”[①]渗透着西方民主话语偏好和西方民主价值判断。西方历史文化叙事借位评价全过程人民民主的过程同时也是实现其西方民主话语的扩张过程，并以此锻造出一种西方民主话语的归属。这种脱离我国民主政治制度和历史发展脉络所得出的结论实际上是“以西方政治文化所表达的价值取向来框定发展中国家政治发展的目标和取向”[②]，将中国历史发展模式和政治制度的独特之处主观嵌入其“普世性”的话语叙事框架中，颠覆全过程人民民主话语在中国语境下的具体内涵。

（五）借位交流性政治话语混淆全过程人民民主政治话语

民主不仅是一种政治制度，而且是一种生活方式。在经济全球化的过程中，民主作为一种生活方式，已进入全球化生活交流的视野。西方民主话语与中国民主话语通过官方与民间的交流，仍然存在交流的矛盾与冲突。西方国家凭借资本主义发展所积累的资本优势和国际话语权，对“民主”的内涵及其价值进行了优先定义，但西方的民主生活话语仍然以个人主义为前提和基础，中国全过程人民民主以集体主义为前提和基础，民主话语交流容易导致个人主义与集体主义的冲突，甚至会以个人主义取代集体主义。西方民主话语作为生活方式的风险是，“一旦民主化偏离了正确轨道，极端个人主义就会沉渣泛起”[③]。

（六）借位政治认知使全过程人民民主话语低水平重复

西方民主话语利用了政治认知问题使全过程人民民主话语在低水平重复，或者在政治认知层级化的过程中选择那些有利于接受西方民主话语的阶层和群体，通过接受西方民主话语的群体来影响和渗透那些不接受西方民主话语的群体，并使这部分人逐渐理解和接受。“‘政治认知’水平不同的群体，其受到自身意识形态立场影响的程度是不同的……西方民主话语通过传播民主政治信息使中国的网民逐渐接受其政治信息，毕竟‘政治认知水平关系到公众对于相关信息的接收以及接受的程度’。”[④]民主化、科学化、公开化都是民主话语的组成部分，也是作出决策的构成部分，这些都和政治认知有着密切的关系。民主化并不必然意味着决策水平高，即使是投票，其结果也受到公民政治认知水平、政治知识素养、政治参与能力等因素的影响。“如果民众政治认知水平较低但却盲

① 潘娜娜. 中国模式在西方认同政治话语体系中的误导性建构：兼论中国道路话语体系的自主建构[J]. 毛泽东邓小平理论研究，2020(8)：91-99.

② 王沪宁. 政治的逻辑：马克思主义政治学原理[M]. 上海：上海人民出版社，2016：400.

③ 欧阳康. 世界现代化历程与中国式现代化新道路[J]. 决策与信息，2022(9)：5-18.

④ 马得勇，王丽娜. 公共舆论倾向如何形成？：对网民政治支持的实证分析[J]. 探索，2016(6)：33-44.

目自信，就可能导致政策决策和执行过程中不同价值和利益诉求的群体之间的极端对立和冲突，也可能造成很多社会舆论议题上的极化和失衡。”[①]西方民主话语并不是简单的口号，而是复杂的话语体系，通过政治认知层级化的特点，针对不同的政治层级推行不同的话语体系，进而从各个层级扭曲全过程人民民主话语体系，使全过程人民民主话语体系碎片化。网络政治传播本质上是碎片化传播，这种碎片化的传播形成不同的圈层，为西方民主话语体系传播提供了主客观基础。

二、网络技术干扰全过程人民民主话语

网络技术不断提升全过程人民民主话语的广度和深度，对全过程人民民主传播具有重要的作用。但网络技术过度嵌入和应用则会陷入“理性的自负”，即以网络技术帝国主义的方式侵入全过程人民民主话语传播，使全过程人民民主话语传播扭曲变形甚至失真。

（一）网络技术影响全过程人民民主话语传播的真实性

网络技术治理遮蔽全过程人民民主话语的技术手段主要包括大数据、人工智能、政治社交机器人、算法等。大数据以数据的方式，人工智能通过人机合成的方式，政治社交机器人以干扰民主舆论的方式，算法以精准推送的方式遮蔽全过程人民民主话语。算法在其中发挥着越来越重要的作用，不可避免地存在算法黑箱和算法利维坦等风险。“国家依靠信息技术的全面装备，将公民置于彻底而富有成效的监控体系之下，而公民却难以有效地运用信息技术来维护其权利，即无法通过数字民主来制衡国家的监控体系。”[②]公民被转化为技术治理体系规范性要求下的数据编码符号，最终被提取的是共性诉求或者是抽象利益的聚合。网络技术治理的有效性与精准性往往以牺牲公众隐私权、被遗忘权、信息自主性等具体权利为交换条件，进而可能牺牲全过程人民民主话语本身。网络技术对全过程人民民主话语造成直接影响的主要有人工智能、算法和深度伪造等。

第一，人工智能可能扭曲全过程人民民主话语传播。其主要表现在对全过程人民民主话语的不当限制，即通过对敏感词的抓取和屏蔽、删除与限定词背离或不符的跟帖文字、封锁取消账号使用权等技术手段，破坏了全过程人民民主话语在网络传播过程中的观点平衡。“尽管删除行为背后的真实目的和缘由各

---

① 马得勇，黄敏璇．国家治理现代化的政治认知基础：基于中国网民和大学生的实证分析[J]．广西师范大学学报(哲学社会科学版)，2022，58(5)：21-36．

② 肖滨．信息技术在国家治理中的双面性与非均衡性[J]．学术研究，2009(11)：31-36．

不相同，外界也难以得知，但被删除账号本身可为人们重新理解社交媒体环境、议程设置以及国际外交关系提供不同的切入点。”①这妨碍了网民的正常参与和健康交流，网民为了规避敏感词，进行自我规训，猜测、预测、识别敏感词，进而通过各种隐喻的方式参与和表达，甚至将本不是敏感词的内容也主动视为敏感词，将表达的内容情境化，导致全过程人民民主话语变成了情境之外的人看不懂的话语。作为人工智能的社交机器人，在传播全过程人民民主话语中发挥着重要作用，“社交机器人依托自动化程序和智能算法高速运行，成为社交网络中重要的信息生产者、意见制造者和流量牵引者，其参与行为跃出网络社交圈层，从虚拟空间蔓延至现实社会，成为影响微观政治传播的新变量”②。但是，社交机器人一旦被滥用，同样会影响全过程人民民主的话语表达。作为一种人格化的智能技术系统，在受到资本支配逻辑、工具理性逻辑、权力运行逻辑的多重挟制下，其“活动行为始终离不开背后操纵者的政治意图，执行不同任务的政治机器人会表现出截然不同的行为方式”③，政治机器人通过设置议程引导进行政治信息干预，将负面对立性话题渗入政治议题讨论，或以大量主观臆断性评论左右政治事件走向。对于中国而言，西方滥用社交机器人破坏全过程人民民主话语的现象要引起充分的注意和警惕。中国人工智能应本着向善的原则，规制社交机器人和政治机器人的使用，维护全过程人民民主话语体系。

第二，算法推送可能危及全过程人民民主的核心价值。对于西方民主来说，算法推送导致西方民主价值扭曲，“基于海量选民个体数据的算法瞄准，一方面拓展了竞选活动的形式，更加有效地传递选举资讯和智能化地动员投票，有助于提升选举民主的活力；另一方面加大了对选民心理和行为的操控，引导候选人分割和选择动员对象、掌控选民情绪、精准投放信息，以及‘围猎’潜在支持者，这些都将危及民主的核心价值”④。与此同时，“算法不合理应用也影响了正常的传播秩序、市场秩序和社会秩序，为维护意识形态安全、社会公平公正和网民合法权益带来挑战”⑤。算法本身的自主性又会曲解民主话语。算法是一

---

① 何康，张洪忠，贾全鑫，等. 隐性的国际互动：推特平台被删除账号的关系分析[J]. 西安交通大学学报(社会科学版)，2022，42(4)：136-144.

② 张爱军，王三敏. 撬动微观政治传播的新变量：社交机器人[J]. 新视野，2022(5)65-71.

③ 张洪忠，段泽宁，杨慧芸. 政治机器人在社交媒体空间的舆论干预分析[J]. 新闻界，2019(9)：17-25.

④ 王中原. 算法瞄准如何重塑西方选举：算法时代的选举异化及其治理[J]. 探索与争鸣，2021(5)：119-130.

⑤ 专家解读｜构建互联网信息服务算法安全监管体系[EB/OL]. (2022-03-01)[2024-04-20]. https://www.cac.gov.cn/2022-03/01/c_1647766985400876.htm.

组基于大数据归纳、提取、处理基础上的数字自动化系统，通过自我生成、自我维持、自我演化的更新机制连接着人们日常生活的多重场景，“甚至塑造人们的世界观、价值观和人生观”①。中国现已进入算法社会，对西方算法推送的问题与后果如果不吸取教训，也必然危及中国全过程人民民主话语。

第三，网络技术的深度伪造可能对全过程人民民主的话语体系进行区隔。深度伪造通过大量、反复地生成对抗网络（generative adversarial networks）技术，创建几乎接近真实的视听作品或文本信息的伪造物。它通过语音处理、图像复制、文本合成等技术手段，塑造了无中生有的“现实”，用于某种特殊的政治目的，情绪化、人格化、单一性的虚假信息冲击离散公众的政治认同及其政治价值理念，破坏了“政治舆论主体的既有框架，造成分属不同阵营主体间的框架冲突，政治舆论中的框架冲突上升为意识形态的冲突，从而加剧公众与主流价值观的区隔，破坏主流意识形态建设”②。不但如此，“线上圈层已经成为社交网络的一种典型结构现象。圈层长期存在的结果是圈层内部的不断聚合和外部的逐渐区隔，从而形成网络空间信息流通的‘巴尔干化’”③。网络深度伪造技术，除了具有专业知识的人能够识别之外，普通民众难以有效识别，不能对西方民主话语与全过程人民民主话语进行有效区分，从而破坏全过程人民民主话语意识形态体系的建设。

（二）网络“数据殖民”弱化全过程人民民主的平等话语

平等是社会主义核心价值观的基本组成部分。平等是指所有人的平等，如果一部分人具有平等话语权而另一部分人失去话语权，那么就违背了全过程人民民主话语的平等权利。“数据殖民”违背了全过程人民民主平等的话语权，进而影响和破坏了全过程人民民主。埃默里大学教授迪皮卡·巴赫总结了脸书与殖民主义的相似之处：“1. 像救世主一样驾临；2. 漫不经心地使用平等、民主和基本权利等字眼；3. 掩盖长远的利润动机；等等。”④对平等、民主和基本权利等字眼漫不经心的使用，破坏了民主话语的核心价值；对中国而言，则破坏了全过程人民民主广泛参与的平等核心价值和人民至上的价值。

---

① 张会平. 算法嵌入政府科层制的路径、影响与风险应对[J]. 广西师范大学学报(哲学社会科学版)，2021，57(3)：52-63.

② 张爱军，王芳. 人工智能视域下的深度伪造与政治舆论变异[J]. 河海大学学报(哲学社会科学版)，2021，23(4)：29-36.

③ 张洪忠，斗维红，张尔坤. 圈层的背后：网络信息传播的“巴尔干化”分析[J]. 编辑之友，2022(5)：49-53.

④ “脸书”带来数字殖民主义？[EB/OL].（2016-02-16)[2024-04-29]. xinhuanet.com/world/2016-02/16/c_128723724.htm.

第一，“数据殖民”导致不平等。哈贝马斯认为经济和国家体系所导致的“生活世界”殖民化意指原本承载交往理性行为的生活世界随着资本、系统、权力的扩张，被政治系统和经济系统所侵蚀，导致日常生活实践的片面合理化和物化。“网络数据殖民化”是随着数据资本、数据系统、数据权力的扩张，网络数据原以服务公众日常生活、提高工作效率的价值取向，开始让位于以资本获利为目的的数据垄断。对公众数据的剥夺和垄断实则挤压了公众的话语空间，即数据系统作为工具手段以资本和权力所设置的目标为导向进行筛选、提取、归类，在数据程序化运行过程中会造成具体话语或个人话语的疏漏和排除，并存在通过对关键词的抓取断章取义，将政治公共话语的内容指向和议题设置转向有利于权力和资本的话语，这与全过程人民民主内涵的平等价值相违背。

第二，“数据殖民”导致算法歧视。算法技术具有中立性，但算法是人设计的，人的偏见可能会导致算法偏见。如社会偏见、政治偏见、文化偏见、种族偏见、性别偏见都会通过算法体现，形成算法歧视。“我们还要看到数据殖民带来的算法歧视以及对弱势群体的偏见，警惕个人理性思维和批判能力的下降以及人文精神的消弭。”①全过程人民民主话语的平等权由于算法歧视，导致全过程人民民主实践过程中的不平等话语权。

第三，“数据殖民”造就了一批边缘群体。网络为网民提供了平等发声的机会与平台，但网络上的平等并不等于现实中所有人的平等。在网民平等的同时，还会形成现实中因不会使用网络的现实民众的不平等，造成缄默化的属下阶层、被歧视的局外人、人的个性的丧失、文学思维的消弭等边缘人②。

（三）网络平台弊端导致全过程人民民主话语的个体缺位

网络传播贯通在民主选举、民主决策、民主管理、民主监督的全过程参与中，但在网络传播过程中受到资本权力失限、政治权力越界、网络拟态环境等负面因素的干扰，使全过程人民民主话语在网络传播过程中出现了个体缺位现象。

第一，资本权力支配下的个体消失使全过程人民民主主体缺位。个体的主体性隐藏在资本运作环节中，并成为资本权力实现的工具。个体需求被忽略，并让位于资本。个体“身份像消费品一样被占有，而占有是为了消费，所以它们终将消失”，被可随意更替标签的集合身份所替代③。消费者的个体不再是目的而成为一种手段，并成为资本积累的一部分。失去个体意识与全过程人民民主

① 陈小燕，陈龙. 数据殖民：算法传播与人文精神的消弭[J]. 中国编辑，2020(6)：36-41.

② 陈小燕，陈龙. 数据殖民：算法传播与人文精神的消弭[J]. 中国编辑，2020(6)：36-41.

③ 鲍曼. 工作、消费主义和新穷人[M]. 郭楠，译. 上海：上海社会科学院出版社，2021：36.

的话语诉求相背离。资本使全过程人民民主主体呈现不在场的局面，资本往往以代理人身份营造虚假的全过程人民民主。

第二，政治权力主体追求政治绩效、忽略个体利益，使全过程人民民主权利虚置。政治权力对什么样的利益应当被视为是值得保护的利益，对利益予以保障的范围和限度应当是什么以及对于各种主张和要求又应当赋予何种相应的等级和位序必须有一个衡量尺度，“如果没有这种衡量尺度，那么这种利益的调整就会取决于或然性或偶然性(而这会给社会团结与和谐带来破坏性后果)，或者取决于某个有权强制执行它自己决定的群体的武断命令”①，政治权力本应“给予个人对权利主张以最大范围的欲求，也许必须同要求公益的论点相平衡”②。从政治权力的实然性来说，任何政治权力都因追求不当政绩、效率背离政治权力的伦理、价值、制度、规则、法治的限制而滥用权力，并以大多数的名义侵犯个体权利。全过程人民民主需要每一个人具体行使权利，政治权力滥用使民主权利边缘化或无缘化。

第三，网络拟态环境加速个体独立性丧失使全过程人民民主失去多元互动。拟态环境使个体脱离现实共同生活栖居在网络空间，以拟态环境中的个人想象代替了嵌入社会实际行动的具体感知，脱离现实制度情境的精神匮乏导致个体维护政治权利和公共利益的实践偏差。“人的本质源自全体社会进程。个人只有在同集体的牢固和明确关系中才能获得这种性质。个人不应当与集体分离，也不应混同集体，但是在我们的社会里，关系被颠倒了，个人可以认为在孤立中也能够认识自己。这样个体就更彻底地‘丧失’和脱离了自己的基础，脱离自己的社会根基。”③人类本质是社会关系的总和，而个体在固定网络社群中互动所形成的附和心理和信息茧房式的局限思维导致个体角色的迷失。全过程人民民主是所有人的民主，拟态环境易造成虚拟主体，并使虚拟主体与现实主体相分离，既失去了虚拟主体与现实主体的多元互动，也失去了虚拟主体之间与现实主体之间的互动，使全过程人民民主犹如建立在“沙滩”之上。

三、网络政治传播全过程人民民主话语的风险规制路径

化解全过程人民民主话语在网络传播中的风险，需要“加强国际传播能力建设，全面提升国际传播效能，形成同我国综合国力和国际地位相匹配的国际话

① 博登海默. 法理学：法律哲学与法律方法[M]. 邓正来，译. 北京：中国政法大学出版社，1999：399.

② 博登海默. 法理学：法律哲学与法律方法[M]. 邓正来，译. 北京：中国政法大学出版社，1999：452.

③ 欧阳谦. 人的主体性和人的解放[M]. 济南：山东文艺出版社，1986：122.

语权。深化文明交流互鉴，推动中华文化更好走向世界"[①]，需要提升网络治理体系和网络治理能力的现代化，把网络治理体系和治理能力现代化转化为效能优势，这就需要"加强全媒体传播体系建设，塑造主流舆论新格局。健全网络综合治理体系，推动形成良好网络生态"[②]。网络传播存在着对全过程人民民主话语解构的风险。健全有利自媒传播全过程人民民主话语的公平正义机制、沟通机制、认知机制尤为迫切和必要。

（一）健全有利于传播全过程人民民主话语的公平正义机制

传播全过程人民民主话语的公平正义机制的目的是使个体与共同体之间存在和互动维持一种和谐状态。个体遵循公共秩序以实现共同体的良性运转，共同体以权力的合理分配维护个体权益和公共利益的实现。建立传播全过程人民民主话语的公平正义机制旨在规避政治主体沉醉依赖于技术乌托邦的幻象，忽视当下现实社会的真正价值需求的问题。

第一，嵌入道德规范形成全过程人民民主的共有价值体系。全过程人民民主话语具有道德性。网络传播全过程人民民主话语具有道德性传播的典型特征，全过程人民民主话语是道德规范价值内涵的合理化言说表达。无论是在现实中还是在网络中，嵌入道德规范都是公平正义实现的伦理情感基础。政治制度性手段和法律强制性规则是维护公平正义的理性措施，但对于正义的"考虑还应当经常同那些以其他的非正式法律渊源为基础的支持性辩论相配合，这些非正式渊源有：公共政策、社会取向、习惯和公认的道德标准"[③]。网络多元思潮和多样化的意识形态使得公众对于价值的选择具有多重面向，所以"在不得不在一起共同生活的那些个人所处的同一社群之中，存在无限多的这样的价值体系，与社会秩序是不相容的——将要成为所有人针对所有人的战争。所以，至少在保证最低限度的秩序所需要的范围之内，必须有一些价值体系是共有的，必须有一个共同的价值体系"[④]。道德规范实际是一种共同体所遵循的共有价值体系和自觉约束力的行动框架，是在法律和规则的理性之外维护最低限度政治社会秩序的人性基础。

第二，以道德规范设置全过程人民民主话语的共有情境。道德规范形塑和

① 习近平．高举中国特色社会主义伟大旗帜 为全面建设社会主义现代化国家而团结奋斗：在中国共产党第二十次全国代表大会上的报告[M]．北京：人民出版社，2022：46.

② 习近平．高举中国特色社会主义伟大旗帜　为全面建设社会主义现代化国家而团结奋斗：在中国共产党第二十次全国代表大会上的报告[M]．北京：人民出版社，2022：44.

③ 博登海默．法理学：法律哲学与法律方法[M]．邓正来，译．北京：中国政法大学出版社，1999：452.

④ 帕森斯．社会行动的结构[M]．张明德，夏遇南，彭刚，译．南京：译林出版社，2003：436.

设置全过程人民民主话语实践的网络传播情境，从而影响公众的政治行为和政治观点。网络传播所形塑的具体情境是理解人与人以及人与社会之间互动关系的意义基础。道德规范本身就是一种道德情境，在具有共同意义的情境内部，人们对事物的抽象感知通过道德认知和道德判断进行价值筛选、澄清、理解、定义进而建构符合道德情境的价值体系。道德规范提升全过程人民民主话语的共情理念。道德规范关联政治规则和政治制度，在维护其权威性的同时更具亲和力，能够提升公众对全过程人民民主话语的共情阈值。“规则要能有约束力，对于社会成员来说，就必须有人情味，与文化相适应，于社会有益，或具有感染力。”[①]应将作为公共领域商谈结果所建立的道德规范纳入网络传播，使严肃的政治信息、政治制度、治理政策浸入公共生活细节，并关注公共生活的政治诉求，提升公众对全过程人民民主话语的共情理解。

全过程人民民主话语是道德规范的文本支撑。网络传播本身也作为一种媒介语言按照道德规范类型塑造人们的道德想象，二者共同扮演的文化环境和互动场域角色是道德重要想象来源。公众道德想象力是理解他人处境和周遭环境的共情来源，即人们对客观事实的道德立场选择、评价和认知产生移情投射，“采取他人的立场刺激我们克服我们偶尔麻木不仁的状态，这样就能洞悉他人的渴望、兴趣与忧虑如同洞悉我们自己的”[②]。道德规范契合全过程人民民主话语的民主价值。“个人不单纯在这种实际意义上是社会中的一部分，他们也共享着一个价值共同体，这一共同体的‘存在’，对于他的实际作用和功能是必需的，并且部分地是他这种作用和功能的原因。”网络传播嵌入道德规范延伸民主价值的共识性理解，塑造了公众的道德人格理想，“这一人格理想乃是基于普遍意志确立道德法则进而限制主观偏好的‘德性的力量’(自律)，每个人由此能够承担共同责任并实现平等尊重”[③]，个体偏好在道德规范支持下集合为公共意志契合全过程人民民主话语价值。

第三，以程序正义保障全过程人民民主话语完整性。全过程人民民主话语是新时代民主发展的经验现实和其民主价值内在理性要求相统一的实践结果，程序正义是保证民主经验和民主理念实现契合的伦理要求以维护网络传播全过程人民民主话语的公平正义。“正义是维持程序规则以提供个人自由的条件。”[④]程序正义的优势在于，“程序以其所具有的预示性、模式性、可操作性使其在民

① 罗尔. 媒介、传播、文化：一个全球性的途径[M]. 董洪川，译. 北京：商务印书馆，2012：101.

② 费什米尔. 杜威与道德想象力：伦理学中的实用主义[M]. 徐鹏，马如俊，译. 北京：北京大学出版社，2010：99.

③ 康德. 实践理性批判[M]. 邓晓芒，译. 北京：人民出版社，2016：46.

④ 文森特. 政治理论的本质[M]. 罗宇维，译. 天津：天津人民出版社，2016：146.

主政治中的地位举足轻重，在民主政治中，程序在一定程度上获得类似法律方面的效力，从而也具有了规范人们行为的意义”①。网络传播全过程人民民主话语的程序正义推进微观民主、中观民主、宏观民主的关联和互动是维护民主政治科学规范和政治制度正义的必要手段和载体。网络传播全过程人民民主话语为不同阶层中个体利益和公共利益的契合，为公众多元政治诉求得以看见、承认、采纳和执行提供了媒介平台和话语质料，使“由正义所保障的权利不受制于政治的交易或社会利益的权衡”②。稳定持续的民主政治发展的特征之一即结构的分化和专业化，“分化不是政治体系各不同部分的互相分割和孤立，而是一种建立在最终一体化基础上的专业化”③。网络传播通过平衡公民权利与公共权力之间的关系，实现全过程人民民主话语在不同层级、不同语境的政治制度、政治信息中的共意传播，推动政治参与互动、形塑完善政治价值，进而保证全过程人民民主的完整性。

（二）完善网络传播全过程人民民主话语的沟通机制

网络传播全过程人民民主话语的沟通机制是民主意见集中和采纳、凝聚共同体共识、衔接政治制度体系和社会公共生活的基础。“依法建好用好互联网，为公民通过网络反映问题、表达诉求、建言献策提供充分的便利，运用大数据、云计算、人工智能等技术手段，全面收集、及时回应民众的意见建议。”④沟通实际内嵌于全过程人民民主科学有效的制度安排、具体现实的民主实践、民主价值理念和生活方式以及政治文明建设中。沟通使政治信息和政治话语被赋予共同意义，为有效的国家治理、稳定的社会运行秩序、多元主体的共同合作提供了话语互动框架，其主要通过构建理性公共领域和布局规划式沟通实现。

第一，构建理性公共领域。公共领域是以公众为主体在国家和社会间的张力中发展起来的，通过公开自由、交往商讨的方式调节着个体与群体、国家与社会的公共性空间。“对谈”和“共同活动”是公共领域形成的两个核心要素，对公众的心理形成和交往行为具有规范性力量⑤。理性公共领域是基于独立主体对公共事务具有共识性理解基础上的交往互动所构建的公共性空间。网络传播

① 黄丽萍，赵宬斐．对程序民主实践中程序“空转”问题的思考[J]．苏州大学学报(哲学社会科学版)，2016，37(1)：31-40.

② 罗尔斯．正义论[M]．何怀宏，何包钢，廖申白，译．北京：中国社会科学出版社，1988：2.

③ 派伊．政治发展面面观[M]．任晓，王元，译．天津：天津人民出版社，2009：65.

④ 中华人民共和国国务院新闻办公室．国家人权行动计划(2021—2025)[M]．北京：人民出版社，2021：27.

⑤ 哈贝马斯．公共领域的结构转型[M]．曹卫东，王晓珏，等译．上海：学林出版社，1999：1-5.

所构建的理性公共领域包括多个层面，诸如经济、社会、文化层面。对于全过程人民民主来说，理性公共领域旨在实现全过程人民民主话语的共同理解和理性沟通。当然，共同理解部分根源于公众对共同体的想象，"'想象的共同体'不是虚构的共同体，不是政客操纵人民的幻影，而是一种与历史文化变迁相关，根植于人类深层意识的心理的建构……其核心不是'真实与虚构'，而是认识与理解"①。网络传播的时空记录性和媒介记忆以历史史料的方式保存并重现民主话语图示，实现公众政治心理建构。理性沟通根植于网络传播的公共性，通过全过程人民民主信息图景呈现。

网络公共领域运行的过程是阐述全过程人民民主的逻辑演进和本质内涵的过程。历史民主话语文本是全过程人民民主话语文本的话语质料和线索根据，全过程人民民主话语回应、强调和加工历史民主话语文本，在历史和现代的互文性中构建和呈现全过程人民民主话语的整体内涵，促成共同理解。理性公共领域形成的关键是公众政治舆论的反映聚合。在网络传播过程中关注政治、经济、社会议题与公共利益、个体利益的关联设置，将国家政治建设、社会进步发展、市场经济转型等深度嵌入个人日常生活，鼓励公众以实现公共利益和社会稳定秩序为目标公开反思，对关涉普遍利益问题进行讨论，形成政治舆论并保护政治舆论真实多样性，在政治舆论的生成、批判与互动中实现国家、社会与个人之间的政治价值交换、互动、沟通，进而达成全过程人民民主的理性共识。

理性公共领域形成的核心是人的主体性的确立。人的主体性即人是目的本身，在各种存在者和各种存在关系中居于决定和超然的地位，"如果人成了第一性的和真正的一般主体，那就意味着：人成为那种存在者，一切存在者以其存在方式和真理方式把自身建立在这种存在者之上"②。网络传播过程应保持多元观点呈现和网络社群性互动，而非利用数据监测屏蔽敏感词、删除异质观点或者以政治社交机器人干扰对话。在自我身份认同和保持人格尊严的基础上，维护以意义交流为目的以达成共识为旨归的互动过程。弱化个性化定制思维，坚持多样化政治信息传递，打破信息茧房对人们外界感知、判断、行动的自主决定性局限，在真实、多元、客观的话语情境下促成理性沟通。

第二，布局规划式沟通。网络传播过程中嵌入道德规范，构建理性公共领域等衍生的话语和行为规范，使得全过程人民民主话语在双方主体沟通的过程中，形成自发构建的公共秩序，规划式沟通是沟通主体有组织的创造共识过程，

---

① 安德森. 想象的共同体[M]. 吴叡人，译. 上海：上海人民出版社，2016：17.
② 海德格尔. 林中路[M]. 孙周兴，译. 北京：商务印书馆，2018：96.

是一种“渐进沟通工程”，作为对沟通自发秩序的动态调整和人为补充，维护着全过程人民民主话语沟通机制。具有前瞻性和动态性的规划是对理性失调的调节，“规划是人类自主性的核心构成部分，因为我们欲求实现很多目的，它们之间需要实质性的协调。但是我们的心理有另外一个面向促使我们进行规划，即我们的理性是有限的”①。

规划式沟通使全过程人民民主话语在民主政治参与过程中畅通有序。规划式沟通为国家治理、社会治理多元主体的共同合作提供了话语互动框架。通过规划式沟通，规划者可以弥补政治活动中的信任缺乏，充分认识到政治系统与社会系统之间互动行为的复杂性，最大限度将公众日常生活话题与政治价值、政治思想、政治理念、政治制度相勾连匹配，实现对全过程人民民主话语理解的最大化。“规划的本质是行动前的思考，考虑相互关联的决定和行动以使之与意图相匹配并进一步与特定目标相匹配的行为就是规划的过程”②。按照网络传播过程中可控性因素进行规划分类，可将沟通规划结构分为传播内容规划、传播渠道规划、传播环境塑造。传播内容规划是对全过程人民民主话语进行要素强调和概念厘析，从单一的内容传播思维转向知识生产思维，避免过度政治日常化导致的泛政治化和政治娱乐化倾向，为沟通奠定理性基础；传播渠道规划即全过程人民民主话语的呈现和阐述，应结合公众阅读和浏览喜好，以媒介平台特性而定其话语基调和话语关系网络，为沟通提供互文矩阵；传播环境塑造即通过跨时空、跨领域的拟态环境设置使全过程人民民主话语在民主参与过程中具有时间连续性和内容整体性，为沟通提供交互场域。规划并非意味着强制，而是在引导性规划下提供可能性选项，保留人们自发选择和表达意图的空间而形成网络自发秩序，避免陷入理性的自负陷阱。

（三）提升网络政治传播全过程人民民主话语的认知机制

认知是客观世界作用于主观思维的加工过程和动态结果。认知理论主张“个体对于外部世界的反应是主动积极而非被动消极的，在此过程中，人们通常会将其知觉、信念等心理要素通过某种意义方式进行整合，进而形成有关外部世界相互联系、彼此融洽的认知图式”③。提升全过程人民民主话语的认知机制，在网络传播过程中通过对政治信息加工、政治话语释义、政治活动关系阐释，以架构传播、关系传播构建公众意义整合框架，使公众把握全过程人民民主话语的内涵，提升对全过程人民民主话语的整体认知。

---

① 夏皮罗．合法性[M]．郑玉双，刘叶深，译．北京：中国法制出版社，2016：159.

② 罗尔．媒介、传播、文化：一个全球性的途径[M]．董洪川，译．北京：商务印书馆，2012：160.

③ 郑建君．政治心理学[M]．北京：北京师范大学出版社，2020：15.

第一，架构传播关联全过程人民民主话语内涵。“架构”也曾被译为“框架”，是“人们用以理解现实并构建我们认为是现实的心理结构，是人们运用符合自身世界观的语言对某一情境进行概念化”[①]的认知心理体系，它存在于人们的认知和思维过程中。架构传播将全过程人民民主话语的内涵嵌入贴合日常生活的词语、隐喻、叙事、故事、符号等具体传播内容，拟定政治话语范畴，激活公众的心理镜像、价值结构和表达模式。当政治传播的话语内容与公众架构相契合时政治话语才易被其理解和接受，因为受众接受话语的过程不是纯粹的逻辑推理过程，而是以架构为最基本的思维方式进行推理[②]。公众已有的政治认知结构和政治知识结构对其政治行为及当前的政治认识活动产生影响，网络传播开辟新的政治认知领域，同时需要兼顾对其已有的政治认知体系和政治认知层次进行判断，故应以公众熟知的内容元素、文化习惯作为架构传播的起点。例如，全过程人民民主话语中的“协商”“治理”“民主”“主权”“国家”“民族”等制度化规范化的话语模式，以讲故事的方式和叙事结构进行政治传播，从而激活潜藏在公众心理的深层思维结构和固化的知识结构体系。

第二，网络关系传播深化对全过程人民民主话语理解。人的本质是社会关系的总和，人也是天生的政治动物。“人是特殊的个体，并且正是人的特殊性使人成为个体，成为现实的、单个的社会存在物，同样，人也是总体，是观念的总体，是被思考和被感知的社会的自为的主体存在，正如人在现实中既作为对社会存在的直观和现实享受而存在，又作为人的生命表现的总体而存在一样。”[③]“关系”影响公众对全过程人民民主话语的意义认知，可分为社会关系影响和情感关系影响。个体在做出决定时必然会因避免陷入孤立状态，根据利益依附程度或降低认知成本，以其所处社会群体中他人对客观事物的认知和评价作为参照系进行价值认定和判断。公众基于血缘、地缘、趣缘等以情感关系为纽带，简化其理性判断而做出认知的情感评价。公众对全过程人民民主话语的理解和认知有赖于将关系传播嵌入传播过程。基于现实关系基础上的关系传播关注交流的关联机制，“交流中所有部分都是相互关联的。构成交流系统的各个部分不是随机堆积或偶然相遇，而是经过组织的，必然的相互关联和相互作用”[④]，网络传播政治议题设置关联公共利益。“人们奋斗所争取的一切，都同

---

① 汪少华．Lakoff架构理论的本土化与中国话语架构体系的创建[J]．中国外语，2022，19(1)：30-36.

② 汪少华，袁红梅．政治话语的博弈：美国总统竞选辩论中框定与重新框定策略的认知解析[J]．外国语(上海外国语大学学报)，2016，39(4)：47-57.

③ 马克思．1844年经济学哲学手稿[M]．北京：人民出版社，2014：234.

④ 王怡红．关系传播理论的逻辑解释：兼论人际交流研究的主要对象问题[J]．新闻与传播研究，2006(2)：21-26.

他们的利益有关"①，通过舆情测量和调查对公共利益焦点进行归纳研判从而设置政治公共议程，通过大数据收集和算法规律发现政治公共议程。社会网络传播是主流媒体政治传播的补充，主流媒体引导和规范社会网络政治传播的话语内容，形塑全过程人民民主话语的完整认知图式。

全过程人民民主话语传播受到主观与客观的制约，存在着各种各样的风险，且多种风险因素之间具有叠加性。实现全过程人民民主话语在网络空间的有效传播，需要重视并化解各种各样的现实性、潜在性风险。只有使全过程人民民主话语的传播制度化、程序化、规范化，才能使全过程人民民主话语落到实处，推动全过程人民民主的制度化和广泛参与。

① 马克思，恩格斯．马克思恩格斯全集：第一卷[M]．北京：人民出版社，2006：82．